UN MONDE DE RELIGIONS

Tome 1

Les traditions de l'Inde

UN MONDE DE RELIGION
Sous la direction de Mathieu Boisvert

Tome 1 – **Les traditions de l'Inde**
Préface de Nalini Balbir
1996, 202 pages

Tome 2 – **Les traditions juive, chrétienne et musulmane**
Préface de Michel Despland
1999, 242 pages

Tome 3 – **Les traditions de l'Asie de l'Est, de l'Afrique et des Amériques**
Préface de Julia Ching
2000, 248 pages

PRESSES DE L'UNIVERSITÉ DU QUÉBEC
Le Delta I, 2875, boulevard Laurier, bureau 450
Sainte-Foy (Québec) G1V 2M2
Téléphone : (418) 657-4399 • Télécopieur : (418) 657-2096
Courriel : puq@puq.uquebec.ca • Internet : www.puq.uquebec.ca

Distribution :

CANADA et autres pays
DISTRIBUTION DE LIVRES UNIVERS S.E.N.C.
845, rue Marie-Victorin, Saint-Nicolas (Québec) G7A 3S8
Téléphone : (418) 831-7474 / 1-800-859-7474 • Télécopieur : (418) 831-4021

FRANCE
DIFFUSION DE L'ÉDITION QUÉBÉCOISE
30, rue Gay-Lussac, 75005 Paris, France
Téléphone : 33 1 43 54 49 02
Télécopieur : 33 1 43 54 39 15

SUISSE
SERVIDIS SA
5, rue des Chaudronniers, CH-1211 Genève 3, Suisse
Téléphone : 022 960 95 25
Télécopieur : 022 776 35 27

UN MONDE DE RELIGIONS

Tome 1
Les traditions de l'Inde

Sous la direction de Mathieu Boisvert

2002

Presses de l'Université du Québec
Le Delta I, 2875, boul. Laurier, bur. 450
Sainte-Foy (Québec) Canada G1V 2M2

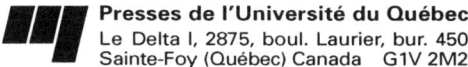

Données de catalogage avant publication (Canada)

Vedette principale au titre :

Un monde de religions

L'ouvrage complet comprendra 3 v.
Comprend des réf. bibliogr.
Sommaire : 1. Les traditions de l'Inde.

ISBN 2-7605-0933-8 (v. 1)

1. Religions. 2. Religions – Histoire. 3. Inde – Religion. 4. Asie – Religion. I. Boisvert, Mathieu, 1963- . II. Titre : Les traditions de l'Inde.

BL74.M66 1996 291 C96-941386-6

Nous reconnaissons l'aide financière du gouvernement du Canada par l'entremise du Programme d'aide au développement de l'industrie de l'édition (PADIÉ) pour nos activités d'édition.

Révision linguistique : Monelle Gélinas

Mise en pages : Caractéra production graphique inc.

Couverture : conception graphique : Caron & Gosselin
photographie : *Ascète hindou,* Michel Tassé

1 2 3 4 5 6 7 8 9 PUQ 2002 9 8 7 6 5 4 3 **2** 1

Dépôt légal – 1er trimestre 1997
Bibliothèque nationale du Québec / Bibliothèque nationale du Canada
Imprimé au Canada

préface

L'importance du religieux et de la diversité des formes qu'il revêt dans le sous-continent indien constitue une sorte de défi pour l'homme du XXe siècle, fasciné et intrigué par un monde qui lui paraît curieux et insaisissable. Et pourtant, notamment en Amérique du Nord et au Canada, où vit une importante diaspora indienne, les religions de l'Inde sont devenues comme des voisines : hindous, jaïns, sikhs, bouddhistes, du Tibet et d'Asie du Sud-Est surtout, sont présents, ne serait-ce que par les monuments qui témoignent de leur foi. Temples hindous ou jaïns, *gurdvārā* sikhs et pagodes s'élèvent çà et là dans certains quartiers des villes ; les règles de vie dictées par les doctrines sont confrontées aux multiples invitations de la civilisation occidentale contemporaine et font naître un questionnement dans la jeunesse issue de l'immigration. Pour qu'un dialogue constructif s'installe, pour que les intégrismes ne triomphent pas, il faut une véritable compréhension des idées qui repose sur des connaissances authentiques et critiques. Les fidèles doivent prendre conscience qu'une religion a une histoire, qu'elle est au cours du temps traversée de courants parfois contraires, de mouvements de réforme, qui s'efforcent d'adapter la doctrine à une réalité mouvante, ou à des mouvements de réaction, dès lors qu'on tente de préserver une identité mise en danger. Les athées, ou ceux qui partagent une foi différente, doivent donc faire l'effort nécessaire pour se familiariser avec des concepts nouveaux ou des ambiances étrangères. De part et d'autre, la demande de savoir existe : jeunes Occidentaux curieux, mais aussi fidèles d'origine indienne (par exemple), que les réponses toutes faites de leurs aînés ne satisfont pas nécessairement parce qu'ils ne veulent ni ne peuvent se contenter de reproduire sans distanciation la tradition religieuse dans laquelle ils sont nés.

Directeur des études avancées en sciences des religions à l'Université du Québec à Montréal, M. Mathieu Boisvert a donc pris une heureuse initiative en réunissant dans ce premier volume d'*Un monde de religions* les quatre principales traditions nées sur le sol indien : hindouisme, bouddhisme, jaïnisme, sikhisme, réservant pour le second volume l'islam, car, bien que très présent dans le sous-continent indien, il n'en est pas originaire. Ce regroupement est pertinent. On verra facilement au fil des pages comme il se justifie. Chacune de ces religions indiennes est spécifique, mais le terrain où elles ont éclos est le même : bouddhisme et jaïnisme se définissent d'abord par rapport aux idées ou aux pratiques du brahmanisme dont elles rejettent certaines ; nées vers la même époque dans la même région, ces deux hétérodoxies partagent des points communs ; d'autre part, aussi particulier qu'il apparaisse à l'œil non averti, le sikhisme n'est pas séparable des courants dévotionnels si importants dans l'Inde du XVe siècle où il a débuté. À juste titre donc, les quatre collaborateurs du volume ont tous eu à cœur de souligner récurrences, interférences, positionnements mutuels ou innovations. Il y a un autre avantage à avoir choisi de regrouper ces quatre religions : dans les nombreux ouvrages qui se veulent universels et prétendent tout traiter, on voit presque toujours se dessiner imperceptiblement une hiérarchie entre « grandes » et « petites » religions. Ici, une part égale est réservée aux « grands », l'hindouisme et le bouddhisme, et aux « petits », le jaïnisme et le sikhisme, sans que nul n'en souffre. Ce n'est que justice : les « petits » sont généralement moins bien connus, tout simplement parce qu'on les laisse de côté. D'autre part, peu importe que le nombre des fidèles qui se réclament de l'un ou de l'autre courant ne soit pas considérable : il s'agit de traditions riches par leurs littératures, leur continuité et leur présence au cours de l'histoire de l'Inde ou dans le monde actuel. Et, gageons-le, aucun lecteur du solide et lumineux chapitre de M. R. Marcaurelle sur l'hindouisme, aucun lecteur des pages dues à M. M. Boisvert ne devrait rester sur sa faim : la diversité de l'hindouisme, notion bien difficile à cerner, comme l'explique très bien M. R. Marcaurelle, et celle du bouddhisme, tel qu'il a essaimé hors de sa terre d'origine, toutes deux sont fort bien brossées.

Conciliant perspective historique et analyse des doctrines ou des pratiques pérennes dans des présentations claires, soucieuses de toujours conserver un regard critique par rapport à l'objet de leur recherche, les auteurs de ce livre fournissent à l'étudiant et à l'honnête homme de quoi s'informer et nourrir leur réflexion.

Nalini Balbir
Professeur à l'Université de Paris-III
Membre de l'Institut Universitaire de France

Table des matières

Préface ... vii

Introduction ... 1
Un monde de religions ... 1
Religare ... 2
Les traditions de l'Inde ... 4

L'hindouisme ... 7
Sous le ciel hindou ... 9
Les origines : quatre fleuves mystérieux ... 10
Les Écritures et leur interprétation ... 11
Les fondements doctrinaux ... 15
Historique : le cours de l'Un multiple ... 20
L'ère védique ... 20
L'ère brahmanique ... 24
L'univers chiffré et déchiffré ... 31
Le *dharma*, ordre cosmique et devoir ... 33
La femme hindoue : entre la *śakti* et la démunie ... 43
Les hindous dans le monde ... 44
Rencontre avec l'Occident et renaissance ... 45

Le bouddhisme ... 51
Du mythe à l'histoire ... 53
La civilisation de la vallée de l'Indus ... 54
Les Aryens ... 55
Siddhārtha Gautama : le Bouddha ... 56
Le premier discours du Bouddha ... 59

Le noble sentier octuple 62
Le processus sotériologique 64
La formation du canon 67
Les écoles bouddhiques 71
L'émergence du mahāyāna 74
L'ambiguïté du statut des femmes 80
L'expansion du bouddhisme 85
L'école ch'an/zen 89
Le bouddhisme tibétain 90
Conclusion 91

Le jaïnisme 93
Introduction 95
Le fondateur du jaïnisme 97
L'homme 98
Le héros 98
La personnalité de Mahāvīra 99
Paroles jaïna et canon 102
La théorie 107
L'action comme karma 110
L'activité de l'âme 111
La pratique 114
L'idéal et la réalité 123

Le sikhisme 131
Introduction 133
Les *sant* du Nord de l'Inde : la tradition du Sans-attributs 136
La doctrine sikhe : l'enseignement de l'éternel *Gurū* 140
Gurū Nānak (1469-1539) 142
Les successeurs de Gurū Nānak :
de Gurū Aṅgad à Gurū Gobind Singh (1539-1708) 145
La période post-*gurū*, 1708-1849 152
Le canon sikh 154
La notion de *gurū* 157
Le *khālsā* 160
L'Assemblée des Singh et le « *tat khālsā* » (1873-1925) 161
Indépendance et post-indépendance de l'Inde,
de 1947 à nos jours 164
La diaspora sikhe 166
Les dimensions féminines du sikhisme 167

Introduction

Mathieu Boisvert

UN MONDE DE RELIGIONS

Les traditions de l'Inde constitue le premier tome d'une série de trois sur les grandes traditions religieuses de l'humanité. L'objectif principal de cette série est d'offrir un survol des grandes religions, tant orientales qu'occidentales, afin de mieux saisir les côtés fascinants que constitue l'univers religieux. Chacun des chapitres dresse donc le panorama d'une tradition particulière afin d'en faire ressortir l'interdépendance historique et dogmatique qu'entretiennent le développement de la pensée religieuse et celui de sa pratique. Bien que son aspect synthétique laisse pour compte plusieurs éléments, nous sommes persuadés que cette approche permettra au lecteur de se familiariser avec l'immense éventail de croyances gouvernant la vie de milliards de personnes.

Ce livre ne se veut donc pas exhaustif, ni du point de vue de la diversité des traditions, ni de la mosaïque intrinsèque à chacune d'elles. Nous avons dû imposer certaines balises pour la sélection des traditions qui y sont abordées. Bien que celles-ci doivent nécessairement être représentées dans notre univers contemporain, l'ampleur historique de leur origine doit également être apparent. Nous éliminons donc d'emblée le syncrétisme contemporain, ce « bricolage religieux » permettant l'émergence constante de nouvelles orientations religieuses. Restent les matériaux de base, eux-mêmes issus d'un syncrétisme entre diverses traditions. Le christianisme, par exemple, n'aurait pu apparaître sans l'existence préalable du judaïsme, et le bouddhisme, sans l'hindouisme. C'est cet ancien amalgame de croyances et de pratiques qui, souvent à notre insu, contribue à notre compréhension de l'univers dans lequel nous vivons. Ainsi, notre choix s'est-il arrêté aux onze traditions religieuses suivantes : l'hindouisme, le bouddhisme, le jaïnisme, le sikhisme, le judaïsme, le christianisme, l'islam, le confucianisme, le taoïsme, les traditions africaines et les religions amérindiennes. Le prochain tome englobera le judaïsme, le christianisme et l'islam, alors que le troisième inclura les traditions de l'Asie de l'Est et les traditions africaines et amérindiennes.

Chacun des chapitres est construit de façon à faire ressortir les forces ayant contribué à l'émergence et à l'évolution de la tradition, tant dans ses aspects historiques et mythologiques, que dans son dogme, sa pratique, ses rituels et sa conception de la femme. Nous sommes persuadés que nous serons ainsi en mesure de sonder certains aspects du « mystère » religieux, et que nous serons plus habilités à établir des liens entre les différentes croyances et pratiques religieuses. Pour chacune des religions traitées, nous suggérons en outre un ensemble d'ouvrages aux lecteurs désirant approfondir le sujet.

RELIGARE

Nous ne sommes pas prêts à parvenir à un consensus quant à la signification exacte du terme « religion ». Pour certains, celui-ci implique la croyance en une divinité. Pour d'autres, il renvoie d'abord et avant tout à une institution régissant les différentes interactions sociales. L'étymologie même du terme est incertaine : soit qu'il provienne du latin *relegere* (recueillir, rassembler, relire) ou de *religare* (relier). Indépendamment de l'étymologie retenue, la racine suggère un regroupement ou l'établissement de liens. Mais comment doit-on interpréter cette origine étymologique ? Quels sont ces regroupements ou ces liens que la religion serait susceptible de générer ? Serait-ce la création d'un corpus littéraire que l'histoire aurait graduellement unifié sous une même catégorie dans un canon particulier ? Serait-ce encore la possibilité d'établir une relation privilégiée avec Dieu, comme le représentent si bien les écrits de sainte Thérèse d'Avila ou ceux des dévots *bhakta* hindous ? Certaines traditions comme le confucianisme et le bouddhisme, rejetant catégoriquement l'existence d'une divinité créatrice omnisciente et omniprésente, seraient alors laissées pour compte, bien qu'il n'y ait nul doute que toutes deux soient des religions. Serait-ce donc alors une relation, non pas entre un individu et la divinité, mais plutôt entre l'individu et le groupe partageant un même ensemble de croyances, relation qui générait ainsi, plus ou moins formellement, une communauté et, éventuellement, une institution ? Serait donc exclu de la taxonomie *religion* tout individu sevré de sa communauté : les reclus et anachorètes itinérants, faisant fi de la société et du monde, ne feraient donc point partie de l'univers religieux. Qu'est donc la signification de ce terme, presque aussi mystérieux que les pratiques auxquelles il fait référence ?

Tout comme le terme sanskrit *yoga* (de la racine *yuj*, unir), le terme « religion » implique la création de liens caractérisés par leur variété et leur cohérence au sein d'un système précis ; la relation avec la divinité, la relation avec soi-même, l'unité d'un corpus littéraire, l'homogénéité d'une communauté sont tous des liens contribuant à la formation du concept qu'est la religion. Plus encore, nous pourrions affirmer que « religion » implique la construction de liens affectifs, sociaux et rationnels nous permettant de justifier, d'interpréter et de comprendre notre situation présente. La mort suscite bien des questions ; la religion, elle, par sa capacité inhérente à tisser des liens, tente de répondre à certaines d'entre elles. La religion offre donc une *théodicée*, un ensemble de croyances expliquant les vicissitudes de la vie quotidienne. Pourquoi la mort subite d'un jeune enfant ? Pourquoi la souffrance inutile de tant d'opprimés ? Pourquoi la pauvreté ? Pourquoi la vie ? La religion tente, entre autres, de répondre à ces énigmes. Dans le christianisme, le terme « théodicée » renvoie généralement à l'explication traditionnelle de la bonté de Dieu par la réfutation des différents arguments supportant l'existence du mal. Nous utilisons cependant le terme dans son sens large qui, encore, trouve sa définition dans l'étymologie : le théodicée est la justice (*dikê*) de Dieu (*theos*), la justification des événements, qu'elle se nomme karma ou volonté divine, que celle-ci provienne d'une croyance supportant l'existence d'une divinité ou non. Les réponses à ces diverses questions suggèrent également un idéal à atteindre ainsi qu'un ensemble de pratiques permettant d'y parvenir. C'est ce que nous appelons *sotériologie*, la science du salut, la méthode mise de l'avant par la tradition pour atteindre l'objectif religieux. Selon les orientations religieuses, la sotériologie s'exprime sous différentes formes. Pensons à saint Syméon le Stylite qui résida plusieurs décennies sur une colonne de plusieurs mètres de haut dans le désert de Syrie afin d'être plus près de Dieu. Mentionnons les ascètes bovins (*govatika*) indiens qui, persuadés que l'âme doit se réincarner dans des existences bien précises avant de pouvoir accéder à la libération, veulent accélérer le processus en vivant deux vies simultanément, soit les existences humaine et bovine[1]. Ou encore, rémémorons-

1. Pourrions-nous retrouver l'équivalent de cette pratique dans le terme *boskos* utilisé par Jean Moschos [*Le Pré spirituel*, introduction et traduction de Rouet de Journel, Éditions du Cerf, Sources chrétiennes, 1946] pour désigner les ascètes chrétiens des premiers siècles se nourrissant à même le sol de racines et d'herbes ?

nous les étranges pratiques des derviches (*darwīsh*) tourneurs et des fakirs (*faqīr*) musulmans utilisées pour provoquer la transe. On ne peut parler de religion sans tenir compte de l'omniprésence de cette diversité sotériologique et dogmatique, tant d'une tradition à l'autre qu'au sein d'une même confession.

La théodicée et la sotériologie, toutes deux conditionnées par la société d'où elles émergent, structurent les rapports entre individus de cette même société et constituent ce que nous appelons religion. La religion serait donc un ensemble de liens, cohérents bien qu'en constante transition, entre la théodicée, la sotériologie et l'univers social.

LES TRADITIONS DE L'INDE

Dans le présent tome, nous ferons justement ressortir les relations entre les croyances, les pratiques et les sociétés d'appartenance de quatre traditions religieuses distinctes, provenant toutes d'une même aire géographique : le sous-continent indien. Nous prendrons conscience de l'interdépendance historique et dogmatique de ces traditions, de l'influence qu'elles ont eue l'une sur l'autre, ainsi que du rôle déterminant de la société à l'intérieur de laquelle ces religions se sont enracinées.

Il est important de noter qu'il n'y a pas d'équivalent en langue indienne pour le mot « religion » tel que nous le concevons en Occident. Le terme le plus près serait sensiblement *dharma*. Dérivé de la racine sanskrite *dhṛ*, ce terme est caractérisé par une polysémie incroyable. Selon l'étymologie, sa signification serait « ce qui soutient ». En ce sens, nous pouvons aisément établir une corrélation avec *religare*, car ce sont les liens et les relations qui permettent le soutien et la cohésion d'un système. Le terme *dharma* a rapidement acquis la connotation de « ce qui convient », de « ce qui est acceptable », tant au plan social, qu'aux plans rituel et éthique. C'est la quintessence, le fondement de toute chose. Selon les époques, les régions et les orientations religieuses et philosophiques, le sens attribué à ce mot peut varier considérablement, mais il demeure cependant un concept crucial pour les traditions hindoue, bouddhiste, jaïne et sikhe.

Il faut aussi noter que l'Inde telle que nous la connaissons présentement est une fiction créée par le colonialisme européen. Avant que les Britanniques, les Français et les Portugais n'établissent leur mainmise sur le sous-continent sud-asiatique, l'Inde n'existait point. Un ensemble de royautés, très différentes les unes des autres, formait ce qui devint par la suite

« l'Inde ». Cette diversité politique, économique, sociale et culturelle est un élément important pour notre compréhension des religions de l'Inde, car c'est elle qui a fourni les éléments nécessaires à la confrontation idéologique et à la fermentation philosophique qui ont toutes deux contribué à l'émergence de grands systèmes religieux.

Entamer une série sur les religions du monde par les traditions indiennes est une approche qui se défend bien, car le sous-continent sud-asiatique, par sa diversité culturelle et ses limites géographiques incontournables, peut facilement être perçu comme un microcosme au sein duquel la dynamique religieuse peut être cernée. En effet, l'histoire des religions démontre que les contacts et les confrontations culturelles sont des éléments indispensables au renouvellement des idéologies et à l'évolution de la pensée religieuse. Le microcosme indien en est un exemple fort concret. Dès la fin de la préhistoire, aux alentours du deuxième millénaire avant l'ère chrétienne, diverses ethnies sont déjà en interaction sur le sous-continent. Ces rapports, nous en sommes persuadés, ont contribué à l'émergence de nouvelles perspectives idéologiques au Ve siècle av. J.-C., comme celles véhiculées par les *Upaniṣad*, le bouddhisme et le jaïnisme. Le contact étroit et les échanges constants entre ces traditions soulevèrent plusieurs questions fondamentales et ont ainsi permis l'évolution de chacune de ces orientations religieuses. Plus tard, en raison de l'invasion musulmane et de l'impact de la pensée islamique sur la philosophie et les pratiques religieuses indiennes, Gurū Nānak entama une réforme religieuse qui donna naissance au sikhisme. Comprendre l'interaction et l'évolution des différentes traditions religieuses sud-asiatiques nous permet donc de nous forger une idée générale de l'évolution et de la dynamique de l'ensemble des religions de l'humanité.

L'hindouisme

Roger Marcaurelle

Roger Marcaurelle

Détail d'une porte monumentale (gopura) *du temple de Mīnākṣī-Sundareśvara (« le beau Seigneur » Śiva et sa compagne du nom de Mīnākṣī), Madurai, Tamil Nadu, 1623-1660.*

Sous le ciel hindou

Qui n'a pas été impressionné par la vue de ces temples hindous foisonnant de dieux et de déesses, par le génie d'une œuvre à la fois une et fourmillante des personnages les plus colorés, par la sensation étrange d'entrer dans la jungle du divin ? Tout comme ces chefs-d'œuvre d'architecture, l'hindouisme allie à ses développements luxuriants un profond souci de continuité. Au fil des millénaires, sa tradition orale remarquablement fidèle a joué un rôle déterminant dans la conservation de son immense littérature sacrée. Mais l'hindouisme est en même temps un agglomérat hétéroclite de sous-traditions et, bien sûr, le milieu effervescent où sont nés le bouddhisme, le jaïnisme et le sikhisme.

Se montrant dans l'ensemble peu encline à l'impérialisme, l'Inde a pourtant influencé l'Asie entière, avant tout par le bouddhisme, mais aussi par l'hindouisme. La pensée de l'Inde ancienne était beaucoup plus avancée que celle de l'Antiquité ou du Moyen Âge occidentaux dans la théorie des nombres, l'étude des structures linguistiques et l'analyse des phénomènes psychologiques. Au cours du premier millénaire de notre ère, philosophie, logique, médecine, astronomie, grammaire et littérature sanskrites, folklore et légendes ont accompagné l'hindouisme un peu partout en Asie du Sud-Est, surtout en Thaïlande, au Cambodge et en Indonésie. L'Antiquité romaine fut fascinée – bien que de loin – par la vie solitaire et ascétique des moines hindous. Au cours de notre siècle, plusieurs de ces moines ont voyagé à travers le monde et dispensé un enseignement qui semble satisfaire la soif spirituelle de nombreux Occidentaux.

L'hindouisme est sans doute aussi une des religions les plus difficiles à définir. Il ne reconnaît pas de fondateur ni de corps ecclésial veillant à l'orthodoxie. Bien que fort répandue, la croyance dans l'infaillibilité des textes du *Veda* ne constitue pas non plus un signe certain de l'hindouisme : le *Veda* lui-même comprend des points de vue hétérogènes, et quelques sous-traditions ne lui accordent pas une autorité indubitable. Certes, les doctrines concernant le Soi, le karma, la renaissance et la libération figurent parmi les données fondamentales de l'hindouisme, mais elles ne sont pas clairement présentes dans la littérature védique la plus ancienne. Enfin, les rites « perfectifs » (*saṃskāra*) ne sont pas obligatoires. L'appartenance au système des castes serait-elle donc le seul critère déterminant ? Assurément, l'hindouisme moderne se présente avant tout comme une religion ethnique : on naît hindou parce que la naissance même nous inscrit dans une caste déterminée. Pourtant, il est possible qu'à l'origine, la caste correspondît simplement à l'occupation de la personne, et il en est encore ainsi aujourd'hui à Bali. Nous contentant d'une définition approximative, nous dirons que l'hindou est avant tout celui qui est né dans une famille hindoue et qui n'a pas abjuré cette filiation religieuse.

Étant donné l'extrême diversité de l'hindouisme, il nous a paru approprié de donner d'abord une vue d'ensemble de ses sources, de ses textes et de ses doctrines, pour ensuite mieux en décrire les traits plus circonscrits.

LES ORIGINES : QUATRE FLEUVES MYSTÉRIEUX

Le mot « hindou » vient de la prononciation perse de « Sindhu », nom du fleuve qui, au nord, marquait la bordure occidentale de l'aire indienne. Beaucoup plus obscure, la question des origines de l'hindouisme est encore vivement débattue. Il semble toutefois incontestable que l'hindouisme trouve sa source dans quatre courants initiaux : 1. La culture des tribus indigènes, surtout de type proto-australoïde, dont la présence remonte à environ cinq cent mille ans et dont les descendants vivent encore, plus ou moins hindouisés ou christianisés, dans diverses régions de l'Inde ; 2. La civilisation de l'Indus qui, de 3100 à 1500 avant notre ère, a occupé l'immense région correspondant au moins au Pakistan actuel et, en Inde, au Punjab, à l'Haryana, au Rajasthan et au Gujarat. Les fouilles archéologiques ont permis d'y reconnaître des traits encore présents dans l'hindouisme, comme le culte de la déesse-mère, du phallus et du serpent, un souci de l'hygiène du corps dont témoigne un système hydraulique très sophistiqué, enfin des statuettes en posture yogique ; 3. La culture védique ; 4. La culture dravidienne, aujourd'hui manifeste surtout dans les États du sud de la péninsule.

Selon la plus ancienne théorie, la culture védique aurait été introduite en Inde à partir de 1500 avant notre ère par les Indo-Aryens, ces Indo-Européens qui, descendus des steppes entre la mer Noire et la mer Caspienne, poursuivirent peu à peu leur migration vers le sud et l'est, en passant par l'Iran actuel et l'aire de la civilisation de l'Indus. Devant l'invasion aryenne, les Dravidiens, qui occupaient la vallée de l'Indus et une bonne partie de la péninsule, se seraient repliés vers le sud tout en conservant des traits de la civilisation de l'Indus. Une opposition presque diamétrale existerait entre la civilisation aryenne et celle de l'Indus, entre la violence et la non-violence, entre le culte céleste, centré sur le dieu guerrier Indra, et le culte terrestre, centré sur la déesse-mère et le phallus du proto-Śiva, entre le ritualisme et l'intériorisation yogique, entre l'élevage des chevaux et l'agriculture, entre les régimes carnivore et végétarien. Les Aryens auraient assimilé peu à peu les indigènes tout en incorporant certains éléments de leurs cultures.

Cette théorie de l'invasion aryenne est aujourd'hui plus que jamais difficile à défendre[1]. Les fouilles récentes révèlent que la civilisation de l'Indus disparut plutôt à cause d'inondations, de sécheresses et de tremblements de terre. De plus, selon le déchiffrement proposé par S.R. Rao, son écriture correspondrait à un état pré-védique du sanskrit. Cette civilisation serait donc déjà celle des Aryens avant qu'ils ne se séparent en Iraniens et Indiens. D'autres auteurs avancent que les Aryens auraient émigré vers l'ouest à partir de l'Inde et non pas des steppes de l'Asie centrale. Les Dravidiens seraient d'abord venus de la Méditerranée et auraient fait partie de la civilisation de l'Indus, pour finalement émigrer vers le sud où ils se seraient mêlés aux australoïdes.

Les données semblent encore insuffisantes pour trancher la question de façon précise. Si les conclusions du professeur Rao viennent à s'imposer, on devra repenser des aspects importants de la dynamique culturelle et religieuse de l'Inde antique.

Les Écritures et leur interprétation

Culture et religion sont liées de façon particulièrement étroite dans l'hindouisme. Cette sorte de symbiose a permis l'épanouissement d'une immense littérature sacrée qui se divise, traditionnellement, en trois grands ensembles. D'abord, la *Śruti* ou « audition », ainsi nommée parce que, d'origine divine,

1. Voir à ce sujet S.R. Rao (1991). *Dawn and Devolution of the Indus Civilisation*, New Delhi, Aditya Prakashan ; Shrikant G. Talageri (1993). *The Aryan Invasion Theory, A Reappraisal*, New Delhi, Aditya Prakashan ; Koenraad Elst (1993). *Indigenous Indians, Agastya to Ambedkar*, New Delhi, Voice of India.

son contenu aurait été « entendu » plutôt que conçu avec effort par les voyants (*ṛṣi*) et parce qu'il était transmis oralement plutôt que par écrit. Ensuite, la *Smṛti* (« la [tradition confiée à la] mémoire »), c'est-à-dire les textes d'origine humaine qui ont pour but de conserver la *Śruti*, d'élaborer son enseignement, de l'illustrer et de l'interpréter correctement. Enfin, les *Tantra* ou « textes doctrinaux », qui participent aussi de la *Śruti* aux yeux des traditions qui les conservent. Ils se composent théoriquement de quatre parties portant sur la connaissance de la divinité, le yoga ou la discipline psychophysiologique, les pratiques cultuelles et les règles de la vie quotidienne.

Grosso modo, la *Śruti* comprend les textes les plus anciens. Ce sont d'abord les quatre *Vedasaṃhitā* (« recueils de connaissance »), composées entre 1500 et 800 avant notre ère : le *Ṛgveda*, recueil d'hymnes invoquant les dieux, le *Sāmaveda* et le *Yajurveda*, contenant respectivement des chants et des formules utilisés lors des sacrifices, et enfin l'*Atharvaveda*, qui rassemble surtout des formules utiles dans les contextes quotidiens les plus divers. Selon la disposition classique, trois types de textes, composés entre 1000 et 500 av. J.-C., se greffent à ces recueils. Dans l'ordre textuel et sans doute aussi chronologique, ce sont : les *Brāhmaṇa* ou « [interprétation] du *Brahman* », comprenant surtout des prescriptions et des explications relatives aux rituels, les *Āraṇyaka*, « [textes] de la forêt » axés sur l'intériorisation du sacrifice par la méditation, les *Upaniṣad*[2], connaissance « [permettant] l'atteinte [du *Brahman*][3] » et la libération du cycle des renaissances par le dépassement du désir et de l'action.

La *Śruti*
Les quatre *Vedasaṃhita* et leurs textes associés

Saṃhitā	Brāhmaṇa	Āraṇyaka	Upaniṣad
Ṛgveda	ex. : Aitareya Brāhmaṇa	ex. : Aitareya Āraṇyaka	ex. : Aitareya Upaniṣad
Sāmaveda	ex. : Pañcaviṃśa Brāhmaṇa	aucun Āraṇyaka	ex. : Chāndogya Upaniṣad
Yajurveda	ex. : Taittirīya Brāhmaṇa	ex. : Taittirīya Āraṇyaka	ex. : Taittirīya Upaniṣad
Atharvaveda	ex. : Gopatha Brāhmaṇa	aucun Āraṇyaka	ex. : Muṇḍaka Upaniṣad

2. On n'a pas encore déterminé avec certitude combien d'*Upaniṣad* datent de cette ère. Au moins deux cents parmi elles ont été écrites plus tard sans être toujours rattachées à l'un ou l'autre des quatre *Veda*.

3. Selon une des étymologies données par Śaṅkara.

La *Smṛti* comprend d'abord les six *Vedāṅga* ou « membres [auxiliaires] du *Veda* » (surtout de 800 à 300 av. J.-C.), la phonétique (*Śikṣā*), les règles rituelles et sociales (*Kalpa*), la grammaire (*Vyākaraṇa*), l'étymologie (*Nirukta*), la prosodie (*Chandas*) et l'astronomie (*Jyotiṣa*). Écrits sous forme de *sūtra* ou aphorismes, les textes du *Kalpa* se subdivisent en *Śrautasūtra* (traitant des grands sacrifices), *Śulvasūtra* (sur la construction des autels), *Gṛhyasūtra* (portant sur les rites domestiques) et *Dharmasūtra* (exposant les lois et coutumes). Consacrés aux mêmes sujets que les *Dharmasūtra*, les *Dharmaśāstra* ou « livres de la loi » – dont les *Lois de Manu* – sont plus indépendants des *Veda*. Les plus anciens remontent au moins au deuxième siècle avant l'ère chrétienne. Viennent ensuite les quatre *Upaveda* ou « *Veda* subsidiaires », soit les sciences de la longévité (*Āyurveda*), de l'archerie (*Dhanurveda*), des [musiciens célestes dits] Gandharva (*Gāndharvaveda*), et de l'architecture (*Sthāpatyaveda*). Ils semblent avoir été consignés au plus tard durant les premiers siècles de notre ère.

Également incluses dans la *Smṛti* sont les deux grandes épopées (*Itihāsa*), écrites entre les années 400 av. J.-C. et 400 ap. J.-C. : le *Rāmāyaṇa* (« la marche de Rāma »), qui raconte comment le roi Rāma reconquit son épouse Sītā enlevée par le démon Rāvaṇa, et le *Mahābhārata* (« le grand [récit de la bataille] des Bhārata »), histoire de la confrontation fratricide entre les Pāṇḍava et les Kaurava, ces deux factions du clan des Bhārata dont les Indiens reprendront plus tard le nom pour désigner l'Inde entière. La *Bhagavad-gītā* (« le chant du Seigneur ») contient le fameux dialogue entre Kṛṣṇa et le Pāṇḍava Arjuna juste avant la grande bataille.

Codifiés entre 100 et 400 ap. J.-C., les six *darśana* ou « points de vue », communément appelés « systèmes de philosophie », se rattachent aussi à la *Smṛti*. Ils comprennent le *Nyāya* ou logique, le *Vaiśeṣika*, système « des spécifications » qui permettent de distinguer neuf substances dans l'univers, le *Sāṃkhya*, système « de l'énumération » des vingt-cinq catégories de l'univers, le *Yoga*, la *Karmamīmāṃsā* ou « investigation de l'action » rituelle, et enfin le *Vedānta* (« fin du *Veda* ») qui porte sur la connaissance du *Brahman*. Puis viennent les *Purāṇa* ou « [récits] antiques » rédigés entre 300 et 1400 et qui, selon la tradition, traitent de la création de l'univers, de sa destruction et de sa recréation, ainsi que de la généalogie des dieux et des sages, des ères des quatorze progéniteurs (mythiques) de l'humanité, et de l'histoire des dynasties royales. Vastes encyclopédies populaires, à l'instar du *Mahābhārata*, les *Purāṇa* couvrent en vérité à peu près tout ce qui est hindou.

La *Smṛti*

VEDĀṄGA **(les auxiliaires du *Veda*) :**

1. *Śikṣā* (la phonétique)
2. *Kalpa* (les règles rituelles et sociales)
   - 2.1 *Śrautasūtra*
   - 2.2 *Śulvasūtra*
   - 2.3 *Gṛhyasūtra*
   - 2.4 *Dharmasūtra*
3. *Vyākaraṇa* (la grammaire)
4. *Nirukta* (l'étymologie)
5. *Chandas* (la prosodie)
6. *Jyotiṣa* (l'astronomie)

DHARMAŚĀSTRA **(les livres de la loi) :**

Manusmṛti, *Yājñavalkyasmṛti*, etc.

UPAVEDA **(les sciences subsidiaires) :**

1. *Āyurveda* (la science de la longévité)
2. *Dhanurveda* (l'archerie)
3. *Gāndharvaveda* (la musique)
4. *Sthāpatyaveda* (l'architecture)

ITIHĀSA **(les Épopées) :**

1. *Rāmāyaṇa*
2. *Mahābhārata* (qui inclut la *Bhagavad Gīta*)

DARŚANA **(les systèmes de philosophie) :**

1. *Nyāya* (la logique)
2. *Vaiśeṣika* (le système des spécifications)
3. *Sāṃkhya* (le système de l'énumération)
4. *Yoga*
5. *Karmamīmaṃsā* (l'investigation de l'action)
6. *Vedānta* (la fin du Veda)

PURĀṆA **(les récits anciens) :**

Viṣṇupurāṇa, *Śivapurāṇa*, etc.

Consignés à partir du septième siècle de l'ère chrétienne, les *Tantra* se rattachent à l'une ou l'autre des trois grandes traditions qui révèrent exclusivement Śiva, Viṣṇu et ses avatars ou la *śakti*. Cette dernière est l'« énergie » créatrice inhérente à Śiva ou Viṣṇu et personnifiée par leurs épouses. Dans le shaktisme, ces dernières deviennent elles-mêmes la Devī ou « déesse » suprême. Selon que l'on se trouve dans le shivaïsme, le vishnouïsme ou le shaktisme, en règle générale, les textes tantriques ont respectivement pour nom *Āgama* (« tradition »), *Saṃhitā* (« recueil ») et – au sens restreint – *Tantra*. Chaque grande tradition comprend plusieurs sous-traditions qui s'associent des textes particuliers. Parfois écrits en langues vernaculaires, ces derniers ne constituent pas toujours des *Tantra*. Tels sont, par exemple, les recueils de poésie dévotionnelle tamoule *Tirumuṟai* (« les mots sacrés », écrits par les Nāyanmār) et *Nālāyira Pirapantam* (« les quatre mille hymnes », composés par les Āḷvār). Ces textes sont tenus pour de véritables *Veda* respectivement par les shivaïtes et les vishnouïtes tamouls.

Les problèmes d'interprétation des textes commencent avec la datation. Pour maintes raisons, il est souvent difficile d'attribuer des dates précises aux faits historiques, culturels et religieux de l'Inde. Aussi la plupart des dates données ici ne sont-elles qu'approximatives. En outre, comme les hindous ont pu prendre des siècles pour mettre certaines connaissances par écrit et comme ces dernières semblent parfois nous être parvenues avec les remaniements de plusieurs auteurs, des textes relativement récents peuvent tout aussi bien contenir pour la première fois des données apparues telles quelles à la plus haute antiquité ou, au contraire, élaborées peu à peu par la contribution de plusieurs générations. Enfin, comme l'a montré Madeleine Biardeau, il semble plus juste et fructueux d'étudier l'hindouisme en adoptant une perspective structurelle complexe et dialectique plutôt qu'une grille historique bipolarisée et linéaire comme celle de l'invasion aryenne.

LES FONDEMENTS DOCTRINAUX

Surtout à partir des *Upaniṣad* védiques, on trouve au cœur de l'hindouisme un ensemble de notions dont le sens fera l'objet de maintes polémiques mais dont la réalité ne sera presque jamais contestée. Ce sont : le *Brahman*, le Soi (*ātman*), le karma, le cycle des renaissances (*saṃsāra*) et les buts de l'être humain (*puruṣārtha*) qui incluent la loi (*dharma*) et la libération (*mokṣa*).

Le *Brahman* est assurément au centre de la quête hindoue. Dans les *Veda*, il est conçu comme la force universelle qui, imprégnant le chant et le cérémonial, garantit l'efficacité du sacrifice. Dès les *Brāhmaṇa*, et surtout avec les *Upaniṣad*, il devient l'Absolu, la source, le soutien et la fin ultime de l'univers. En vérité, on ne peut rien en dire car il est au-delà de toute limite. Il n'est « ni ceci, ni cela » (*neti neti*) – transcendance radicale qui élimine toute interprétation panthéiste. S'il est jamais définissable, ce sera d'abord en tant qu'Être immuable, conscience infinie et félicité. Intelligence pure, il regorge d'un pouvoir créateur infini. C'est l'essence qui imprègne et régit toute chose sans être diminuée ou perturbée, comme la sève produit l'arbre entier en restant à la fois incolore et inséparable de lui. La transcendance et l'immanence simultanées du *Brahman* sont souvent si bien ancrées dans la mentalité de l'hindou que, selon le point de vue qu'il choisit d'adopter, il peut privilégier sans problème tantôt l'unité silencieuse de l'Absolu, tantôt sa fragmentation exubérante dans un polythéisme sans bornes.

Selon l'hindouisme, l'être humain est le lieu de rencontre d'un corps grossier, d'un soi individuel (*jīva*) ou corps subtil, et d'un soi essentiel ou Soi (*ātman*). Le corps grossier est constitué des cinq éléments (l'espace, l'air, le feu, l'eau, la terre) qui à leur tour forment les composés organiques comme la chair et le sang. Le soi individuel comprend l'intellect (*buddhi*), l'esprit (*manas*), les cinq facultés d'aperception (la vue, l'ouïe, l'odorat, le goût, le toucher), les cinq facultés d'agir (la parole, la préhension, la marche, l'excrétion, la copulation) et la forme subtile des cinq éléments. La plupart des traditions estiment avec le *Sāṃkhya* que la conscience individuelle n'est pas séparée du corps et de la Nature (*prakṛti*) : elle constitue le produit des mêmes « attributs » (*guṇa*) qui composent le reste de la Nature. En contraste avec le soi individuel, le soi essentiel ou *ātman* transcende le domaine de la Nature. Ce Soi est au-delà des changements incessants du monde phénoménal et des fluctuations du plaisir et de la douleur. Mais lorsque la conscience est obnubilée par l'ignorance spirituelle (*avidyā*), elle prend le soi individuel pour le Soi authentique et vit, pour ainsi dire, sous l'éclipse de son identité véritable. À travers le sens du moi – et le sens du « mien » qui l'accompagne – le soi individuel fait siennes toutes les expériences sensorielles, mentales et affectives. Suivant les fluctuations de ces expériences, il se croit un être tantôt heureux, tantôt souffrant. Ce faisant, il s'attribue ce qui appartient non pas au Soi, mais au non-Soi, c'est-à-dire à la Nature et à ses fluctuations.

Le soi individuel s'enferme ainsi dans les limites inhérentes à l'action. Il se fait prisonnier du karma. Au sens le plus général, karma signifie

« action », celle du cosmos, du corps, de la parole ou de la psyché. Le terme désigne aussi l'effet de l'action, ou encore la loi de la rétribution qui régit la relation entre l'action et ses effets sur l'individu et l'univers. Selon la loi du karma, toute action, bonne ou mauvaise, entraîne forcément sur l'auteur un effet immédiat ou futur de même nature et proportion. Autrement dit, on récolte ce que l'on sème. Rien n'est dû au hasard : tout acte produit un effet et tout effet provient d'un acte ou d'une série d'actes. Bien que les hindous donnent parfois à la loi du Karma un sens fataliste, si l'on se fie à sa logique propre, elle ne l'est pas du tout. Chacun est aujourd'hui le résultat de ses propres actions passées, et chacun devient dans l'avenir ce qu'à chaque instant présent il choisit lui-même de se faire à partir du bagage karmique accumulé jusque-là. Loin d'impliquer la prédestination ou la damnation irrévocable, la loi du karma suppose un libre arbitre, une responsabilité personnelle intégrale et une justice naturelle parfaite même sous ce qui semble parfois injuste. Elle affirme une confiance inébranlable dans l'ordre et l'équité cosmiques. Pourtant, les humains ne semblent pas toujours récolter en cette vie tout ce qu'ils y sèment : tel individu sans scrupules peut se révéler sans cesse favorisé par les circonstances pendant qu'un homme vertueux se voit assailli par toutes sortes d'épreuves. Voilà ce qui, entre autres raisons, amène l'hindou à postuler l'expérience de l'effet du karma sur plus d'une vie.

La théorie du karma présente une explication générale et abstraite de la causalité morale. En parallèle avec elle, et particulièrement dans l'hindouisme populaire, on trouve d'autres explications plus concrètes et souvent magiques. On attribuera les infortunes à la colère d'un dieu ou d'un ancêtre devant une mauvaise action ou une négligence rituelle, ou encore à des fantômes de personnes mortes dans des conditions défavorables (*preta*), à des esprits maléfiques (*bhūta*), à des sorciers, au mauvais œil. La rétribution karmique paraît alors plus contrôlable, plus susceptible de répondre à tel ou tel antidote sacré – comme le sacrifice au dieu ou à l'ancêtre – et se prête bien sûr beaucoup mieux au transfert de la responsabilité à un autre que soi.

Plusieurs croyances introduisent ainsi une certaine dose d'arbitraire ou de gratuité qu'il est difficile de réconcilier logiquement avec la perspective mécaniste de la loi du karma. Alléguant que l'effet de ce dernier peut être transmis des parents au fœtus, on estime par exemple que la cérémonie commémorative de la *śrāddha* permet de transférer au père décédé le mérite du rituel accompli par le fils. De même, on croit souvent que dans la mesure où le dieu régit la loi du karma sans y être astreint, s'il le désire, il peut accorder ses faveurs sans en tenir compte. Ville sainte par excellence, Bénarès apparaît si faste aux yeux de plusieurs qu'il suffit d'y mourir et de faire déposer ses cendres dans le Gange pour être libéré de toute renaissance.

Il reste que, selon la logique même de la loi du karma, l'action du moment présent peut constituer un moyen pour atténuer, voire annuler l'effet négatif des karma passés, tout comme le médicament pris aujourd'hui aide à contrecarrer l'effet des excès de table d'hier. Il s'agit d'augmenter son mérite sur la balance de la justice karmique. On trouve à cette fin une foule de pratiques purifiantes ou méritoires comme l'offrande au dieu dans un esprit de dévotion, l'aumône aux pauvres, le jeûne et le pèlerinage.

Mais tant que le soi individuel n'a pas surmonté son immersion dans l'immense océan du karma, il est voué au *saṃsāra*, littéralement au « flux perpétuel », c'est-à-dire au « devenir incessant » en cette vie même, puis au « cycle des renaissances ». C'est d'abord par ignorance du Soi immuable et immortel que le soi individuel se croit soumis aux fluctuations de l'activité psychique et physique et à l'alternance du plaisir et de la douleur. Privé de la félicité du Soi essentiel, l'individu cherche à se satisfaire par les objets[4] agréables qui lui sont accessibles. Et chacune de ses expériences laisse dans sa conscience une impression latente (*saṃskāra*). Stimulé par ses impressions latentes, c'est-à-dire par le souvenir plus ou moins conscient de ses expériences agréables et désagréables, l'individu cherche par l'action à éviter l'objet désagréable et à se procurer l'objet agréable. Cette action crée de nouvelles impressions qui peuvent rendre les objets soit plus repoussants, soit plus attrayants, et ainsi de suite dans un voyage qui donne parfois l'impression du bonheur, mais qui est parsemé de douleurs et qui jamais n'apaise vraiment la soif d'un bonheur sans limite et sans fin. Tel est le *saṃsāra* en cette vie même.

À la mort, le corps subtil – ou soi individuel – se détache du corps grossier, accompagné de toutes ses impressions latentes. Il fait alors un séjour temporaire dans un autre monde, le ciel ou les enfers, selon son mérite. Quand une partie du retour karmique a été épuisée dans cet autre monde, l'effet du karma encore infructifié incite le soi individuel à satisfaire ses désirs antérieurs et l'achemine vers une autre incarnation. Une portion de cet effet karmique commence alors à fructifier en déterminant les conditions de la nouvelle vie : l'espèce animale et, s'il s'incarne dans un corps humain, la race, la caste, le sexe, l'hérédité, le caractère, l'intelligence, la qualité de la vie familiale et sociale. Et ainsi de suite dans un enchaînement

4. Le mot « objet » renvoie évidemment ici à des personnes autant qu'à des choses.

indéfini de vies et de morts. Tel est le *saṃsāra* en tant que cycle des renaissances. Et, selon les philosophes hindous, il est logiquement impossible d'attribuer un commencement au *saṃsāra* – ainsi d'ailleurs qu'à l'ignorance spirituelle et au soi individuel.

C'est la félicité incomparable du Soi-*Brahman* que recherche plus ou moins obscurément l'être humain à travers les plaisirs du monde. Comme le souligne la *Bṛhadāraṇyaka Upaniṣad* 2.4.5, en vérité, tout désir est dirigé vers le Soi :

> Ce n'est pas pour l'amour du mari que l'on chérit son mari, c'est pour l'amour du Soi. Ce n'est pas pour l'amour de la femme que l'on chérit sa femme, c'est pour l'amour du Soi [...]. Ce n'est pas pour l'amour de toute chose que l'on chérit toute chose, c'est pour l'amour du Soi.

Ainsi la description pessimiste du *saṃsāra* ne trouve tout son sens qu'à la lumière de la possibilité d'une jouissance ineffable et permanente du Soi-*Brahman*. Cette possibilité ne s'actualise que lorsque le corps et la psyché sont entièrement purifiés de leurs tendances à la passion (*rajas*) et à l'inertie (*tamas*). Le soi individuel corrige alors spontanément la méprise qui lui donnait l'impression d'être l'authentique Soi. Il s'éveille du même coup à son essence infinie et c'est la libération (*mokṣa*). Pareilles à des semences brûlées, les impressions latentes ne peuvent plus faire croître en lui le désir des objets et de la renaissance. Le soi individuel est ainsi affranchi de l'effet du karma : il ne renaîtra plus. Pour la plupart des traditions, la libération est accessible dès cette vie. Le libéré-vivant fait l'expérience du Soi comme témoin silencieux et parfaitement serein des états de veille, de sommeil et de rêve. Infiniment contenté par le Soi, il est au-delà du bonheur et de la douleur. Saisissant d'expérience que son Soi est libre de toute action, il est au-delà du bien et du mal. Puisqu'il est ancré dans le non-agir et tout à fait détaché, aucun sens du moi n'interfère avec le jeu spontané de la Nature dans le corps et la psyché. Comblé par la félicité du Soi, par le but de toute action, il n'a nul besoin d'entreprendre quoi que ce soit. Mais, par là même, il est entièrement disponible pour le bien-être des autres. Ses activités sont celles du jeu divin (*līlā*).

Selon l'hindouisme, l'être humain est susceptible de poursuivre quatre buts principaux. Ils sont traditionnellement présentés dans un ordre croissant d'importance spirituelle. En premier lieu, la prospérité matérielle (*artha*). Littérature relative à ce domaine, l'*Arthaśāstra* traite de la politique, de l'administration et des métiers. Ensuite, le plaisir (*kāma*), obtenu surtout par l'amour et l'expérience esthétique. Les *Kāmasūtra*, le plus fameux des recueils consacrés à l'amour, exposent le moindre détail de l'art érotique. Puis, le devoir moral (*dharma*). Enfin, la libération (*mokṣa*). Le devoir doit primer sur la recherche de la prospérité matérielle et du plaisir. Il achemine alors l'être humain vers le désir intense et les moyens de la libération.

HISTORIQUE : LE COURS DE L'UN MULTIPLE

L'hindouisme se divise en deux grands âges : l'ère védique (1500-500 av. J.-C.) puis, jusqu'à nos jours, l'ère brahmanique[5]. On peut subdiviser la seconde ère en quatre périodes : la première est dite épique (500 av. J.-C. – 300 ap. J.-C.) ; la seconde, puranique (300-1400), elle-même séparée en époque classique (300-700), puis védantique et tantrique (700-1400) ; la troisième, pré-moderne (1400-1800) ; et la dernière, moderne (XIXe et XXe siècles).

L'ère védique

L'ère védique est basée sur les textes qui vont des quatre recueils d'hymnes jusqu'aux premières *Upaniṣad*. Selon la tradition, ces œuvres d'origine supra-humaine constituent le « souffle du *Brahman* », la chaîne des sons primordiaux qui contiennent en germe l'univers entier[6]. Chaque mot védique – ou sanskrit – représente parfaitement la catégorie d'objets qu'il désigne. Le *Veda* préexiste à l'univers, il en est la loi éternelle. Forces veillant à la bonne marche du monde, les dieux mêmes habitent la syllabe impérissable (*akṣara*) du *Veda*. Parfois, il est dit que le dieu Brahmā révéla le *Veda*, ou encore que les voyants l'entendirent au plus profond de leur conscience. Mais ce ne sont là que des intermédiaires, car le *Veda* n'a ni commencement ni fin. C'est pourquoi même les voyants védiques ne sont pas considérés comme les fondateurs de l'hindouisme.

Les voyants ont perçu les hymnes par une sorte d'auto-incubation (*tapas*) de la conscience, par une intériorisation lumineuse qui éclaire la réalité cachée des choses. La plupart des hymnes védiques sont de ferventes prières qui, accompagnant le sacrifice, demandent aux dieux d'accorder ici-bas aux hommes une vie harmonieuse, longue, abondante, libre du mal, et,

---

5. Ces deux ères sont parfois désignées respectivement par les termes de « brahmanisme » et « hindouisme » au sens restreint.

6. Il semble cependant que les *Upaniṣad* furent reconnues comme partie intégrante des textes d'origine supra-humaine seulement durant la période épique.

après la mort, l'immortalité dans un ciel radieux où vivent les dieux et les ancêtres méritants.

Les quatre recueils d'hymnes véhiculent trois conceptions majeures du divin : transpersonnelle, personnelle, hénothéiste. C'est un divin transpersonnel et non dualiste qu'ils semblent désigner par des mots du genre neutre tels « Cela » (*tad*) et « l'Un » (*tad ekam*). Comme le souligne le *Ṛgveda* 1.164.46, « bien qu'il soit Un, les sages l'appellent de plusieurs noms ». Par contraste, l'Homme cosmique (*Puruṣa*) du fameux hymne 10.90 porte les traits d'un dieu personnel et suprême. L'univers et les autres dieux viennent à l'existence par le démembrement de son corps. Mais on ne saurait voir un simple polythéisme dans cette croyance en de nombreuses divinités gouvernées par un dieu suprême. En effet, comme elles puisent à la même source absolue, les divinités sont envisagées tour à tour comme suprêmes. Pour spécifier cette troisième conception du divin, qui domine dans les hymnes védiques, F. Max Müller proposa les termes « hénothéisme » ou « kathénothéisme » (du grec *kath'hena*, c'est-à-dire « un à un »), qui désignent le culte de déités par le transfert fréquent, de l'une à l'autre, d'épithètes désignant des qualités insurpassables.

Certaines divinités védiques attirent davantage l'attention. Intermédiaire par excellence, Agni, dieu du feu, porte le sacrifice qu'on lui offre à la déité désignée par le sacrifiant. Mais c'est Indra qui se démarque le plus. Puissant et infatigable, il détruit les démons, ces forces négatives qui font obstacle à l'épanouissement de ses fidèles. Enfin, Varuṇa fonde et maintient l'ordre éthique en punissant ou encore en délivrant du mal.

Selon le *Ṛgveda* et les *Brāhmaṇa*, l'univers procède du démembrement sacrificiel de l'Homme cosmique ou encore du Seigneur des créatures (Prajāpati). Rien dans l'univers qui ne soit la matérialisation d'une fonction particulière du corps divin offert pour que le monde existe. Mais, comme le racontent les *Brāhmaṇa*, épuisé par sa dissémination, le Seigneur des créatures ne parvient pas à faire fonctionner l'univers comme un ensemble ordonné de parties distinctes. Répondant à son appel, les dieux refont le sacrifice en sens inverse : ils recréent le Soi du Seigneur en rassemblant de nouveau toute l'énergie des créatures sous la forme de son corps. S'il veut assurer sa propre existence, l'homme doit lui aussi rétablir la cohérence fonctionnelle de l'univers et, pour ce faire, reconstruire le Seigneur des créatures par le sacrifice. Il doit donc apprendre la science du sacrifice. À partir du plan microcosmique où il se trouve, il doit connaître le réseau des corrélations cosmiques (*bandhu*) et l'utiliser de façon à reproduire le fonctionnement organique et harmonieux du corps primordial, et donc du monde. Voilà ce que lui enseignent les *Brāhmaṇa*, en poussant jusqu'à ses conséquences ultimes le thème védique de l'ordre cosmique (*ṛta*). À chaque membre du Seigneur, correspond un aspect du cosmos ; de même, à chaque aspect du sacrifice, répond solidairement telle ou telle catégorie de l'être humain et de l'univers. Comme par l'effet de vases communicants, le sacrifiant peut transmettre une influence spécifique et infaillible de l'ordre du sacrifice à celui de l'homme et du monde. Puisqu'il assure ainsi son existence grâce à l'action sacrificielle, « l'homme *est* le sacrifice[7] ». Sa voie consiste à perpétuer l'échange des dons entre les mondes humain et divin.

Quand l'homme accomplit le sacrifice de son être et des composantes du cosmos par des substituts symboliques, il procède, en actes, par des offrandes (le plus souvent dans le feu et à l'intention des dieux) ; en paroles, par la récitation simultanée de passages védiques ou *mantra* ; en pensée, par la compréhension de leur sens. Il replace ainsi de façon convenable sa propre personne et chaque aspect de l'univers dans le corps du Seigneur des créatures. Il renaît alors lui-même tout en assurant la continuité harmonieuse et favorable de tous les phénomènes cosmiques. C'est grâce au sacrifiant que le soleil pointe chaque matin à l'horizon, que les saisons reviennent aux bons moments, que le royaume connaît la paix et la prospérité. Sous peine d'échec, le sacrifice – qui est parfois très complexe – doit être accompli avec la plus grande minutie et sans aucune erreur ni omission. La connaissance du rituel représente donc le pouvoir ultime. À ceux qui s'y consacrent, aux brahmanes, elle procure la suprématie religieuse parmi les hommes et le pouvoir de mériter infailliblement les faveurs des dieux.

Les *Upaniṣad*, pour leur part, développent jusqu'à leurs conséquences radicales des thèmes déjà présents au moins en germe dans les *Veda*, les *Brāhmaṇa* et les *Āraṇyaka* : la loi du karma, le cycle des renaissances, la vie érémétique, l'intériorisation par la méditation, l'unité entre le soi individuel et le *Brahman*, enfin l'immortalité. La vision des *Upaniṣad* pose non seulement que le *Brahman* constitue le fondement de tout, mais surtout que le soi individuel n'est pas distinct de ce Soi-*Brahman* : « Tout ceci est le Soi[8] » et « ce Soi est le *Brahman*[9] ». Le Soi-*Brahman* est pur *sujet* et donc jamais *objet* de connaissance. Le sujet est toujours connaissant et jamais connu car, s'il l'était, il deviendrait objet de connaissance et, par le fait même, ne serait plus sujet. Le Soi-*Brahman* ne peut donc être saisi comme

7. *Śatapatha Brāhmaṇa*, 1.3.2.1.

8. *Bṛhadāraṇyaka Upaniṣad*, 2.4.6.

9. *Idem*, 2.5.19.

objet par l'entendement. On ne s'y éveille que par une intuition unitive qui dépasse la raison : « Celui qui connaît le *Brahman* suprême devient lui-même le *Brahman*[10]. » Les états de veille, de sommeil et de rêve ne présentent que l'ombre du Soi. Tel qu'en lui-même, on ne le trouve que dans le quatrième état de conscience (*turīya*), lorsque l'esprit s'éveille au *Brahman* qui n'est jamais ébranlé par le cours des trois premiers états.

Pour les *Upaniṣad*, il est illusoire de croire que l'action rituelle assure l'immortalité. On ne peut l'obtenir que par la connaissance unitive du Soi-*Brahman*, et non point en atteignant, grâce à l'action, un lieu extérieur tel que le ciel. Qui dit rituel dit désir de son résultat, et qui dit désir dit renaissances. Ainsi le savoir suffisant du rituel n'est qu'ignorance déguisée en connaissance. Non pas que le sacrifice soit complètement inutile. Il s'agit plutôt d'ajouter à son effet purificateur, celui de la méditation. Ou encore, abandonnant tout rituel, se consacrer entièrement à la contemplation. Tout cela, pour pouvoir finalement offrir le soi individuel lui-même dans le feu du Soi-*Brahman*.

À partir des *Upaniṣad*, une tension idéologique s'installe dans l'hindouisme entre deux constellations de pensée : celle qui considère l'action comme nécessaire à l'immortalité et celle qui enseigne son renoncement en faveur de la connaissance du Soi-*Brahman*. Mais l'opposition entre l'« activité » (*pravṛtti*) et le « retrait » (*nivṛtti*) comporte trois modes qui sont rarement bien distingués par les indianistes. Selon le contexte, ces deux concepts peuvent opposer l'un à l'autre : 1. la vie active en famille (supposant le mariage, la procréation, le sacrifice) et la vie de moine ou *saṃnyāsin* (souvent accompagnée d'errance solitaire et de mendicité) ; 2. la vie axée sur le rituel en vue d'obtenir le ciel après la mort et la vie centrée sur la méditation en vue de la connaissance du Soi ; 3. l'état de la conscience identifiée à l'ego limité (avec pour effet la renaissance) et l'état de la conscience libre des limitations de l'ego et de l'action (avec pour effet la libération). Selon les *Upaniṣad*, il n'est pas nécessaire d'être moine pour avoir accès aux deux derniers types de « retrait ». Dans ce contexte, celui qui adopte ces deux formes intérieures du « retrait » ne le fait pas forcément par imitation du moine. Certes, ce dernier symbolise le « retrait » dans tous les sens du terme. Mais la symbolique monacale ne saurait occulter le véritable fondement du renoncement dans l'hindouisme. La tension idéologique ne se développe pas *essentiellement* entre la vie active en famille et la vie de moine. Dès les *Upaniṣad*, elle oppose *avant tout*, d'une part, la voie centrée sur des moyens

10. *Muṇḍaka Upaniṣad*, 3.2.9.

ritualistes à des fins autres que la connaissance du Soi-*Brahman* et, d'autre part, la voie qui recourt à des moyens d'intériorisation – surtout la méditation – pour transcender le soi individuel et atteindre une authentique libération.

L'ère brahmanique

Le passage du védisme au brahmanisme se produit graduellement au cours de la période épique (500 av. J.-C. – 300 ap. J.-C.). Bien que Viṣṇu soit déjà présent dans les *Veda* et que Śiva ait une filiation avec le Rudra védique, leur puissante et riche personnalité fut nourrie avant tout par les milieux populaires. Les deux sont égalés à l'Homme cosmique et au Seigneur des créatures. Du même coup, les dieux védiques sont repoussés au second rang et subordonnés à ces figures suprêmes. Dans les *Brāhmaṇa*, les dieux n'avaient qu'un rapport automatisé avec le sacrifiant, et dans les *Upaniṣad*, l'accès à la réalité divine était le résultat d'un discernement non dualiste, voire transpersonnel, de l'Absolu. Désormais, la relation avec le divin est surtout personnelle, émotive et ouverte au don généreux de la grâce. Elle est une participation réciproque. La divinité répond avant tout à la foi, à la soumission, à l'amour, à la dévotion (*bhakti*). Mais, jusqu'à nos jours, l'expression religieuse de l'hindou n'en cessera pas pour autant d'osciller entre le polythéisme, l'hénothéisme et le non-dualisme.

À l'encontre des *Brāhmaṇa*, les *Upaniṣad*, le bouddhisme et le jaïnisme introduisirent un formidable courant anti-ritualiste. Les disciplines ascétiques et les méthodes d'intériorisation comme le yoga et la méditation connurent un rayonnement sans précédent. Dirigée par les brahmanes, la religion officielle commença d'intégrer des pratiques populaires comme le culte du phallus et des déesses. L'apport le plus déterminant fut la *pūjā*, cérémonie surtout individuelle où les offrandes sont faites avec dévotion directement devant l'image de la déité, plutôt que par l'intermédiaire du feu. L'engagement affectif primait désormais sur la perfection de la performance. Comme la *pūja* était personnelle et plus simple, elle se répandit partout et les brahmanes perdirent le monopole du sacrifice. La propagation des valeurs du renoncement comme la non-violence et le végétarisme fit décliner encore plus le sacrifice védique, où l'on offrait parfois des animaux.

La période épique

La tête coiffée d'une tiare, le visage empreint d'un air royal, Viṣṇu (« l'Omni-pénétrant ») veille à la préservation et à l'évolution de l'univers dont il est le souverain. Il vit dans le ciel *Vaikuṇṭha*, entouré de sa cour. Mais lorsque l'humanité est en proie aux forces décadentes, il s'incarne pour rétablir l'ordre moral et spirituel (le *dharma*). On lui reconnaît habituellement dix avatars : le Poisson, la Tortue, le Sanglier, l'Homme-lion, le Nain, Rāma à la hache, Rāma le héros, Kṛṣṇa, le Buddha et Kalkin, l'avatar à venir. Parmi ses incarnations, Rāma le héros et Kṛṣṇa – accompagné de son amante Rādhā – ont la meilleure place dans l'histoire de l'hindouisme et le cœur des hindous. Souvent associé au sacrifice et à la prospérité qui s'ensuit, Viṣṇu semble toujours présent au milieu des affaires humaines. Il a d'ailleurs pour compagne Lakṣmī, la déesse de la fortune, ou encore Bhūmī, la Terre.

Sans s'opposer formellement à la personnalité de Viṣṇu, Śiva (« le Propice ») contraste vivement avec lui. Il habite loin de la société, au milieu des forêts ou sur le mont Kailāsa, dans l'Himalaya, avec sa compagne Pārvatī, « la fille de la montagne ». Il aime à transgresser les normes sociales – attitude qui inspirera certains shivaïtes à remettre en question le système des castes et la piètre condition de la femme. Ses trois formes principales font de lui le dieu de la coïncidence des contraires. Sous sa forme redoutable, il est le dieu du temps et de la mort. Il campe sur les terrains de crémation et compte les crânes des humains à la vie desquels il a mis fin. Mais, sous sa forme de dieu procréateur, il devient un amant débridé. Il fait l'amour toute la journée à sa femme Pārvatī – qui a su séduire le yogi en lui – pour faire ensuite la conquête de quelque autre belle. On le révère d'ailleurs le plus souvent en tant que *liṅga*, pierre de forme cylindrique et d'apparence phallique dressée au centre d'une dalle couchée dont la forme imite l'organe sexuel de la femme (*yoni*)[11]. Identique à l'énergie créatrice féminine en lui, le dieu procréateur se fait parfois androgyne. Enfin, sous sa troisième forme, totalement détaché, serein et maître de ses sens, il est le dieu des ascètes et des yogis – agissant d'ailleurs à travers les maîtres plutôt que les avatars. Parfait yogi en même temps que parfait amant, il a le pouvoir de rester toujours en érection sans jamais perdre son sperme : il se projette dans l'univers sans rien enlever à sa plénitude. Enfin, le Śiva « maître de la danse » (*naṭarāja*) résume admirablement tous les autres. En dansant, il met en branle et détruit l'univers, mais l'art de la danse lui permet justement de le faire comme un yogi accompli, sans aller nulle part,

11. Bien que les données historiques et les mythes liés au *liṅga* (« phallus ») suggèrent un symbolisme nettement phallique, la plupart des hindous n'y voient rien de tel et proposent d'autres interprétations. Il s'agirait par exemple du « signe » (*liṅga*) de ce qui est au-delà de tout signe.

sans sortir de lui-même, sans autre but que le jeu et la jouissance de son être qui est le Tout.

Vishnouïtes et shivaïtes considèrent chacun leur dieu comme suprême, mais plusieurs hindous rendent un culte aux deux. Dans l'ensemble, les deux grandes traditions se sont côtoyées paisiblement. Dès la période épique, Brahmā le créateur, Viṣṇu le conservateur et Śiva le destructeur seront parfois réunis dans la « triple forme » (*trimūrti*) du divin. Mais, en tant que dieux suprêmes, Viṣṇu et Śiva transcendent cette trinité.

Joyau du *Mahābhārata*, la *Bhagavad-gītā* est l'essai de synthèse le plus accessible et le plus marquant de l'hindouisme. Elle tente d'harmoniser l'accent des *Brāhmaṇa* sur le sacrifice (l'action) et l'intériorisation des *Upaniṣad* (la connaissance), tout en leur ajoutant la dévotion (l'amour). La *Bhagavad-gītā* commence au moment où Arjuna se voit déchiré entre le principe de la non-violence et le fait qu'il s'apprête à combattre comme l'exige son devoir de militaire. Il choisit soudainement de tout laisser tomber. Partant donc de la question du renoncement – que les pressions antiritualistes avaient mise au cœur des préoccupations de cette période – Kṛṣṇa intervient et lui propose un enseignement qui reste encore aujourd'hui une des références les plus vivaces de l'hindouisme. Il lui fait savoir que le renoncement à la vie rituelle et sociale n'est ni nécessaire en général ni approprié dans son cas. Pour la plupart des gens, mieux vaut le renoncement intérieur au milieu même de l'action que le renoncement physique de l'action. En fait, tôt ou tard, toutes les voies mènent à Kṛṣṇa, au *Brahman*, au dieu suprême dont les autres dieux ne sont que des modalités. Chaque moyen spirituel a son mérite propre, de la contemplation solitaire et abstraite de l'« Impérissable » (*akṣara*), à l'offrande de fruits et de fleurs devant l'image du dieu. Même les femmes et les gens de basse caste, qui n'ont pas le droit d'étudier le *Veda*, ont accès à la libération. Mais l'action éthique reste définie par les textes sacrés en fonction du devoir propre de chacun, incluant les rituels obligatoires pour les initiés au *Veda*. Aussi la voie la plus accessible et la plus rapide se résume-t-elle à deux moyens : l'observance de l'action éthique sans s'attacher à ses fruits et dans un esprit d'abandon à Kṛṣṇa ; la méditation sur Kṛṣṇa en vue de l'union libératrice avec lui.

C'est vers la fin de la période épique que seront consignés les aphorismes des six systèmes de philosophie. Nous nous contenterons de décrire certains aspects du *Vedānta* (un peu plus loin), du *Sāṃkhya* (dans la section suivante) et du *Yoga* (dans la partie sur le *dharma*).

La période puranique

À la période épique succède celle des *Purāṇa* (300-1400). Elle a fourni ou consolidé des doctrines, des mythes, des images de divinités et des cultes qui encore aujourd'hui forment l'essentiel de l'hindouisme. Première partie de la période puranique, l'époque classique (300-700) correspond à peu près au règne des Gupta et de Harṣa, souverains qui patronnèrent le bouddhisme et l'hindouisme. Grâce à eux, les beaux-arts et les lettres connaissent un essor remarquable. Mais le shivaïsme et le vishnouïsme deviennent plus sectaires. À un système de castes déjà bien cloisonné, viennent s'ajouter une foule de règles sur la vie quotidienne. Les premiers *Purāṇa* sont écrits, qui racontent les faits et gestes des divinités. Tout en professant leur allégeance au *Veda*, ils consacrent des pratiques nouvelles – tel le pèlerinage – que l'on estime plus appropriées pour l'époque. De 700 à 1400, trois grandes écoles védantiques s'imposent et le tantrisme connaît un succès remarquable, d'où l'expression « époque védantique et tantrique » que désigne cette seconde partie de la période puranique. À cette époque, le bouddhisme disparaît complètement de l'Inde, tandis que les sous-traditions se multiplient. On voit apparaître les grands temples, dont plusieurs représentent encore aujourd'hui le sommet de l'art indien.

Les *Upaniṣad*, les *Vedāntasūtra* et la *Bhagavad-gītā* constituent la « triple route » (*prasthānatrayī*) du *Vedānta*. Mais les premières présentent des idées plutôt qu'une philosophie systématique et, dans le résumé qu'ils en font, les *Vedāntasūtra* sont si lapidaires qu'ils ne peuvent être compris sans un commentaire. Enfin, la *Bhagavad-gītā* se veut si englobante qu'il est malaisé d'en dégager une doctrine unique. Surtout à partir du VIIIe siècle, les *vedāntin* chercheront donc à interpréter la « triple route » d'une façon cohérente et systématique. En bref, il s'agit de comprendre la relation entre le *Brahman*, le Soi et l'univers, de préciser ce qu'est la libération et de définir les moyens d'y parvenir.

Śaṅkara (entre 650 et 800) fut et reste à ce jour le plus influent des *vedāntin*. Selon la tradition, il a établi dans le nord, le sud, l'est et l'ouest du pays, quatre ou cinq monastères qui, ne reconnaissant pas l'autorité des *Tantra*, représentent une sorte d'orthodoxie hindoue non sectaire, « fondée [uniquement] sur la *Smṛti* » (*smārta*). Ces institutions jouissent encore d'un grand respect dans l'Inde contemporaine. Qu'ils aient été pour ou contre Śaṅkara, les *vedāntin* ultérieurs se sont souvent définis en se référant à sa doctrine. Selon Śaṅkara, le *Brahman* possède deux aspects : l'un personnel (Viṣṇu, Śiva ou toute autre forme divine), l'autre transpersonnel (la nature ultime du dieu personnel au-delà de toute forme). Śaṅkara affirme l'identité du soi et du *Brahman* transpersonnel, d'où le nom d'*advaita* ou non-dualisme (intégral) donné à son interprétation du *Vedānta*. Par l'effet de son pouvoir de manifestation inhérent, le *Brahman* transpersonnel émerge sous la forme du dieu personnel qui, dans la même foulée, donne naissance à l'univers. Ce pouvoir intrinsèque de manifestation, c'est la *māyā*, la force formidable mais trompeuse qui, en dévoilant le dieu personnel et sa création, semble voiler le *Brahman* non duel dont elle procède. Mais, éventuellement, entre deux créations, la *māyā* et son effet seront résorbés dans le *Brahman* sans forme. Maintenant, si la *māyā*, le dieu personnel et l'univers sont réductibles à ce *Brahman* transpersonnel, s'ils sont amenés à se dissoudre et à disparaître, ne devrait-on pas les considérer comme totalement irréels ? On ne peut aller jusque-là, soutient Śaṅkara. Ils ne sont pas irréels au même titre, par exemple, que les cornes d'un lapin. Car on ne peut nier que l'univers soit perceptible par les sens. Ni réelle, ni irréelle, la manifestation entière ne peut donc être qu'apparence (*mithyā*). Ce raisonnement de Śaṅkara, pourtant fondamental, n'a pas toujours été bien compris. Il ne dit pas que le dieu personnel et l'univers existent par le seul effet de notre imagination, ni qu'ils sont négligeables. Simplement, ils n'ont pas d'existence autonome et irréductible. Bien que l'univers et le dieu personnel se fondent dans le *Brahman* transpersonnel et s'avèrent une simple apparence du point de vue ultime (*paramārtha*), ils sont réels et significatifs du point de vue empirique et pratique (*vyavahārika*). On ne saisit d'ailleurs complètement le caractère apparent de l'univers et du dieu personnel que lorsque, par une intuition unitive, on perçoit l'essence transpersonnelle, absolument inchangeante, qui les sous-tend. Mais, dans l'état de veille commun, on est d'abord trompé par l'impression d'être *réellement* un « moi » affecté par les hauts et les bas de « miens » comme « mes » émotions et « mon » corps.

Pour Śaṅkara, la libération est accessible en cette vie. Le moyen ultime pour y parvenir est la connaissance directe du Soi, et non l'action rituelle, la méditation ou leur combinaison. Seule la lumière peut éliminer la noirceur, quels que soient le nombre et la sorte d'actions accomplies pour la faire surgir. De même, seule la connaissance directe de l'identité du soi et du *Brahman* peut corriger la tendance à prendre le soi individuel pour le Soi essentiel, quelles que soient les actions rituelles ou méditatives qui, par leur effet purifiant, ont créé la condition de possibilité de cette connaissance. Prescrit par les *Veda* comme aide à la connaissance, le renoncement monacal n'est pas pour autant nécessaire selon Śaṅkara, contrairement à l'interprétation de la plupart de ses commentateurs. Le seul renoncement indispensable est celui du statut d'acteur (*kartṛtva*) inhérent au soi individuel.

Et ce renoncement ne va pas sans l'expérience du Soi comme témoin inactif des états de veille, de sommeil et de rêve.

Contrairement à Śaṅkara, Rāmānuja (1017-1137) reconnaît l'autorité des *Tantra*, surtout vishnouïtes. Selon lui, il n'existe pas de *Brahman* sans forme. Par nature, le *Brahman* est un Être éternel doué de qualités innombrables et absolues. La manifestation, qu'il projette à partir de sa propre conscience (*cit*), comprend une couche faite également de conscience et une couche d'inconscience (*acit*). La première crée l'espace spirituel où vivent d'innombrables Soi essentiels ; la seconde constitue la Nature, y compris les soi individuels. Ces deux couches sont en quelque sorte le « corps » éternel du *Brahman*. Poursuivant la métaphore, on dit qu'elles sont irréductibles à l'« âme » que constitue le *Brahman* comme tel. Elles sont donc aussi réelles que lui. Restant toujours au-delà de la nature inconsciente, le Soi essentiel partage la nature consciente et béatifique du *Brahman*. Mais il ne fait pas un avec lui, il lui ressemble seulement, il participe simplement de lui. D'où le nom *viśiṣṭādvaita* (« non-dualisme du particulier ») donné à cette doctrine. Selon Rāmānuja, la libération n'est accessible qu'après la mort, lorsque le Soi essentiel retrouve sa pure nature dans la demeure céleste de Viṣṇu. Selon la doctrine shankarienne, au moment de la mort physique, l'individualité du libéré-vivant disparaît complètement pour se fondre dans le Tout du *Brahman*. Mais, chez Rāmānuja, l'individualité reste distincte du *Brahman*, dans une sorte de symbiose avec ses qualités divines. Bien que Rāmānuja soutienne comme Śaṅkara que la connaissance est le moyen de la libération, il lui donne un autre sens. Essentiellement, la voie consiste à pratiquer les rituels obligatoires et la méditation dévotionnelle – disciplines qu'il faut poursuivre toute sa vie. Quand le soi individuel est purifié, il constate non seulement que le Soi essentiel est distinct de la Nature, mais aussi qu'il est complètement dépendant de la personne du *Brahman*. Il peut alors vivement imaginer la forme de son Seigneur. Sa contemplation et sa ferveur s'intensifient peu à peu, permettant à cette connaissance indirecte du *Brahman* de se prolonger en dévotion pure, forme ultime de la connaissance libératrice. Toutefois, la libération ne peut avoir lieu sans que, selon son mérite, le dévot soit sauvé par la grâce du Seigneur. Lorsqu'au moment de la mort, le dévot est libéré par Viṣṇu, il se rend à la demeure céleste *Vaikuṇṭha* et, désormais directe, sa connaissance contemplative du Seigneur s'intensifie indéfiniment.

Madhva (1238-1317) a beaucoup en commun avec Rāmānuja. Mais, chez lui, le *Brahman*, le Soi et la Nature sont entièrement séparés. Comme l'indique le nom de sa doctrine, leurs liens définissent une dualité (*dvaita*) essentielle. La libération est possible sur terre mais se limite à l'expérience d'une proximité avec Viṣṇu. L'influence de Mādhva fut beaucoup plus limitée que celle de ses deux prédécesseurs.

Cette époque est également marquée par le développement du tantrisme, mouvement de pensée qui s'est manifesté dans les *Purāṇa* dès le Ve siècle et qui a influencé toutes les traditions. Le tantrisme représente la divinité suprême comme l'union éternelle et béatifique du dieu et de son « énergie » (*śakti*). Cette divinité a non seulement le pouvoir de manifester l'univers, mais aussi de ramener, par l'univers même, à la conscience de l'union divine. Seul est libéré celui qui sait la reconnaître vivante dans chaque forme de la création. Le tantrisme opère donc un certain renversement des valeurs religieuses courantes. Plutôt que de discréditer le corps et la matière, il s'agit de les diviniser. La voie ne consiste pas à chasser le désir amoureux, mais à l'accepter, à le considérer comme une première étape, à le transformer en service de la déesse, à le combler enfin par l'expérience directe, en soi, de l'union divine. Discipline (yoga) et jouissance (*bhoga*) sont ici inséparables.

Fidèle à sa valorisation de la matière, le tantrisme s'est adonné à la physiologie spirituelle. On estime en général que le corps comporte six « centres » (*cakra*) énergétiques, et 35 millions de canaux (*nāḍi*) qui servent à la circulation de la *śakti* et du souffle vital (*prāṇa*). Sous sa forme psychosomatique, la *śakti* est représentée par un serpent femelle (*kuṇḍalinī*) qui, chez l'être humain ordinaire, est lové dans le centre énergétique situé à la base de la colonne vertébrale. La libération se produit lorsque, grâce à diverses pratiques, la *kuṇḍalinī* s'éveille, monte et purifie de son courant lumineux tous les canaux et les centres énergétiques, pour finalement s'unir avec Śiva, au-delà du sixième centre, dans le « lotus aux mille pétales » situé au sommet de la tête. La *śakti* constitue aussi l'énergie phonique dont le déploiement produit l'univers à partir du *Brahman*. Le cosmos est une vibration (*spanda*) dont les sons primordiaux (*bījamantra*) peuvent éveiller la *kuṇḍalinī*.

Tantrisme et shaktisme ont beaucoup en commun. Tous deux comptent des pratiques hindoues courantes comme le sacrifice, la dévotion et la méditation orientées vers Śiva ou Viṣṇu. Mais le shaktisme, à tendance ésotérique, et surtout populaire au Bengale, place Devī, la déesse suprême, au-dessus de Śiva et Viṣṇu. L'adepte de la *śakti* ne vise pas à contempler de l'extérieur l'union du dieu et de sa *śakti*, mais plutôt à la reproduire en lui-même. Le shaktisme se divise en deux grandes sous-traditions, celles « de la main droite » et « de la main gauche ». Peu nombreuses, mais poussant à bout la valorisation de ce qui est normalement considéré comme polluant ou défavorable, les sous-traditions « de la main gauche » ajoutent la pratique des « cinq lettres m », soit la consommation ritualisée du *madya* (l'alcool), du *māṃsa* (la viande), du *matsya* (le poisson), de la *mudrā* (le riz frit) et de la *maithunā* (l'union sexuelle).

Particulièrement pour les adeptes de la *śakti*, la forme paisible de la déesse a les traits de Durgā destructrice du démon Mahiṣa. Sa forme terrible est Kālī, incarnation du renversement tantrique des valeurs : la hideuse, sanglante et macabre joue en fait le rôle de divinité suprême et réconfortante. Son culte apparaît comme un moyen de contenir le désordre cosmique.

La période pré-moderne

Dans la période allant de 1400 à 1800, le Nord de l'Inde fut tenu dans l'ensemble sous le joug musulman établi en 1192 et finalement renversé par les Anglais en 1757. Une tendance conservatrice se manifeste à travers les raffinements doctrinaux et les débats entre les diverses écoles védantiques. Mais la littérature s'épanouit sur un élan de dévotion (Sūrdās, 1483-1563 ; Mīrābāī, 1503-1573 ; Tulsīdās, 1532-1623 ; Tukārām, 1607-1649). Des mouvements dévotionnels émergent, qui contestent le ritualisme et les castes en tentant d'ouvrir les consciences à une vie spirituelle qui dépasse les différences sociales et confessionnelles, particulièrement entre l'islam et l'hindouisme (Caitanya, 1486-1533 ; Kabīr, vers 1440-1518 ; Nānak, 1469-1539).

L'UNIVERS CHIFFRÉ ET DÉCHIFFRÉ

Selon l'hindouisme, l'univers n'est pas créé *ex nihilo* comme dans la tradition judéo-chrétienne. Il émane le plus souvent de la substance même d'un principe suprême. Il constitue pour ainsi dire une cristallisation de ce qui était déjà présent à l'état soluble en lui. Il est la manifestation spontanée d'une plénitude surabondante. Comme l'explique la *Bṛhadāraṇyaka Upaniṣad* 2.1.20, le Soi tire l'univers de lui-même, tout comme l'araignée, le fil de sa toile. L'araignée est à la fois cause matérielle (elle crée le fil à partir de sa propre « substance ») et cause efficiente douée d'intelligence (elle le crée à partir d'une intention intelligente qui lui est propre). Le principe qui rassemble en lui la cause matérielle et la cause efficiente intelligente est conçu et désigné de manières fort diverses. On l'appelle entre autres l'Un, Cela, le *Brahman*, le Soi, la Parole (*vāc*), l'Homme cosmique, le Seigneur des créatures, Brahmā.

Au cours de l'ère védique, le processus cosmogonique est le plus souvent décrit comme une auto-incubation (*tapas*). Pour projeter la création, le principe suprême doit d'abord se replier sur lui-même et procéder à son propre réchauffement. Attisant son ardeur créatrice, il la porte à maturité et l'univers surgit alors comme le rayonnement merveilleux de sa propre substance.

À l'ère brahmanique, Viṣṇu, Śiva, la Nature[12] (*prakṛti*) et la *śakti* créent l'univers en vertu d'un processus créateur tout à fait analogue. La dissolution du monde est l'effet du reploiement complet de l'attention de la divinité dans le silence de sa propre conscience. Le dieu ou la déesse sont alors comme le yogi dans l'état de suspension de toute activité mentale. On raconte qu'entre deux créations, Viṣṇu s'absorbe dans un profond sommeil yogique. Lorsqu'il sort de cet état de ressourcement infini, il lui suffit d'avoir la pensée de l'univers pour qu'elle se matérialise aussitôt en une nouvelle création. Il est alors comme le yogi qui retourne à la conscience de veille, doué de pouvoirs supranormaux[13]. Aussi Kṛṣṇa affirme-t-il dans la *Bhagavad-gītā* 9.8 : « M'appuyant sur ma propre Nature, j'émets encore et encore [...] » L'ère brahmanique insiste sur l'idée que l'univers n'est pas unique. Innombrables, les créations sont cycliques, comme les renaissances et les incarnations divines.

La cosmologie brahmanique s'inspire principalement d'une version non dualiste du *Sāṃkhya* où la Nature est d'abord celle du *Brahman*, car elle constitue sa *śakti*, son énergie créatrice. Mais, en elle-même, la Nature est composée de trois attributs (*guṇa*) qui assurent la formation de la psyché autant que de la matière. La Nature se présente donc comme un système éco-psycho-physiologique non dualiste. Deux de ces attributs sont diamétralement opposés. Ce sont le *sattva* et le *tamas*. Le troisième, soit le *rajas*, a pour rôle de mettre les deux premiers en branle. Du point de vue cosmologique, le *rajas* est l'activation, le *sattva*, l'organisation et le *tamas*, l'objectivation. Du point de vue psychique, le *rajas* est passion et douleur, le *sattva*, discernement et bonheur, le *tamas*, égarement et apathie. Entre

---

12. Il ne s'agit pas ici de la Nature du *Sāṃkhya* et du *Yoga* classiques puisque, séparée du Soi et du dieu personnel, cette dernière est dénuée d'intelligence. Il s'agit plutôt de la Nature inhérente à la conscience pure et donc intelligente, telle qu'on la trouve dans la perspective non dualiste.

13. Selon Madeleine Biardeau, les auteurs des *Purāṇa* ont projeté le modèle yogique sur le pouvoir créateur de la divinité. Mais peut-être est-ce l'expérience de la nature transcendante, immanente et créatrice du divin qui a d'abord permis au yogi de découvrir ce modèle yogique.

deux créations, les attributs sont dans un état d'équilibre. Lorsque ce dernier est brisé au début de la nouvelle création, ils commencent à se mélanger et à s'épaissir. La cristallisation de plus en plus dense des attributs produit l'ensemble de l'univers, qui va des formes psychiques les plus lucides, à la matière la plus opaque. Les deux premières couches de la manifestation sont l'intellect cosmique (*buddhi*) et le principe d'individuation (*ahaṃkāra*). À partir de là, le mélange des attributs à prédominance sattvique crée l'esprit, les organes des sens et les organes d'action. Le mélange à prédominance tamasique produit l'essence des éléments (*tanmātra*) et les éléments grossiers (*mahābhūta*).

L'ère védique divise l'univers entre la terre, l'atmosphère et le ciel. L'au-delà est réparti entre les enfers, le monde des ancêtres et celui des dieux. L'ère brahmanique ajoute à cela une description détaillée de la terre. Le mont Meru se trouve en son centre, entouré de quatre continents. Les divisions temporelles, pour leur part, révèlent un enchaînement cyclique vertigineux. Une vie du créateur Brahmā dure cent années divines comptant chacune 360 jours et 360 nuits. Un jour équivaut à 4 294 080 000 années humaines. À la fin de chaque jour, Brahmā réabsorbe l'univers pour une nuit aussi longue que le jour, avant de le créer à nouveau. Un jour ou *kalpa* comprend quatorze ères de Manu (*manvantara*), et une ère de Manu, soixante et onze « grands âges » (*mahāyuga*), chacun étant lui-même divisé en quatre âges (*yuga*). Paradis sur terre, l'« âge gagnant » (*kṛtayuga*) est le plus long. Les conditions de vie se détériorent peu à peu au cours des trois suivants : l'« âge du trois » (*tretāyuga*, qui dure les trois quarts du premier), l'« âge du deux » (*dvāparayuga*, valant la moitié du premier) et l'« âge perdant » (*kaliyuga*, égal au quart du premier). L'« âge perdant » s'étend sur 432 mille années humaines. Selon la tradition, nous sommes aujourd'hui dans l'« âge perdant » qui a commencé vers 3102 av. J.-C., au moment de la bataille du *Mahābhārata*.

Le DHARMA, *ordre cosmique et devoir*

Univers et cycles temporels sont soutenus par la loi cosmique ou *dharma*. Notons toutefois que le mot *dharma* a plusieurs sens. Il peut signifier la loi, le bien, la justice, le devoir, la coutume, le mérite religieux. L'hindouisme est lui-même le « *dharma* éternel ». Le terme est issu de la racine *dhṛ* qui signifie « porter », « soutenir » et, par extension, « nourrir ». Le *dharma* est ce qui établit et soutient l'ordre du monde, de la société et de l'individu. Il suppose une continuité certaine entre la loi naturelle (automatique) et la loi sociale (prescriptive). On a vu que toutes les catégories, telles les castes, procèdent du sacrifice de l'Homme cosmique. Il s'ensuit qu'à l'instar des autres catégories, le statut de brahmane, par exemple, est d'origine divine ou naturelle, et non point simplement sociale. Selon cette optique, c'est en vertu du *dharma* comme loi naturelle que tel ou tel être vient au monde dans une famille de brahmanes. S'il veut préserver son accord avec le *dharma* comme loi naturelle, il doit agir selon le *dharma* comme loi prescrite aux brahmanes. En adhérant à la conduite qui convient à son statut, il suit son *dharma* propre (*svadharma*). Bien que certaines prescriptions soient de portée universelle, on peut comprendre ce qui fait du *dharma* prescriptif une loi beaucoup plus du particulier que du général. Ce *dharma* a pour but d'accorder l'individu avec la bonne marche de la totalité socio-cosmique et de lui assurer ainsi le bien-être ici-bas et dans l'au-delà, ou encore la libération du cycle des renaissances. Mais les prescriptions dharmiques ne semblent pas pour autant déduites d'un principe universel, rationnel ou religieux. Elles s'appliquent avant tout dans des circonstances spécifiques : pour des personnes, des lieux et des temps particuliers.

Le *dharma* prescriptif porte sur la loi sociale, la gestion de l'État, les principes éthiques, les règles du culte, les observances religieuses et hygiéniques, les us et coutumes. Selon les *Lois de Manu* (2.6), les sources du *dharma* sont, dans l'ordre d'importance : les prescriptions védiques, la tradition et les coutumes établies par les connaisseurs du *Veda*, la conduite des personnes vertueuses et la satisfaction personnelle. Il n'existe pas de consensus sur le contenu exact du *dharma* prescriptif. Mais l'accord et l'opposition ont lieu le plus souvent sans que soit jamais contestée l'autorité du *Veda*.

L'hindouisme peut être défini comme le *dharma* des classes et des modes de vie (*varṇāśramadharma*). Il faut distinguer ces classes (*varṇa*, littéralement, « couleur ») des castes à proprement parler (*jāti*). On compte quatre *varṇa* ou classes, soit, dans l'ordre hiérarchique : les brahmanes, responsables de la conservation des écritures, de la liturgie et de l'enseignement ; les *kṣatriya*, qui ont pour fonction la défense et la gestion de l'État ; les *vaiśya*, chargés de l'agriculture et du commerce ; enfin, les *śūdra*, qui ont pour tâche le service des trois premières classes. Seuls les membres des trois premières sont « deux-fois-nés » (*dvija*), c'est-à-dire initiés au *Veda* vers l'âge de dix ans. Les « intouchables » sont exclus des quatre *varṇa* et forment donc une catégorie distincte. Selon la tradition, ils sont issus pour la plupart du mariage défendu entre une femme de caste supérieure et un homme de caste inférieure. La croyance veut que lorsqu'un membre d'une telle descendance touche l'eau, la nourriture cuite, les ustensiles qui les contiennent ou, surtout lors du repas, une personne appartenant à un des *varṇa*, il les pollue. Malgré l'abolition de l'intouchabilité par la *Constitution* de l'Inde, encore aujourd'hui, l'accès à des endroits publics comme les restaurants et les temples est parfois interdit aux « intouchables ». Actuellement, les trois premières classes composent environ 20 % de la population hindoue de l'Inde, les *śūdra* environ 56 %, les « intouchables » ou *scheduled castes*, 16 %, et les *scheduled tribes*, 8 %. Se comptant par milliers, les *jāti* ou castes (du mot portugais *castas*) précisent les distinctions établies par les *varṇa*. Elles servent à identifier la lignée familiale, le cercle des familles où il est permis de contracter mariage, ou encore le groupe avec lequel on partage un même héritage ethnique ou culturel. Parmi les castes, on aura par exemple des lignées de marchands, de forgerons, de potiers, de barbiers et de musiciens qui se subdivisent elles-mêmes en plusieurs sous-castes.

Il n'existe aucun critère ni aucune autorité incontestable pour déterminer qui appartient à quel *varṇa*. La répartition des castes (*jāti*) à l'intérieur des *varṇa* est également loin de faire l'unanimité. Bref, l'étanchéité et la hiérarchie des divers regroupements ne sont pas sans ambiguïtés. En outre, l'occupation réelle d'un individu ne coïncide pas toujours avec la fonction traditionnelle et rituelle de son *varṇa* ou de sa caste. L'emploi d'agriculteur, par exemple, peut être exercé par n'importe quelle caste.

L'origine des *varṇa* et des castes reste obscure. Ces classifications furent probablement déterminées par des facteurs raciaux, aussi bien qu'ethniques, professionnels et rituels. Le système des castes agit avant tout à l'échelle locale. Dans chaque village, le pouvoir économique et politique appartient à une ou deux castes dominantes – le plus souvent *vaiśya* ou brahmane – qui possèdent la majeure partie des terres, exercent un contrôle suffisant sur les forces de répression physique et sont soutenues rituellement par des brahmanes officiants. La caste dominante reproduit une sorte de petit royaume à l'échelle du village. Anciennement, elle accordait une fonction à chacune des castes qui offraient le fruit de leur labeur en échange pour de la nourriture, des produits ou des services distribués par la caste dominante. Au XXe siècle, ce système d'échange, dit « du patron » (*jajmāni*), a presque entièrement laissé place à une rémunération de type moderne. Mais la relation entre la caste dominante et les autres castes continue de véhiculer une valeur rituelle. Elle permet aux castes supérieures de rester « pures » pendant que les castes inférieures, telles celles des barbiers, des nettoyeurs et des balayeurs, sont sujettes au contact de produits tenus pour polluants, comme les émissions corporelles et les déchets. Les *varṇa*, castes et sous-castes, sont d'ailleurs ordonnés hiérarchiquement selon leur degré de pureté. Quelle que soit l'époque, les castes non dominantes cherchent à monter dans la hiérarchie en utilisant des stratégies d'association et de dissociation. Parfois de classe inférieure, les conquérants se faisaient consacrer *kṣatriya*. Une caste entière pouvait espérer une promotion en offrant ses services à un nouveau roi ou patron, et en refusant de servir une autre caste qu'elle déclarait inférieure à la sienne. Encore aujourd'hui, on peut abandonner des coutumes « polluantes » au profit d'autres qui sont plus typiques des brahmanes – comme le végétarisme. Souvent on cherchera à marier sa fille avec un jeune homme d'une caste supérieure. Si, au contraire, on est satisfait de sa place dans la hiérarchie, on aura recours à des stratégies de conformité, par exemple au mariage à l'intérieur de la même caste. Les castes apparentées ont d'ailleurs tendance à se regrouper dans le même quartier, et les intouchables vivent en marge des autres groupes, dans un hameau isolé ou en bordure du village.

En 1966, Louis Dumont proposa une théorie du système des castes qui a profondément influencé les recherches sociologiques sur l'hindouisme. Selon lui, le principe hiérarchique de ce système est l'opposition entre le pur et l'impur. Et cette tension est possible grâce à une disjonction entre le statut et le pouvoir. Le plus puissant du point de vue économique et politique n'a pas forcément le plus haut statut, et le détenteur du plus haut statut peut être pauvre et sans aucun ascendant politique. Le roi et le patron acceptent la supériorité du brahmane dans la seule mesure où il peut conférer à leur pouvoir une légitimité sacrée.

Aussi incontournable soit-elle, la théorie de Dumont a été passablement critiquée. Elle ne réussit pas à expliquer un certain nombre de données, comme le fait que l'on puisse être brahmane tout en officiant sur les lieux très impurs de la crémation. De plus, comme le souligne Declan Quigley[14], le principe de la séparation du pur et de l'impur est toujours présent dans les règles et tabous que les sociétés humaines utilisent pour maintenir les cloisons sociales. De même, le pouvoir physique doit toujours se soumettre au statut – déterminé par la hiérarchie des valeurs – s'il veut qu'on le reconnaisse comme légitime. La théorie de Dumont ne rend donc pas compte de la spécificité du système des castes. Pour Quigley, l'opposition fondamentale ne se trouve pas entre le brahmane et l'intouchable, mais entre le brahmane et le roi. Selon la tradition hindoue, le roi est le représentant des dieux et du *dharma*. Il a pour rôle de prévenir la confusion sociale. Le système

14. Declan Quigley (1993). *The Interpretation of Caste*, Oxford, Clarendon Press.

des castes maintient la stabilité en perpétuant les fonctions rituelles centrées autour de la caste royale ou dominante. La question du pur et de l'impur est donc subordonnée au désir de perpétuer cet ordre socio-économique. Au cours de l'échange des dons et des services, le brahmane recherche la protection, et le roi, la consécration. Mais chacun essaie de se dégager de l'impureté véhiculée par la contribution de l'autre. Imitant ces deux groupes, les autres castes peuvent mettre à profit le principe du pur et de l'impur pour s'élever dans la hiérarchie, ou y protéger leur position. Mais la théorie de Quigley ne rend pas compte de la persistance des castes dans l'Inde moderne et démocratique. La question reste donc ouverte – dans la mesure même où elle est très complexe. Le système des castes d'hier et d'aujourd'hui est sans doute le résultat d'une combinaison unique de facteurs aussi divers que la persistance d'une hiérarchie systématique du pur et de l'impur, la peur d'être excommunié de sa caste, l'interprétation fataliste de la théorie du karma, et la politisation contemporaine des castes en vue d'avantages comme la réservation de places dans les institutions d'enseignement et d'emplois dans la fonction publique. Aussi unique soit-elle, cette combinaison n'est pas pour autant dénuée de constantes structurelles, de modèles de conformité, d'associations et de ritualisations qui déterminent l'acquisition du statut social et sa légitimation[15].

Sous sa forme classique telle que développée au IIe s. ap. J.-C. dans les *Lois de Manu*, la théorie des modes de vie (*āśrama*) comprend quatre étapes que le deux-fois-né est invité à franchir l'une après l'autre. Il est d'abord étudiant (*brahmacārin*), puis chef de maison (*gṛhastha*). « Quand il voit les enfants de ses enfants », il se retire et mène la vie de l'ermite « qui habite la forêt » (*vānaprastha*), pour enfin se faire moine mendiant ou « renonçant » (*saṃnyāsin*). Mais, selon d'autres versions, il n'existe qu'un seul mode de vie védique, celui du chef de famille ; ou encore, ces quatre modes constituent des styles de vie permanents parmi lesquels le jeune adulte doit choisir après ses études ; ou enfin, ils ne sont que temporaires et il est permis, par exemple, de passer directement au quatrième dès la fin des études.

Dans la mesure où l'objectif ultime du *dharma* est la libération, ou du moins l'immortalité bienheureuse, on peut diviser les pratiques hindoues en moyens extérieurs (*bahiraṅga*) et intérieurs (*antaraṅga*) pour atteindre ce but. Toutefois, ces moyens sont souvent utilisés à d'autres fins plus ou

---

15. Voir notamment Murray Jr. Milner (1994). *Status and Sacredness, A General Theory of Status Relations and an Analysis of Indian Culture*, New York/Oxford, Oxford University Press.

moins élevées. Pour la plupart des hindous, la libération reste un but lointain, et ses moyens directs, comme la méditation, paraissent trop exigeants. Ils se contentent généralement des moyens extérieurs, tel le sacrifice de la *pūjā*, pour des buts comme la santé, la prospérité, la consolation dans le malheur, la protection contre les dangers ou encore une renaissance heureuse. Ils ont toutefois la plus grande admiration pour les maîtres qui se sont consacrés aux moyens intérieurs comme la méditation.

Voyons d'abord les moyens extérieurs en usage à l'ère védique. Avant tout, le sacrifice (*yajña*), de type solennel (*śrauta*) ou domestique (*gṛhya*)[16]. Le premier type exige trois feux et plus d'un officiant ; le second, un feu et un officiant. Souvent le sacrifice doit être accompagné de pratiques ascétiques comme la continence et le jeûne. Le plus grandiose des sacrifices solennels est celui du cheval, commandité par un roi pour célébrer sa souveraineté et pour assurer la prospérité du royaume. La sphère domestique du rituel comprend avant tout la pratique des cinq grands sacrifices (*mahāyajña*). Ce sont, d'une part, le sacrifice au *Brahman*, soit la récitation journalière de textes védiques et, d'autre part, les quatre sacrifices accomplis avant les repas du midi et du soir. Ces quatre sacrifices consistent dans l'offrande d'une partie de la nourriture aux dieux (dans le feu), d'une eau mêlée de sésame aux ancêtres (dans un bol à cet effet), d'une autre partie du repas à l'ensemble des êtres vivants, puis aux êtres humains (moines, étudiants ou visiteurs). Le chef de maison ne peut manger qu'après avoir ainsi reconstitué rituellement, avec gratitude et générosité, le système d'échange constant de l'univers.

Les rites privés les plus significatifs sont dits « perfectifs » (*saṃskāra*). Nommons les dix plus importants. D'abord la « conception » où, après la fécondation, le père invoque des divinités ; plus tard, la cérémonie pour « l'engendrement d'un mâle », et « le partage [des cheveux de la femme] par une raie », geste censé écarter les mauvais esprits et apporter le bien-être. Ces trois premiers rites sont très rarement pratiqués de nos jours. À partir du moment précédant la coupe du cordon ombilical jusqu'au douzième jour suivant, le « rite de la naissance » vise à donner à l'enfant santé et intelligence. Avant la fin du sixième mois, c'est l'« imposition [rituelle] du nom ». Puis le « sevrage » et le rite de la tonsure, censé prolonger la vie

16. La plupart des offrandes comprennent des produits laitiers. Le rituel utilise aussi comme moyen de purification les cinq produits de la vache : le lait, le caillé, le beurre, l'urine et la bouse. Symbole du rituel qui est source de bien-être et de prospérité, la vache participe éminemment du sacré. Le besoin hindou de se distinguer des bouddhistes, des jaïna et des musulmans a sans doute aussi contribué à son caractère sacré.

comme le fait l'émondage de l'arbre. Suit, entre huit et douze ans, et pour les membres des trois premiers *varṇa*, l'« introduction » auprès d'un précepteur. Le jeune homme y joint formellement le rang des « deux-fois-nés ». On lui remet un cordon sacré qui symbolise sa renaissance rituelle et qu'il portera en travers du torse. Après quoi, il étudie le *Veda,* tout en pensionnant dans un type d'école qui s'est raréfié durant la période moderne. Les études terminées, c'est le temps de l'important rite du mariage. Il est presque toujours arrangé, en fonction de critères comme la caste, la richesse, la santé[17]. Le plus souvent, l'épouse se joint à la famille communautaire de son mari. Les funérailles constituent le dernier rite perfectif. Fondées sur le symbolisme de la purification par le feu, elles assurent que le mort se rende au ciel et assume un nouveau corps purifié de ses souillures. Dans les jours qui suivent, on fait aussi des offrandes qui ont pour but de nourrir le corps subtil du défunt, d'apaiser son âme et d'en faire ainsi un ancêtre favorable.

Toujours à l'ère védique, les vœux (*vrata*) jouent un rôle déterminant. On est d'abord tenu de respecter le serment de continence durant toutes ses études. À divers moments de son apprentissage du *Veda*, l'étudiant doit aussi observer d'autres vœux comme le jeûne, le silence prolongé, les exercices de respiration, la réclusion dans la forêt. Ces pratiques augmentent le pouvoir de la pensée et de l'action, leur impact sur l'environnement, et donc l'effet bénéfique du sacrifice.

L'hindouisme s'appuie souvent sur l'idée qu'il est possible de maîtriser les énergies subtiles de l'univers soit par l'effet spontané de l'expérience du Soi-*Brahman*, soit par des rituels et des pratiques ascétiques. Participant plus ou moins de la magie, les rituels comportent des formules et des gestes précis qui ont pour but de mettre à profit la corrélation subtile entre les choses semblables. Le rite peut servir à créer un effet positif (telles la santé, la séduction de l'être aimé) ou négatif (tel un sort). L'astrologie ajoute les données qui permettent de déterminer le caractère opportun de telle ou telle entreprise, ou encore le moment propice pour des projets comme le voyage et pour des rites tels que l'intronisation d'un roi.

Une bonne partie des pratiques védiques subsistent au cours de l'ère brahmanique. Mais elles sont remodelées à la nouvelle manière tantrique et augmentées d'autres moyens qui occupent désormais l'avant-scène. Rites perfectifs, vœux et rituels magiques demeurent, mais les rites solennels sont de plus en plus négligés et les sacrifices domestiques sont remplacés par la

17. Les critères de la dot et de l'horoscope deviendront importants seulement à partir de la période puranique. Au XXe siècle, la dot prendra des proportions alarmantes.

pūjā. Le *dharma* commun (*sādhāraṇadharma*) se précise. Selon les *Lois de Manu* (6.92), il consiste dans la patience, l'indulgence, la maîtrise de soi, le renoncement au vol, la purification, la maîtrise des sens, la sagesse, la connaissance, la vérité et le renoncement à la colère. La grande innovation est cependant la *pūjā*. Elle peut être privée ou publique. Accomplie chaque jour ou chaque semaine, elle s'apparente à une réception royale en l'honneur du dieu ou de la déesse invités. Elle est l'occasion de manifester son affection personnelle à la divinité, de lui plaire et d'espérer sa protection en retour. On offre d'abord à l'image un verre d'eau et un bain. Après l'avoir rafraîchie d'une aspersion, on la pare de joyaux et de fleurs. On lui présente de la nourriture et des fleurs. D'un geste circulaire, on lui offre l'encens et la flamme du camphre. On l'entretient parfois avec des chants. Chacun reçoit ensuite le *prasād(a)* (« grâce »), c'est-à-dire une partie des « restes » laissés par la déité et qui sont tout empreints de ses qualités. Dans les temples importants, la *pūjā* a lieu au moins une fois par jour, pour le bien-être du monde entier. Chacun remet alors une offrande, salue la divinité et se voit béni par son regard (*darśan(a)*). Notons toutefois qu'aucun office n'est obligatoire dans l'hindouisme.

Le calendrier hindou est ponctué de nombreuses fêtes. À notre époque, les plus importantes sont les suivantes : la *Durgāpūjā* ou *Daśahrā*, qui a lieu le plus souvent entre septembre et octobre et qui comprend les « neuf nuits » (*navarātrī*) de combat de la déesse Durgā contre le démon Mahiṣa, plus le jour de sa victoire – encore que plusieurs y célèbrent plutôt la victoire de Rāma sur le démon Rāvaṇa ; la *Dīpāvalī* ou *Dīvālī*, célébrée entre septembre et novembre, et au cours de laquelle on dispose un peu partout des lampes qui symbolisent Lakṣmī et commémorent le retour de Rāma dans son royaume d'Ayodhyā ; enfin, la *Holī*, fête printanière et début du calendrier hindou, où les normes sociales sont relâchées, où l'on prend plaisir à s'insulter et l'on s'asperge allègrement de poudres et d'eau colorée. Les pèlerinages dans des lieux sacrés ou *tīrtha* (« gué ») sont aujourd'hui particulièrement populaires. On se rend à telle ou telle des sept villes saintes ou à d'autres endroits qui ont vu les dieux se manifester et les héros se distinguer. On se baigne dans un cours d'eau sacré, on visite le ou les temples de l'endroit, on fait des dons et des offrandes. Souvent accompagné de vœux ascétiques, le pèlerinage est un moyen de se purifier, de vivre une certaine union avec la divinité, de mériter la libération au moment de la mort ou de réaliser des désirs particuliers.

Au chapitre des moyens intérieurs, l'ère védique propose surtout la connaissance du *Brahman* et la méditation. L'ère brahmanique ajoutera avant tout la dévotion. La méditation est en général le moyen le plus rapide pour parvenir à l'expérience du Soi. Son exposition la plus systématique se trouve dans les *Yogasūtra* de Patañjali, version classique du yoga. Selon Patañjali, le yoga est composé de huit « membres » (*aṅga*) ou aspects. Les cinq premiers sont des moyens extérieurs, et les trois derniers constituent, grosso modo, la méditation. Les huit membres sont donc : les cinq observances ou *yama* (la non-violence, la vérité, le renoncement au vol, la continence, le renoncement à l'appropriation), les cinq disciplines ou *niyama* (la purification, le contentement, l'ascèse, l'étude des textes portant sur la libération, le dévotion envers le Seigneur), les postures (*āsana*), la discipline du souffle (*prāṇāyama*), la rétraction (*pratyāhāra*) ou soustraction des sens à l'emprise des objets extérieurs, la fixation (*dhāraṇa*) de l'attention sur un objet unique, la méditation (*dhyāna*) ou affinement continu de l'attention sur le même objet, l'enstase (*samādhi*) au cours de laquelle la séparation entre le sujet et l'objet semble absente, ou disparaît complètement dans l'expérience du Soi. Idéalement, l'adepte doit pratiquer les huit aspects quotidiennement[18].

Qu'elle soit inspirée ou non des *Yogasūtra*, la méditation comporte essentiellement deux facettes : l'objet de méditation et la façon de l'utiliser. Selon les traditions ou les types de méditation, l'objet peut être conceptuel (tel « Tu es Cela »), sonore (tel un *mantra*), visuel (telle l'image du dieu ou du *gurū*), tactile (tel un centre énergétique du corps), ou encore les trois derniers ensemble. Cet objet peut avoir une signification (tel « Je suis le *Brahman* ») ou pas de sens apparent (tel le *mantra*-germe *hrīm*). L'utilisation de l'objet consiste dans une répétition mentale ou une fixation de l'attention qui peuvent ou bien exiger un effort (comme dans l'enseignement de Shivananda) ou n'en requérir aucun (comme dans la Méditation Transcendantale du Maharishi Mahesh Yogi). La psyché se focalise selon une attitude soit dévotionnelle (envers Kṛṣṇa, par exemple), soit neutre (comme dans la méditation sur le Soi). Elle vise à faire cesser la méditation par la suspension de toute activité mentale dans l'expérience du Soi (comme chez Patañjali), ou cherche à la perpétuer indéfiniment sous la forme d'une adoration du dieu personnel (comme chez Rāmānuja).

---

18. Certains auteurs avancent que le renoncement monastique est nécessaire pour le yoga de Patañjali. Mais on ne trouve aucune instruction en ce sens ni dans les *sūtra*, ni dans le commentaire de Vyāsa, reconnu entre tous. Plusieurs interprètes du yoga estiment qu'il faut maîtriser les huit aspects un à un comme des « étapes » successives, avant de passer au suivant. En fait, seul le *sūtra* 2.49 peut être compris en ce sens. Mais, quelle que soit la façon dont on l'interprète, le contexte immédiat suggère que ce *sūtra* porte sur la transition entre les postures et la discipline du souffle, et rien ne dit (ni là ni ailleurs dans les *sūtra*) qu'il faille en généraliser l'application à tous les autres aspects.

Une comparaison avec la théorie du champ unifié de la physique quantique permettra de mieux comprendre le processus général de la méditation. Selon cette théorie, la matière est étagée en couches d'énergie qui vont des niveaux moléculaire, atomique et subatomique jusqu'au champ unifié de la loi naturelle, énergie pure et pouvoir d'organisation infini dont les modalités actives produisent l'ensemble des phénomènes de l'univers. Plus la matière est subtile, plus son énergie est dense et puissante. Selon le yoga du non-dualisme intégral[19], l'esprit est structuré d'une manière tout à fait semblable. Plus son activité est paisible et subtile, plus sa capacité consciente, son énergie créatrice et sa jouissance sont grandes. Quand l'esprit s'ouvre finalement au champ unifié de sa propre conscience, il retrouve le Soi-*Brahman*, le principe infini et béatifique dont il n'est qu'une fluctuation. La méditation fait donc passer l'attention à des niveaux de moins en moins excités du processus mental jusqu'à l'origine silencieuse de toute intelligence. Elle permet de suivre un même objet de pensée, en passant de ses niveaux superficiels à ses niveaux subtils, jusqu'à ce qu'il disparaisse pour laisser place à la suspension de toute activité mentale et à l'expérience du Soi. La libération vient dès cette vie lorsque, par la pratique régulière de ce processus, l'adepte parvient à rester toujours éveillé au Soi, non seulement au plus profond de la méditation, mais aussi au milieu des états de veille, de sommeil et de rêve.

Dans le tantrisme, la pratique la plus importante est aussi la méditation. Elle peut porter sur un *mantra* ou sur un *yantra*, symbole géométrique de la déesse accompagné de *mantra*-germes qui constituent son corps sonore. Comptant relativement peu d'adeptes, le tantrisme « de la main gauche » propose des pratiques sexuelles. À travers l'amour charnel ritualisé – qui peut comporter une préparation de plusieurs mois et ne doit jamais s'achever par une émission séminale – l'homme et la femme cherchent à voir dans l'autre la déesse et le dieu, à connaître, par le contrôle complet des sens, la volupté divine que l'homme désire dans la femme et la femme dans l'homme.

L'ère brahmanique définira aussi les moyens de la libération en termes de trois grands yogas. Le yoga de l'action (*karmayoga*) consiste dans la pratique des sacrifices obligatoires et, idéalement, de la méditation, sans s'attacher

19. Le yoga de Patañjali, dit classique, ne retient pas le *Brahman* des *Upaniṣad* et suit plutôt le modèle dualiste du *Sāṃkhya* classique. Selon ce système, il existe une multitude de Soi (*Puruṣa*) distincts de la Nature (*prakṛti*), mais aucun Soi unique dont tout le reste procéderait. Notons toutefois que les perspectives non dualistes dominent largement dans les yoga préclassique (tel celui du *Mahābhārata*) et postclassique (tel celui des *Purāṇa*).

aux résultats de l'action. Le yoga de la dévotion (*bhaktiyoga*) comporte un certain nombre d'attitudes et de pratiques dévotionnelles, dont l'abandon (*prapatti*) au Seigneur. Il peut être accompagné ou non du yoga de l'action. Enfin, le yoga de la connaissance (*jñānayoga*), souvent associé au monachisme, consiste surtout dans l'audition et la mémorisation des textes (*śravaṇa*), la réflexion personnelle (*manana*) et la méditation (*nididhyāsana*) sur leur contenu. En pratique, les adeptes combinent souvent divers moyens puisés dans l'un ou l'autre de ces trois yogas.

La femme hindoue : entre la Śakti *et la démunie*

Durant l'ère védique, la femme jouissait d'une situation relativement favorable. Elle pouvait étudier le *Veda* et participer activement aux sacrifices. On en connaît même parmi les voyants (*ṛṣi*) de l'époque. Mais quelques passages védiques lui trouvent une propension à l'instabilité et au vice. Au cours de l'ère brahmanique, elle sera discréditée encore plus et mise à l'écart de l'étude et des sacrifices védiques. A.S. Altekar[20] propose l'explication suivante. Comme les mariages avec des non aryennes étaient plus fréquents, un plus grand nombre d'épouses ignoraient le sanskrit et se trouvaient sujettes aux erreurs rituelles. L'éducation complète des femmes dans la science de plus en plus complexe du rituel aurait retardé le mariage et réduit la main-d'œuvre économique et militaire. On refusa donc l'éducation védique aux femmes, et rien n'empêchait désormais de les marier très jeunes, souvent autour de leur dixième année[21]. La naissance d'une fille avait désormais tendance à faire problème, comme c'est encore le cas dans l'Inde actuelle : le garçon perpétue la lignée patriarcale et peut accomplir les rites funéraires, tandis que la fille doit être offerte en mariage avec une dot généreuse et, menée en grande pompe aux frais de ses parents, la cérémonie conduit souvent à un endettement colossal.

Selon la tradition, la femme est naturellement dépendante. Elle doit être protégée du monde extérieur et de ses penchants sensuels par son père et son mari, puis de la vieillesse par ses fils. La forme célibataire et indépendante des déesses est d'ailleurs toujours agressive et redoutable. Présentée comme l'épouse du dieu, la déesse devient douce et sécurisante, source de bonheur et de prospérité. Elle représente alors l'idéal de la femme hindoue.

---

20. A.S. Altekar (1959). *The Position of Women in Hindu Civilization*, Delhi, Motilal Banarsidass, deuxième édition, p. 344-347.

21. Toutefois la jeune fille n'allait vivre chez son mari qu'une fois nubile.

Le devoir premier de la femme est l'amour et le service d'un mari que, selon les écritures, elle doit considérer comme un dieu. À partir de l'ère brahmanique, la fidélité exigeait même de la veuve le renoncement à un second mariage. Une inscription de 510 ap. J.-C. révèle que, dès cette époque, la veuve choisissait parfois de se faire absolument « fidèle » (*satī*) en s'immolant sur le bûcher de son mari. Elle devenait l'épouse parfaite et s'assurait de le retrouver au ciel. Souvent membres des castes supérieures et perçues comme des saintes, certaines *satī* devenaient l'objet d'un culte. Sans doute, le choix de se faire *satī* a parfois paru plus attrayant que le milieu d'une belle-famille traitant la veuve comme un oiseau de mauvais augure, ou que la solitude de la vie ascétique. Cette coutume fut légalement abolie sous le régime anglais en 1829, mais elle subsiste encore aujourd'hui dans quelques cas isolés.

Évidemment, la situation de la femme hindoue ne consiste pas simplement dans la soumission au pouvoir patriarcal. En effet, à sa façon, la femme hindoue a toujours joué un rôle religieux capital. À l'époque la plus ancienne, elle est une compagne active dans tous les aspects du *dharma*. Durant l'ère brahmanique, elle pratique surtout la *pūjā* domestique et les vœux. Elle apporte son assistance dans les rites de passage et veille à l'organisation des fêtes. Autant d'activités qui visent la santé, le bien-être et la prospérité de la famille ou de la communauté. Durant la période des *Purāṇa*, elle était devenue dépositaire de nombreux rites populaires. Surtout après la maturité, elle a souvent exercé un pouvoir considérable dans les questions familiales. Selon les *Lois de Manu* (2.145), il faut respecter la mère mille fois plus que le père. Et, comme le veut la perspective tantrique, la mère est l'incarnation de la *śakti*. Elle est sur terre ce qu'est au ciel la déesse-mère.

La condition de la femme s'est beaucoup améliorée en Inde depuis les années 1950, notamment dans les domaines de l'éducation et des droits. Aujourd'hui, la mère et les filles possèdent un droit de succession égal à celui des fils, la femme ne peut être mariée avant l'âge de dix-huit ans et la dot est interdite. Mais les dispositions de ce genre sont loin d'être toujours observées et la femme reste en général beaucoup moins avantagée que l'homme.

LES HINDOUS DANS LE MONDE

Aujourd'hui, environ 95 % des hindous vivent en Inde et plus de 82 % de la population indienne est hindoue (700 millions dans le recensement de

1991). Environ 70 % des Indiens habitent les villages. Le Népal compte 89 % d'hindous et l'île Maurice, plus de 50 %. Les îles Fidji sont hindoues à 46 %, et Trinidad et Tobago, à 40 %. Ailleurs dans le monde, les hindous forment des minorités relativement petites, bien que parfois très déterminantes sur le plan politique, comme au Sri Lanka et en Afrique du Sud : Sri Lanka –15 %, Malaisie –10 %, Indonésie –5 % (surtout sur l'île de Bali), Singapour –5 %, Afrique du Sud –2 %.

Rencontre avec l'Occident et renaissance

C'est en partie grâce à la libération du joug islamique et à l'influence européenne que l'hindouisme a connu une renaissance populaire et intellectuelle durant la période moderne. Au début du XIXe siècle, le Bengale avait déjà produit une élite acculturée à l'anglais et à la civilisation occidentale. Éthique rationaliste, principe de l'égalité des hommes, dévouement social des missionnaires, succès scientifique et valorisation du progrès avaient mis soudainement les intellectuels hindous au défi de redonner sens à leur propre tradition dans des termes au moins aussi valables. Bien qu'elles n'aient pas toujours été motivées par un besoin de se redéfinir face à l'Occident, les personnalités marquantes de l'hindouisme moderne ont dans l'ensemble essayé de purifier leur religion de ce qu'elles considéraient comme des formes dégénérées. Elles ont cherché à la ramener à son « essence » et à lui donner une portée universelle. La redéfinition de l'hindouisme comme *dharma* éternel a permis d'affirmer sa différence par rapport aux autres religions. En même temps, surtout à partir d'une réinterprétation du non-dualisme de Śaṅkara, elle a présenté l'hindouisme comme le noyau d'une *philosophia perennis*, c'est-à-dire comme une perspective unifiante qui accepte, inclut et transcende toutes les autres religions.

Premier grand réformateur, Ram Mohan Roy (1772-1833) est souvent appelé le père de l'Inde moderne. Né brahmane, il étudia l'islam, l'hindouisme et l'anglais. Le non-dualisme des *Upaniṣad* lui semblait constituer l'essence de l'hindouisme. Mais, influencé par l'Église protestante unitarienne, il condamna la mythologie puranique, le polythéisme et l'idolâtrie, au profit du déisme. Soucieux de réformer l'hindouisme, il lutta avec succès contre la *satī*. Il s'opposa au mariage des enfants et promut l'éducation des femmes. En 1828, il fonda le *Brāhmo Samāj* (« L'Assemblée du *Brahman* »), organisme voué aux réformes et à l'aide sociales, mais qui s'évanouit vers la fin du siècle à la suite de schismes et de dissensions.

Également brahmane, Dayananda Sarasvati (1824-83) reçut une éducation plus traditionnelle. Doutant de l'idolâtrie et sans intérêt pour le mariage, il quitta sa famille pour se faire moine errant. Il poursuivit sa formation traditionnelle auprès de quelques maîtres. Mais il critiqua l'idolâtrie, la superstition, la transmission héréditaire des castes, le sexisme et la mainmise des brahmanes sur l'hindouisme. Il proposa un retour à ce qu'il considérait comme la tradition initiale, au monothéisme qu'il retrouvait dans les quatre *Veda* et aux rituels védiques obligatoires. En 1875, il fonda l'*Ārya Samāj* (« L'Assemblée des honorables »), mouvement dont le réseau se limita surtout au Nord de l'Inde. L'*Ārya Samāj* se consacre encore aujourd'hui aux réformes sociales ainsi qu'à l'éducation védique. D'esprit militant, il a inspiré la formation d'organisations fondamentalistes diverses.

Ramakrishna (1834-86) fut sans doute le plus grand mystique indien du XIXe siècle. Après diverses expérimentations, il conclut que toutes les religions mènent au même but. Fondateur de la Ramakrishna Mission, son disciple Vivekananda (1862-1902) se fit ambassadeur de l'hindouisme en Occident, particulièrement lors de son voyage en Amérique à l'occasion du *World Parliament of Religions* tenu à Chicago en 1893. En Inde, il s'éleva contre la tyrannie des brahmanes, la dégénération du système des castes, le ritualisme sans vie, la lâcheté morale. Inspiré par Śaṅkara, il encouragea la mise en pratique de ce qu'il considérait comme la valeur universelle de l'hindouisme : une vision de l'unité essentielle des hommes qui inspire l'amour fraternel et l'action libre d'égoïsme. C'est d'abord en ce lieu que le nationalisme hindou devait s'enraciner. Doué d'un puissant pouvoir d'intériorisation, l'hindouisme inspirerait la régénération spirituelle de l'Occident matérialiste, pendant que ce dernier ferait connaître aux Indiens l'esprit scientifique ainsi que le sens de l'organisation, du travail et du dévouement social.

Perçu comme une « grande âme » (*mahātmā*), M.K. Gandhi (1869-1948) considérait que toutes les religions enseignent essentiellement la même vérité, c'est-à-dire l'amour, la compassion et la non-violence. L'expression de cette essence consiste dans une « adhésion à la vérité » ou *satyāgraha*. La vérité n'est distincte ni de dieu, ni du *dharma*. Puisque le *dharma* universel est amour, il est aussi non-violence. C'est en second lieu, dans le contexte de la lutte pour l'indépendance, que le terme *satyāgraha* en est venu à signifier la résistance passive et la désobéissance civile. Gandhi était persuadé que la vérité triomphe toujours et que, devant l'adhésion inconditionnelle à son principe, l'agresseur rectifierait tôt ou tard son écart par rapport au *dharma*. Le Mahātmā proposait de débarrasser l'hindouisme des croyances qui l'éloignaient du véritable *dharma*. Il s'opposait à l'intouchabilité mais non aux castes.

Au XXe siècle, l'hindouisme a rayonné plus que jamais dans le monde. Plusieurs grandes traditions ont été représentées. D'abord celle du non-dualisme intégral de Śaṅkara, comme chez Ramana Maharshi et Maharishi Mahesh Yogi. Ce dernier a d'ailleurs cherché à faire de son enseignement une science de la conscience appuyée par plusieurs centaines d'études mesurant les effets physiques, mentaux, affectifs et sociaux de la Méditation Transcendantale. Certains maîtres se rattachent au non-dualisme de type ramanujien et au courant dévotionnel vishnouïte (tel Swami Bhaktivedanta et l'Association internationale pour la conscience de Krishna). D'autres ont été inspirés par le tantrisme, comme Aurobindo Ghose (qui mettait en évidence la descente et la remontée de la *śakti* entre l'Absolu et la matière), Swami Muktananda (qui privilégiait le shivaïsme du Cachemire et soulignait l'importance du *gurū*), ou Rajneesh (qui proposait des pratiques sexuelles). Certains ont mis l'accent sur le *haṭha yoga* (« yoga de l'effort ») et les postures physiques, tels Swami Shivananda et B.K.S. Iyengar. Enfin, Sathya Sai Baba s'est proclamé avatar et, dit-on, ses miracles en seraient le témoignage.

Après l'indépendance, obtenue en 1947, l'Inde choisit de se constituer en démocratie « séculière ». Sa *Constitution* s'inspire d'une éthique humaniste en vertu de laquelle aucune religion particulière ne peut déterminer les politiques du gouvernement et toute religion a liberté d'expression. Cette position vise à contrecarrer le « communalisme », c'est-à-dire la tendance à rehausser les droits ou les lois d'une communauté particulière au détriment des autres et à exploiter les thèmes religieux en vue d'un avancement socio-politique. Alors que le code criminel s'applique également à l'ensemble de la population, le code civil n'est pas encore uniformisé. En effet, les musulmans de l'Inde tirent leur code civil de la loi islamique. Comme aucune institution hindoue ne possède une autorité législative universelle, le gouvernement a la charge entière du droit civil pour la population non musulmane. Le fondamentalisme hindou a été nourri peu à peu par l'impression que la religion majoritaire est défavorisée par rapport à la minorité musulmane. Tension qui couve toujours et qui, en 1992, culmina dans la destruction de la mosquée d'Ayodhya par une marée de militants hindous : selon eux, au XVIe siècle, les musulmans construisirent la mosquée avec les ruines d'un temple hindou qu'ils venaient de démolir et qui s'élevait à l'endroit exact où naquit Rāma.

L'accession à l'indépendance suscita un débat crucial entre Gandhi et B.R. Ambedkar (1891-1956), intouchable devenu avocat, et principal auteur de la *Constitution*. Ambedkar préconisait l'égalité socio-économique intégrale et l'abolition complète des castes, entreprise qu'il jugeait possible de réussir seulement si les hindous acceptaient le mariage entre castes distinctes. Le compromis fut une politique de compensation et de discrimination positive fondée surtout sur la réservation de sièges au Parlement, de postes dans la fonction publique et d'admissions dans les institutions post-secondaires.

Aujourd'hui, sous l'effet de l'industrialisation, l'économie de subsistance, le système d'échange de services et l'autosuffisance qui prévalaient dans les villages ont disparu au profit de l'économie de marché, du professionnalisme et de la compétitivité. En politique et dans le milieu de travail, ce nouveau contexte donne lieu à des regroupements qui tiennent moins compte des castes et des sous-castes. Au travail, sur les campus, à l'école, dans les restaurants, en voyage, on se côtoie en se faisant moins de souci pour les risques de « pollution ».

Entraînée comme tant d'autres pays dans l'européanisation de la Terre amorcée par Christophe Colomb en 1492, l'Inde a été plus influencée par l'Occident, que l'Occident par l'Inde. Mais plusieurs scientifiques occidentaux du XXe siècle ont reconnu des similarités entre le non-dualisme du *Vedānta* et les structures de l'univers et de la psyché. Certains ont appliqué la médecine ayurvédique ou des méditations issues de traditions hindoues, puis confirmé statistiquement leurs bienfaits. Mentionnons des disciplines qui ont commencé ce genre de recherche et, pour chacune, le nom d'un scientifique marquant : la physique (Frijof Capra), la biologie (Rupert Sheldrake), la médecine (Deepak Chopra), la physiologie (Robert Wallace), la psychologie du développement humain (Charles Alexander), la psychologie transpersonnelle (Charles Tart), la psychologie sociale (David Orme-Johnson). Abandonnant préjugés et jugements rapides, sachant distinguer le libéral du sectaire, il y a lieu de poursuivre la recherche de ce qui, dans l'hindouisme, transcende l'hindouisme, de ce qui est adaptable à d'autres cultures et capable de contribuer significativement à l'épanouissement des aspirations spirituelles de l'être humain.

Bibliographie

BASHAM, Arthur (1976). *La Civilisation de l'Inde ancienne*, Paris, Arthaud, coll. « Les grandes civilisations ».

BIARDEAU, Madeleine (1981). *L'Hindouisme : Anthropologie d'une civilisation*, Paris, Flammarion.

DORÉ, Francis (1978). *La vie indienne*, Paris, Presses universitaires de France, coll. « Que sais-je », 1721.

DUMONT, Louis (1966). *Homo hierarchicus, Le Système des castes et ses implications*, coll. « Tel », Paris, Gallimard.

ELIADE, Mircea (1954). *Le Yoga, Immortalité et liberté*, Paris, Petite bibliothèque Payot.

ESNOUL, Anne-Marie *et al.* (1972). *L'Hindouisme, textes et traditions sacrées*, Paris, Fayard-Denoël.

FULLER, C.J. (1992). *The Camphor Flame, Popular Hinduism and Society in India*, Princeton, Princeton University Press.

GONDA, Jan (1979 et 1956). *Les Religions de l'Inde*, vol. 1 et 2, Paris, Payot.

KLOSTERMAIER, Klaus K. (1989). *A Survey of Hinduism*, Albany, State University of New York Press.

LIPNER, Julius (1994). *Hindus, Their Religious Beliefs and Practices*, London and New York, Routledge.

LOTH, Anne-Marie (1981). *Védisme et hindouisme, Du divin et des dieux*, Paris, Le Bas Père et Fils Éditeurs.

PANIKKAR, Raimundo (1989 [1977]). *The Vedic Experience, Mantramañjarī, An Anthology of the Vedas for Modern Man and Contemporary Celebration*, Pondicherry, All India Books.

RENOU, Louis (1951). *L'Hindouisme*, Paris, Presses universitaires de France, coll. « Que sais-je », 475.

RENOU, Louis, Jean FILIOZAT *et al.* (1985 [1947-1949 et 1953]). *L'Inde classique, Manuel des études indiennes*, vol. 1 et 2, Paris, Librairie d'Amérique et d'Orient-Adrien Maisonneuve.

ZIMMER, H. (1978). *Les Philosophies de l'Inde*, Paris, Payot.

Le Bouddhisme

Mathieu Boisvert

Mathieu Boisvert

Moines bouddhistes tibétains construisant un maṇḍala *de sable (UQAM, 1993). Le* maṇḍala *est à la fois une représentation cosmologique et la résidence de la divinité.*

DU MYTHE À L'HISTOIRE

Il était une fois un univers. Après s'être étendu en tous sens, il se mit à se contracter. Alors, la majorité des êtres naquirent sur un plan céleste très subtil. Après une très longue période, lorsque l'univers prit de nouveau son expansion, des êtres naquirent sur le plan humain. Ils vécurent satisfaits dans cet univers dépourvu de polarité, où la lumière et les ténèbres n'existaient point, jusqu'au moment où l'un d'entre eux goûta à la savoureuse nourriture terrestre. Cette délicieuse expérience fut rapidement convoitée et les autres êtres se mirent aussi à y goûter. La matière constitutive des êtres devint alors de plus en plus grossière, exigeant des stimulations sensorielles toujours plus intenses. Leur corps prit une forme mâle ou femelle ; les hommes ne pensèrent qu'aux femmes et les femmes, qu'aux hommes. La convoitise et l'avidité devinrent alors communes[1].

Bien que ce mythe cosmologique appartienne à la tradition bouddhique theravāda, il décrit fort bien la préoccupation centrale de la majorité des traditions bouddhiques : le désir, peu importe son objet, est la matrice qui enchaîne l'individu au cycle de la vie et de la mort, au processus d'expansion et de contraction. Nous approfondirons donc l'importance du désir ainsi que le caractère central du cycle dans la tradition bouddhique. Comme prélude à cette discussion, il nous faut toutefois décrire certains autres éléments intimement liés à la tradition bouddhique.

Le bouddhisme est probablement une des religions les plus diversifiées. Ses contenus doctrinaux et ses pratiques diffèrent énormément selon l'endroit où il s'est implanté. Les types de bouddhisme que l'on retrouve au Japon diffèrent radicalement de ceux de la Thaïlande ; ceux de l'Inde ancienne ne sont presque point compatibles avec ceux qui se sont implantés en Occident. Le bouddhisme, tout comme bien d'autres traditions religieuses,

---

1. *Aggaññasutta, Dīghanikāya* ; D. iii, 80-98.

a dû s'adapter aux cultures à l'intérieur desquelles il s'est enraciné. Ces changements qui, à l'origine, étaient nécessaires pour que la tradition devienne acceptable en terre d'accueil, sont rapidement devenus inséparables de la tradition une fois le processus d'acculturation complété. Nous pourrions presque affirmer que le bouddhisme en tant que tel n'existe pas. Ce que l'on appelle communément « bouddhisme » est un ensemble de croyances, de dogmes et de pratiques variant d'une culture à l'autre. Cependant, certains éléments communs (tels les quatre nobles vérités, le sentier octuple) caractérisent la majorité des traditions bouddhiques, peu importe la société où la tradition s'est établie. Un tel système de pensée ne peut être décrit hors du contexte socioculturel qui, jusqu'à un certain point, détermina certaines de ses orientations. Il nous apparaît donc essentiel de dresser un portrait succinct du contexte qui influença les premières structures de cette tradition. Pour ce faire, nous devons effectuer un saut d'environ quatre mille ans pour nous retrouver au nord-ouest de l'Inde.

LA CIVILISATION DE LA VALLÉE DE L'INDUS

Les archéologues ont découvert l'existence d'une société hautement structurée vivant le long de la vallée de l'Indus aux alentours des troisième et deuxième millénaires av. J.-C. Cette civilisation essentiellement sédentaire semble avoir pratiqué l'agriculture à grande échelle. Vers 1500 av. J.-C., elle disparaît subitement et mystérieusement. Mohenjo Daro et Harappā, les deux grandes cités de la vallée de l'Indus, étaient construites autour d'une gigantesque citadelle. Au centre de celle-ci, se trouve un bassin entouré de petites cellules. Il est fort probable que le bassin ait eu une fonction rituelle pour les ablutions, et que les cellules aient été utilisées en vue d'une purification préliminaire à la performance sacrée. En outre, plusieurs sceaux en terre cuite représentant un personnage à trois cornes, assis les jambes croisées, peuvent faire allusion à une pratique contemplative. Il est intéressant de noter que, beaucoup plus tard, le trident devint le symbole par excellence de Śiva, la divinité hindoue représentant le maître yogi. Les habitants de la vallée de l'Indus semblent donc avoir pratiqué certaines techniques méditatives ou contemplatives. Un silo à grain placé en bordure du bassin et plusieurs statuettes représentant une femme aux formes exagérées suggèrent la présence d'un culte de la déesse mère. Nous ne pouvons affirmer, cependant, que ce culte était exclusif, puisque le principe masculin était aussi représenté sous forme animale sur les sceaux de terre cuite où les figures étaient invariablement mâles. Comme le suggèrent Thomas J. Hopkins et Alf Hiltebeitel, ces animaux mâles symboliseraient le pouvoir civique[2].

LES ARYENS

Un autre peuple viendra exercer une influence cruciale sur la formation des systèmes philosophiques et religieux indiens. Vers 2000 av. J.-C., cherchant de nouveaux pâturages pour leurs troupeaux, les Aryens entament une migration à partir des plaines du Sud de la Russie. Ils se dirigent les uns vers l'Europe et les autres vers l'Inde. L'arrivée des Aryens en Inde coïncide avec la disparition des grandes cités de la civilisation de l'Indus. Un mythe du *Ṛg Veda* décrit l'affrontement entre Indra, un des dieux représentant les Aryens, et le démon Vṛtra qui retenait les eaux et empêchait ainsi l'abreuvement des troupeaux. Vṛtra pourrait représenter la civilisation de l'Indus qui, installée le long du fleuve, en contrôlait l'accès. Indra défait Vṛtra et les troupeaux des hordes nomades peuvent ainsi être abreuvés. Bien que ce mythe puisse contenir certains éléments historiques, nous devons procéder avec circonspection et ne pas conclure hâtivement que la chute de la civilisation de l'Indus est directement liée à la conquête aryenne. En fait, pour des causes encore obscures, elle semble avoir disparu avant que les Aryens n'atteignent cette région[3].

Au cours de leurs pérégrinations vers l'Orient et l'Occident, les Aryens implantent leur propre conception de l'univers, un ensemble de représentations qui englobent leurs structures sociales, religieuses et mythiques, et dont le fond commun explique l'étonnante similitude entre les mythologies grecque et indienne. Pour les Aryens entrés en Inde aux environs de 1750 av. J.-C., le devoir de tout individu était de préserver l'harmonie de l'ordre cosmique (*ṛta*). Le seul moyen de maintenir les structures familiales, sociales et cosmologiques était le rituel. Ces actes magiques avaient le pouvoir de soumettre les forces de l'univers et les différentes divinités. La société indienne dans son ensemble se devait d'accomplir ces rituels pour maintenir l'harmonie de l'univers. Comme ces pratiques devenaient de plus en plus complexes, les brahmanes, ces experts en rituels, en

2. Thomas J. Hopkins et Alf Hiltebeitel (1987). « Indus Valley Religion », dans Mircea Eliade (dir.). *Encyclopedia of Religion,* New York, MacMillan Publishing Company, vol. 7, p. 215-223.

3. Alf Hiltebeitel (1987). « Hinduism », dans Mircea Eliade (dir.). *Encyclopedia of Religion,* New York, MacMillan Publishing Company, vol. 6, p. 336-360. Veuillez vous référer à la discussion de Roger Marcaurelle à la page 11.

sont venus à détenir à eux seuls la connaissance nécessaire pour les accomplir convenablement. Puisque la société entière dépendait de leur science, ils ont rapidement acquis une position sociale privilégiée.

L'interaction entre les Aryens et les peuples autochtones a mené à la formation d'une nouvelle structure sociale. Très tôt, on procéda à une division en quatre groupes : les brahmanes, les *kṣatriya* (la classe dirigeante), les *vaiṣya* (commerçants et agriculteurs) et les *śūdra* (au service des trois premiers groupes). L'interdiction de l'union entre autochtones et Aryens joua notamment un rôle central, et les dogmes, rituels et structures sociales mis de l'avant par l'enseignement védique devinrent de plus en plus importants pour préserver l'intégrité et la pureté de la tradition. Voilà qui augmentait en retour le pouvoir des brahmanes. Cependant, au cours des siècles, et à mesure que les Aryens s'enfoncent dans l'Inde occidentale et méridionale, l'idéologie védique perd de sa puissance et devient de plus en plus influencée par les traditions et courants autochtones. En outre, des mouvements d'opposition et de réinterprétation prennent leur essor. Sans toutefois contester l'autorité des brahmanes, les *Upaniṣad* proposent une interprétation symbolique de l'acte rituel. Mais c'est au VIe siècle av. J.-C. qu'une effervescence religieuse vient contester l'autorité établie et proposer des pratiques de rechange, possiblement inspirées par celles qui prévalaient avant l'invasion aryenne. Le jaïnisme et le bouddhisme sont tous deux des mouvements rebelles qui s'opposent à la structure socioreligieuse de l'époque en rejetant le pouvoir des rituels et, par conséquent, l'autorité des brahmanes et celle des textes védiques.

SIDDHĀRTHA GAUTAMA : LE BOUDDHA

Comme on peut s'en douter, le terme « bouddhisme » est issu du nom de son fondateur, personnage à la fois historique et mythique, reconnu par toutes les écoles bouddhiques et qui a vécu de 566 à 486 ou de 448 à 368 av. J.-C.[4]. Littéralement, *buddha* signifie *éveillé*. Ce terme devint l'épithète de Siddhārtha Gautama (en pāli, Siddhattha Gotama) après son illumination. Il n'y a nul doute que ce personnage a bel et bien existé. Néanmoins, en composant et en transmettant la biographie du Bouddha, la tradition bouddhique a cru bon d'ajouter ou de supprimer certains éléments pour

4. Les textes bouddhiques ne sont pas unanimes à ce sujet. Certains affirment que le Bouddha serait mort 218 ans avant le couronnement du roi Aśoka (286 av. J.-C.), alors que d'autres n'admettent que cent ans entre les deux événements. Cependant les textes des différentes traditions maintiennent que le Bouddha aurait vécu quatre-vingts ans.

rehausser le caractère exceptionnel du fondateur. Il nous est donc très difficile, voire impossible, de faire la différence entre les éléments historiques et les éléments hagiographiques. Cependant, en plus de mettre en évidence certains points doctrinaux fondamentaux, le mythe et l'hagiographie peuvent éclairer certains aspects ou attitudes historiques. Allons donc constater ce qu'il en est.

Siddhārtha Gautama naquit de parents *kṣatriya* dans un petit village du Népal actuel, appelé Lumbinī. Sa mère mourut quelques jours après l'accouchement, et la tradition ne donne aucun détail sur ce qui aurait pu causer son décès. Comme la coutume indienne exige que des astrologues prédisent l'avenir du nouveau-né, le père de Gautama en fit venir cinq. Quatre d'entre eux prédirent que Gautama deviendrait soit un monarque universel, soit un éminent ascète. Le cinquième fut plus catégorique : Gautama allait devenir un grand religieux. Il décida donc de garder un œil sur ce futur *gurū*[5] pour s'assurer de recevoir son enseignement, le temps venu. Désirant un héritier, le père de Gautama voulait que son descendant suive ses traces. Pour éviter que son fils n'abandonne la vie mondaine afin de s'engager sur la voie plus radicale de l'ascétisme et de la renonciation, il tenta d'exclure de la vie de Gautama tout ce qui pourrait stimuler le désir d'entreprendre une quête spirituelle. Pendant vingt-neuf ans, Gautama vécut à l'intérieur de quelques palais, tous ses désirs comblés. Il se maria et eut un fils, Rāhula (« empêchement »). D'après la tradition bouddhique, le jour de la naissance de Rāhula fut décisif pour l'orientation de Gautama car, pour la première fois, il s'aventura hors des limites du palais.

Lors de sa brève aventure, Gautama fut témoin de quatre scènes. D'abord il croisa un homme gravement malade, ensuite il rencontra un vieillard au crépuscule de sa vie, puis il vit un cadavre allongé sur la route. Ces trois premières scènes furent dévastatrices (et combien salvatrices !) pour Gautama. Le cocon protecteur tissé par son père lui avait permis de grandir sans jamais être exposé à la maladie, à la vieillesse et à la mort. Maintenant, il se demandait : « À quoi bon vivre si le corps doit inéluctablement devenir malade, dysfonctionnel et mourir ? Y a-t-il une solution à cette inhérente souffrance existentielle ? » La quatrième scène lui apporta une réponse partielle : un ascète, comme il en existait tant à l'époque, rayonnant de compassion et de sagesse, lui suggéra de façon implicite la voie à suivre. Gautama ne pensait plus qu'à renoncer à la vie familiale et mondaine

5. Étymologiquement, le mot *gurū* signifie « lourd », « pesant » ; l'usage courant du terme suggère que l'individu auquel il fait référence détient une certaine autorité (sociale ou autre).

pour s'engager dans une quête spirituelle. Ce jour-là, il quitta famille, amis et position sociale ; il devint un *śramaṇa*, un anachorète itinérant.

Ces quatre scènes ont sans doute été conçues plus tard par une tradition qui voulait expliciter le motif fondamental de la renonciation de Gautama. Mais, indépendamment de leur véracité, elles sont importantes pour la compréhension du bouddhisme. Elles suggèrent qu'une prise de conscience de la souffrance est essentielle pour stimuler la volonté de s'en libérer. C'est justement cette volonté, et plus particulièrement la libération subséquente, qui permit à Gautama de devenir Bouddha. Comme le souligne Freud, l'être fondamentalement religieux n'est pas celui qui admet sa propre insignifiance et son impuissance face à la vie, mais plutôt celui qui réagit à ces sentiments et y cherche une solution[6]. De plus, ces quatre scènes mettent en lumière l'orientation principale du bouddhisme : la libération de la souffrance humaine. La souffrance étant inhérente à la vie, il fallait donc trouver une méthode pour se soustraire à l'existence. Dans la tradition indienne de l'époque, néanmoins, une conception non pas linéaire mais cyclique de l'existence situe la souffrance au sein d'une dimension bien plus large. Au moment de ce que nous appelons conventionnellement « la mort », certaines constituantes de la personnalité génèrent un corps et un esprit nouveaux qui permettent la renaissance. Pour se libérer de la souffrance, il faut donc nécessairement se soustraire à toute possibilité de renaissance.

Lorsque le cinquième astrologue eut vent du départ de Gautama, il s'empressa de le rejoindre avec quatre de ses amis, afin de devenir son disciple. Durant les six années qui suivirent, Gautama, l'astrologue et quatre de ses compagnons firent route commune, visitant différents *śramaṇa* et *gurū* dans le but de maîtriser les pratiques qu'ils avaient développées. Selon la tradition, Gautama aurait atteint les plus hautes réalisations connues à l'époque (*ākiñcāyatana samādhi* [le troisième *samāpatti*] et *nevasaññānāsaññā samādhi* [le quatrième *samāpatti*]). Toujours insatisfait, il décida de s'engager dans des pratiques plus austères où le jeûne et les mortifications prédominent. Après un certain temps, lorsqu'il se rendit compte que ces pratiques ne portaient pas fruit, il décida de se remettre à manger pour fortifier son corps et pouvoir persévérer dans sa démarche. Ses disciples considérèrent ce changement d'attitude comme un rejet de la voie ascétique et ils l'abandonnèrent. Après avoir mangé, Gautama s'assit sous un arbre, déterminé à ne plus bouger tant qu'il ne serait pas parvenu à la compréhension

---

6. Sigmund Freud (1961). *The Future of an Illusion* (traduit et dirigé par James Strachey), New York, W.W. Norton & Co., p. 32. Freud prétend néanmoins que les solutions proposées par les religions sont toutes trompeuses et illusoires.

totale. Heureusement pour lui, il atteignit le *nirvāṇa* avant le lever du jour et devint Bouddha. Bien entendu, la tradition situe cet état bien au-delà de ceux que les contemporains du Bouddha sont censés avoir atteints. Comme la majorité des religions, le bouddhisme s'autorise à placer son propre objectif sur un piédestal[7].

LE PREMIER DISCOURS DU BOUDDHA

C'est devant ses cinq disciples que le Bouddha prononça son premier discours[8]. Il y mit d'abord en évidence la voie du milieu. Il s'agit d'éviter les deux extrêmes que sont l'hédonisme et l'ascétisme. Vu sa propre expérience, Gautama était convaincu que ni la gratification des sens – dont il fit l'expérience durant les vingt-neuf premières années de son existence – ni les mortifications corporelles – qu'il pratiqua au cours des six années suivantes – ne mènent à l'illumination. Mais l'enseignement principal de ce discours reste la promulgation des quatre nobles vérités que sont la souffrance (*dukkha*), la cause de la souffrance, l'éradication de la souffrance et le chemin pour éliminer la souffrance.

Ce discours du Bouddha définit la souffrance comme une profonde insatisfaction existentielle : la naissance, la vie et la mort sont toutes trois caractérisées par cette insatisfaction, par cette affliction qui nous renvoie aux trois premières scènes précédant la renonciation de Gautama. Au cours de leur existence, les êtres sont souvent dissociés de ce qu'ils aiment et associés à ce qu'ils n'aiment point. Même si, en apparence, le bonheur semble temporairement percer les nuages de l'insatisfaction, le caractère éphémère de tout ce qui est né ou créé est tel que la souffrance ne peut être évitée que provisoirement.

Employant une expression plus technique, le texte dit que les cinq agrégats d'existence sont souffrance. Il est étrange que le premier discours

7. La tradition stipule que Gautama a étudié avec les plus grands maîtres de l'époque et les a tous surpassés. Jusqu'à un certain point, le christianisme fit de même en affirmant que Jésus était le fils de Dieu. Sans toutefois rejeter les prophètes antérieurs, la tradition chrétienne plaça Jésus à un niveau bien plus élevé que celui de ses prédécesseurs de l'Ancien Testament. L'islam utilise une tactique semblable en suggérant que Muhammad est le sceau des prophètes. La nouvelle religion ne nie donc pas nécessairement les fondements de celles qui l'ont précédée, mais prend bien soin de stipuler qu'elle est supérieure aux traditions antérieures.

8. Il est fort probable que ce discours fut composé beaucoup plus tardivement, voire après la mort du Bouddha, avec l'intention de faire une synthèse de l'enseignement. Voir Mathieu Boisvert (1995).

du Bouddha n'explique pas ce que sont les cinq agrégats, puisqu'ils constituent la base de la réinterprétation bouddhique de l'identité (transitoire, bien entendu). Le bouddhisme rejette l'existence de l'individu comme entité permanente. D'après la tradition, ce que nous appelons conventionnellement *individu* est composé de cinq éléments distincts mais reliés les uns aux autres. L'individu n'est constitué que de ces cinq agrégats (la matière, les sensations, la reconnaissance, les actions fructifiantes et la conscience) et chacun d'eux est caractérisé par l'éphémère. Aucun ne subsiste au changement. Le dialogue entre le roi Ménandre et le moine Nāgasena clarifie la perception bouddhique de l'individualité.

Lorsque Ménandre rencontra Nāgasena pour la première fois, il lui demanda son nom. Étant donné que le bouddhisme rejette l'existence d'une entité permanente (âme, soi, *ātman*), il demanda à Nāgasena à quel référent concret renvoyait son nom : « Qui est donc ce Nāgasena dont tu parles ? S'agit-il des os, des cheveux, du sang [...] ou alors de l'un des cinq agrégats ? » Entendant la réponse négative du moine, le roi l'accusa d'avoir menti, car bien qu'il se fût présenté comme Nāgasena, il ne pouvait fournir aucun référent lui permettant de justifier ce nom. Nāgasena riposta en demandant au roi comment il avait fait pour se rendre au monastère. Apprenant qu'il était venu en char, Nāgasena demanda au roi ce qu'il entendait par *char* : « Est-ce l'essieu, les roues, les rayons, les rênes ? » Le roi dut répondre par la négative à toutes ces questions. Alors, le moine déclara : « Je ne vois aucun char. *Char* n'est qu'un mot et rien d'autre. Qu'est-ce donc que ce char dans lequel vous prétendez être venu ? C'est un mensonge que vient de prononcer Votre Majesté. Il n'existe rien de tel qu'un char. » Le roi précisa que ce que nous appelons généralement *char* est une désignation d'usage courant, un amalgame de différents agrégats (les roues, le joug, les rênes, etc.). Sur ce, Nāgasena conclut : « Tout comme le terme *char* désigne un ensemble d'éléments, le nom *Nāgasena* se réfère à l'ensemble des cinq agrégats, bien qu'aucun de ceux-ci, pris séparément, ne puisse être appelé *Nāgasena*. » L'individualité ne peut donc être perçue indépendamment des cinq agrégats, bien qu'aucun de ces éléments ne constitue en lui-même la personne.

Ainsi, la première noble vérité affirme que les cinq constituantes de l'individu sont fondamentalement souffrance. La raison de cette affirmation catégorique est relativement simple. Puisque, même pour les mieux nantis, la vie elle-même est source d'insatisfaction, la seule possibilité d'échapper à cette frustration éternelle est de se libérer du cycle des renaissances. La mort (accidentelle ou volontaire) ne peut assouvir cette insatisfaction car, selon le bouddhisme, la réalité est cyclique. La mort est donc nécessairement suivie d'une renaissance. Aussi longtemps que l'individu est prisonnier du cycle des naissances (*saṃsāra*) et que les cinq agrégats sont actifs, l'insatisfaction demeure.

La deuxième vérité retrace l'origine, la cause de la souffrance (*dukkha-samudaya*). D'après la tradition, le désir est le reflet même d'une profonde insatisfaction, car le simple fait de vouloir implique généralement un mécontentement devant la situation présente. Le désir s'exprime soit par l'attirance, soit par l'aversion ; l'individu tente de modifier son expérience présente dans le but de la rendre plus plaisante à plus ou moins long terme. Néanmoins, il semble que le désir ne soit pas la seule source des maux de l'humanité, car même les actions du Bouddha auraient été motivées par une certaine forme de désir. En fait, sa décision de propager son enseignement est profondément enracinée dans une volonté de venir en aide à ses contemporains. Après l'atteinte du *nirvāṇa*, le Bouddha était indécis quant aux options qui s'offraient à lui. Le doute régnait, car il pensait que son enseignement ne pourrait être compris par son auditoire. Ce n'est qu'après l'intervention de Brahmā[9], qu'il décida d'enseigner afin d'alléger la souffrance humaine. Estimant que le Bouddha a bel et bien éliminé la cause de sa souffrance, la tradition ne peut donc soutenir que seul le désir est responsable du *dukkha*. Bien que le désir soit généralement perçu négativement par la tradition, il est important de souligner qu'il ne génère le *dukkha* que si l'on y est attaché. L'attachement au désir, aux personnes, ainsi qu'à tous les objets sensoriels constitue donc l'origine fondamentale de la souffrance.

La troisième vérité est l'élimination de la souffrance (*dukkhanirodha*), soit l'atteinte du *nirvāṇa*. Selon une logique bien simple, la désactivation de la cause annule nécessairement l'effet. Le *nirvāṇa* est décrit comme un état où la souffrance n'existe pas, car aucun des cinq agrégats n'est présent pour l'expérimenter. Le *nirvāṇa* est donc situé au-delà de toute condition, de toute interdépendance et, par le fait même, il est au-delà de toute

9. Bien que la tradition bouddhique soit souvent considérée comme athée, elle reconnaît un certain nombre de divinités comme Brahmā. Selon la tradition theravāda à tout le moins, le Bouddha est simplement un être humain parvenu à une compréhension totale. Cette même tradition affirme par ailleurs la présence d'êtres vivants sur d'autres plans d'existence. On compte trente et un de ces plans, du plus grossier au plus subtil. Les divinités acceptées par les contemporains du Bouddha ne furent donc pas a priori rejetées par la tradition bouddhique. On constate plutôt qu'elles furent intégrées à un niveau inférieur. Bien que les trente et un plans d'existence aient chacun des caractéristiques bien précises, ils s'inscrivent toujours à l'intérieur du cycle des renaissances, ou *saṃsāra*, et sont formellement soumis à la loi du karma. Brahmā est justement une de ces divinités dépourvues de pouvoir absolu puisque toujours sous l'emprise de la loi du karma.

compréhension. D'après la tradition theravāda[10], la principale caractéristique du *nirvāṇa* réside en son opposition au *saṃsāra*. Ce dernier est changement constant et souffrance. Il est régi par une série de forces causales, alors que le *nirvāṇa* ne l'est point. Il faut bien se garder de voir dans la troisième vérité une relation causale entre la désactivation de l'attachement et le *nirvāṇa*. Il faut plutôt comprendre que l'élimination du désir attaché permet d'atteindre un état qui existe de toute éternité, mais qui était auparavant inaccessible. La description du *nirvāṇa* demeure néanmoins problématique, car le langage, essentiellement fondé sur des catégories duelles, nous rend incapable de décrire la transcendance qui le caractérise. Comme le dit si bien Walpola Rāhula, c'est comme si une tortue essayait de faire comprendre à un poisson ce qu'est la terre ferme[11].

La quatrième noble vérité est le chemin menant à la libération de la souffrance (*dukkhanirodhagāminīpaṭipadāryasacca*). De prime abord, il peut paraître étrange que la méthode pour parvenir au *nirvāṇa* intervienne en tout dernier lieu, après la vérité du *nirvāṇa* lui-même. Il est possible, cependant, que le processus sotériologique n'ait été élaboré par le Bouddha qu'après son illumination, et que ce même processus diffère de celui suivi par Gautama lui-même[12]. La discipline recommandée est connue sous le nom de chemin du milieu, car elle écarte les pratiques extrêmes. Plus précisément, on la nomme le noble sentier octuple.

LE NOBLE SENTIER OCTUPLE

À la base du bouddhisme, nous retrouvons le noble sentier octuple, divisé en trois catégories principales : sagesse, moralité et concentration. Nous retrouvons sous la catégorie « sagesse » la pensée juste et la compréhension juste, sous la catégorie « moralité », la parole juste, l'action juste et le travail juste, et sous la catégorie « concentration », l'effort juste, l'attention juste et la concentration juste. De prime abord, il peut encore paraître étrange que la tradition place la catégorie « sagesse » au premier plan, devant la moralité et la concentration. Si le noble sentier octuple est bel et bien une discipline qui permet à l'individu d'atteindre le *nirvāṇa*, comment la sagesse peut-elle en être le premier élément ? Si l'on est parvenu à la sagesse, à quoi bon,

10. Nous verrons d'ici peu les nuances qu'apporte à ce sujet la tradition mahāyāna.

11. Rahula Walpola (1961), p. 58.

12. Voir Mathieu Boisvert (1993). « *Saññāvedayatanirodha* : an endless controversy », dans *Pacific World ; Journal of the Institute of Buddhist Studies*, New Series, v. 9, Berkeley, p. 90-105.

Tableau 1
Le noble sentier octuple

1. Pensée juste	Sagesse
2. Compréhension juste	
3. Parole juste	Moralité
4. Action juste	
5. Travail juste	
6. Effort juste	Concentration
7. Attention juste	
8. Concentration juste	

alors, poursuivre et améliorer les deux catégories suivantes, puisque l'objectif est déjà atteint ? De nouveau, nous devons comprendre ce schéma selon une perspective cyclique plutôt que linéaire : bien que la sagesse soit l'idéal à atteindre, elle constitue, aussi paradoxalement que cela puisse paraître, le fondement du cheminement.

La tradition conçoit trois niveaux de sagesse. Le premier pourrait être appelé celui de la sagesse doctrinale, car l'individu accepte un ensemble de connaissances mises de l'avant par un corps social d'autorité. Le noble sentier octuple est donc accepté comme base de l'enseignement des écritures. Le deuxième niveau est celui de la sagesse intellectuelle. Les connaissances sont ici adoptées après avoir été soumises à un examen critique et logique. Ainsi, la discipline du bouddhisme peut être acceptée à ce niveau si l'individu parvient à la justifier rationnellement. Finalement, le troisième niveau, et non le moindre, est celui de la connaissance fondée sur l'expérience. Ici, la doctrine est admise comme véridique seulement après avoir été expérimentée. L'essence du discours que le Bouddha aurait livré aux Kāḷāma se résume en fait à ceci : n'accepter aucun enseignement, même celui du Bouddha, tant qu'on ne l'a pas vérifié personnellement[13].

Pour qu'une personne décide de s'engager dans quelque chose, elle doit posséder tout au moins une connaissance *doctrinale* de ce qu'elle veut pratiquer. Sans cette connaissance, la pratique elle-même lui serait inconnue. Ce premier niveau est essentiel car, sans lui, il ne pourrait y avoir d'incitation, ni même de motivation à s'engager dans une pratique. Donc,

13. *Kāḷāmasutta*, A. i., 188.

lorsque la sagesse est placée devant les catégories de la moralité et de la concentration, il faut comprendre qu'a priori ce n'est qu'une sagesse doctrinale, une connaissance préliminaire et succincte de la discipline qui permet à l'individu d'acquérir la motivation nécessaire pour pratiquer la moralité et la concentration. La pratique de ces trois grandes divisions du sentier octuple fait apparaître un nouveau type de sagesse, celle qui naît de l'expérience. Il se produit alors une rétroaction où le nouveau type de sagesse met en branle et conditionne à nouveau les catégories de moralité et de concentration. Dans cette perspective cyclique, la problématique de l'ordre de présentation des trois catégories disparaît, car aucune d'elles ne peut être considérée comme premier élément.

Le noble sentier octuple implique une stricte observance morale. Les cinq préceptes de base sont : ne pas tuer, ne pas voler, ne pas mentir, s'abstenir de relation sexuelle – ou, pour les laïcs, n'avoir de relations sexuelles qu'avec le conjoint – et ne pas consommer de drogues ou d'alcool. Ces préceptes doivent être observés par tout bouddhiste qui désire progresser[14]. Le rôle premier de la moralité est de calmer l'esprit pour faciliter la pratique de la concentration. La concentration, de son côté, vise à développer une attention aiguë à l'endroit de tout ce qui peut être perçu par un individu. L'adepte cultive ainsi la conscience des différentes sensations, émotions et contenus mentaux qui se manifestent en lui, et parvient peu à peu à comprendre la nature de ces différents objets : ils émergent pour, tôt ou tard, disparaître. Par cette attention, l'adepte expérimente les trois caractéristiques de l'existence : le caractère éphémère du monde phénoménal (*anicca*), la souffrance engendrée par l'idée de permanence (*dukkha*), et l'absence d'une individualité permanente qui échappe au changement (*anatta*).

LE PROCESSUS SOTÉRIOLOGIQUE

De par une observation continue du corps et de l'esprit, l'individu prend conscience des différentes forces en présence. D'après le bouddhisme, l'individu n'est constitué que de cinq composantes qui lui permettent d'interagir avec l'environnement. Ces cinq agrégats (*pañcakkhandhā*) sont : la matière, les sensations, la reconnaissance, les actions fructifiantes et la

14. Certaines traditions sont moins rigoureuses à cet égard. D'autres, comme quelques écoles tantriques, rejettent même entièrement ces codes moraux qui, selon elles, n'ont aucune valeur intrinsèque.

conscience. La matière constitue la base physique des quatre agrégats mentaux. Lorsqu'une sensation est perçue par une des portes sensorielles, elle est immédiatement interprétée par la reconnaissance comme agréable ou désagréable. Cette interprétation conditionne la réaction au stimulus sensoriel et provoque une action fructifiante mentale, vocale ou physique. À son tour, cette dernière sera responsable de l'émergence d'une conscience qui doit être nécessairement associée à une certaine forme matérielle. La boucle est ainsi bouclée et les cinq agrégats se conditionnent mutuellement pour perpétuer le cycle des renaissances. Tant qu'il y aura des actions fructifiantes (des karmas), une conscience sera inévitablement générée et les cinq agrégats en découleront.

L'objectif de la pratique bouddhique theravāda est donc d'éliminer toute action fructifiante pour rompre ce processus cyclique. En observant ses sensations, l'individu prend conscience de la fonction qu'exerce la reconnaissance et, par le fait même, il réalise que toutes ses actions sont conditionnées par la faculté de l'esprit qui impose certaines interprétations influencées par le contexte socioculturel. Au moyen de cette observation objective, voire équanime, l'individu désactive graduellement cette faculté d'interprétation et parvient éventuellement à un état où les sensations ne sont plus soumises à l'interprétation subjective, mais simplement observées dans leur manifestation, c'est-à-dire comme des phénomènes éphémères (*anicca*) et dénués de soi (*anatta*). La reconnaissance ayant cessé de fonctionner, aucune nouvelle action fructifiante ne peut émerger, et le processus cyclique est ainsi interrompu. Les cinq agrégats ne peuvent plus s'autogénérer et le *nirvāṇa* est atteint.

Même si, comme le veut la tradition, le Bouddha est parvenu au *nirvāṇa* en cette vie – soit à l'âge de trente-cinq ans – son individualité n'en restait pas moins constituée de ces cinq agrégats. Autrement, il lui aurait été impossible d'interagir avec ses contemporains et de propager son enseignement. Alors, comment se fait-il que ses cinq agrégats soient toujours fonctionnels après le *nirvāṇa* ? La tradition theravāda résout ce problème en affirmant l'existence de deux types de *nirvāṇa* : celui avec résidus karmiques et celui sans résidus karmiques. Dans les deux types, il est impossible de générer de nouveaux karmas. Mais dans le premier, les cinq agrégats restent fonctionnels en vertu de l'effet résiduel d'actions passées. Pour celui qui est parvenu au *nirvāṇa* avec résidus, la sensation n'est plus interprétée par des catégories socialement conditionnées et ne peut donc pas être la source de nouvelles actions fructifiantes. Au contraire, pour celui qui n'est pas éveillé, les sensations constituent une source constante de réactions qui produiront éventuellement un effet, une nouvelle conscience. Cependant, même si celui qui est parvenu au *nirvāṇa* avec résidus karmiques ne génère plus de karma, il continue à vivre pendant un certain temps, car certains karmas passés (actions fructifiantes) produisent une nouvelle conscience d'instant en instant, et cette nouvelle conscience conditionne l'émergence de la matière et de la sensation.

Ce processus est analogue à celui du jeûne. Bien qu'à chaque instant le corps nécessite un apport nutritif, nous ne passons pas notre temps à nous alimenter ! Nous mangeons quelques fois par jour et nos besoins physiques sont satisfaits. Lorsqu'un individu jeûne, le corps puise dans ses réserves alimentaires pour assurer sa subsistance ; lorsque les réserves sont épuisées, le corps s'alimente à même les réserves de graisses et, éventuellement, de muscles. Un jeûne peut être observé pendant plusieurs mois, mais lorsque toutes les réserves sont épuisées et qu'il ne reste que la peau et les os, le corps ne peut plus s'alimenter et il meurt. Ainsi en est-il de la conscience qui requiert une source d'alimentation constante : les actions fructifiantes. Lorsque la reconnaissance est désactivée et qu'aucune action fructifiante n'est générée, celles qui furent produites antérieurement émergent, créant ainsi un terroir favorable pour l'émergence d'une nouvelle conscience. La matière et les sensations suivent, mais puisque la reconnaissance est inactive, aucune nouvelle action fructifiante n'est produite. Néanmoins, le processus poursuit son cours temporairement jusqu'à ce que tous les karmas accumulés antérieurement aient été épuisés (*abhisaṅkaroti gato*). C'est à cet instant seulement que le processus karmique est irrévocablement interrompu ; aucune action fructifiante issue du présent ou du passé n'étant présente, aucune nouvelle conscience ne peut émerger et les cinq agrégats sont automatiquement dissous.

Cet état caractérisé par l'absence totale et irrémédiable des cinq agrégats constitue le deuxième type de *nirvāṇa*, dit sans résidus. Il ne peut être atteint qu'au moment de la mort car, par définition, aucun des agrégats ne peut alors subsister. Que reste-t-il donc ? Voilà la question qui a préoccupé tant d'exégètes bouddhiques et qui demeure sans réponse logiquement acceptable. Le seul moyen d'y apporter une réponse serait d'atteindre nous-mêmes cet état, ce qui nous placerait dans un cul-de-sac méthodologique car, nos cinq agrégats étant irrévocablement dissous, il nous serait par la suite impossible de partager notre découverte. Les bouddhistes theravāda maintiennent cependant que le *nirvāṇa* sans résidus est dépouvu de souffrance et qu'il est non conditionné. Il se définit donc en opposition au *saṃsāra*.

Nous avons jusqu'à présent offert un exposé succinct des principes fondamentaux de la tradition theravāda. Cette tradition, que l'on retrouve toujours en Thaïlande, en Birmanie et au Sri Lanka, fut longtemps considérée par les pionniers des études bouddhiques comme le dépositaire de l'enseignement originel du Bouddha. L'école anglo-germanique, fondée à la fin du XIXe siècle par T.W. Rhys Davids, C.A.F. Rhys Davids et H. Oldenberg, estimait que les textes pālis regroupaient les enseignements authentiques du Bouddha. Cette approche est fortement problématique, car elle rejette d'emblée la majorité des écoles mahāyāna qui, tout comme le theravāda, revendiquent la véracité de leurs enseignements. Pour clarifier cette question, nous devons d'une part offrir une description sommaire du canon bouddhique et, d'autre part, situer les textes pālis et mahāyāna dans leur contexte historique en décrivant les événements liés aux trois premiers conciles bouddhiques.

LA FORMATION DU CANON

L'enseignement du Bouddha est généralement divisé en trois catégories ou « corbeilles » (*tipiṭaka*[15]) : le *vinaya* constitue l'ensemble des règles monastiques, accompagnées de leur justification, les *sutta* (en sanskrit *sūtra*) sont les discours du Bouddha, l'*abhidhamma* (*abhidharma*) regroupe un ensemble de « textes » philosophiques décrivant et catégorisant les divers phénomènes d'existence (voir tableau 2). Comme l'exigeait la tradition indienne de l'époque, l'enseignement fut préservé sous forme orale. On répartit entre plusieurs monastères ou groupes de moines et moniales le soin de préserver les diverses parties du canon. Ce n'est que quatre cents ans plus tard, au Sri Lanka, que cet enseignement oral fut rédigé pour la première fois. Après qu'une sévère famine eut causé la mort de plusieurs moines, la communauté monastique décida de mettre le tout par écrit, afin de prévenir la perte des enseignements avant qu'un groupe chargé de préserver une partie du canon disparaisse. Considérant l'ampleur du corpus mémorisé (plus de quatre-vingts énormes volumes), ainsi que la période durant laquelle il fut gardé en mémoire (quatre cents ans), il est plus que plausible que certains éléments aient été retirés ou ajoutés à l'enseignement originel. Sans compter

15. Selon certains, et comme le terme le laisse entendre, *tipiṭaka* fait référence à de vraies corbeilles dans lesquelles les textes étaient regroupés selon leur division. Mais puisque le terme était déjà présent avant même que les textes aient été rédigés, cette hypothèse ne tient pas. Le mot *tipiṭaka* renvoie tout simplement à chacune des trois divisions du canon pāli.

Tableau 2
***Le canon* pāli *: le* tipiṭaka**

Vinaya
- *Suttavibhaṅga* (l'explication et la justification de chacune des règles)
- *Khandhakā* (l'histoire législative de la communauté monastique)
- *Pāṭimokkha* (la liste des règles monastiques)
- *Parivāra* (le résumé des trois divisions précédentes)

Sutta
- *Dīghanikāya* (les discours longs)
- *Majjhimanikāya* (les discours moyens)
- *Saṃyuttanikāya* (les discours regroupés par thèmes)
- *Aṅguttaranikāya* (les discours « graduels »)
- *Khuddakanikāya* (les quinze livres indépendants) :
  1) *Khuddakapāṭha*
  2) *Dhammapada*
  3) *Udāna*
  4) *Itivuttaka*
  5) *Suttanipāta*
  6) *Vimānavatthu*
  7) *Petavatthu*
  8) *Theragāthā*
  9) *Therīgāthā*
  10) *Jātaka*
  11) *Mahā and Cullaniddesa*
  12) *Paṭisambhidāmagga*
  13) *Apadāna*
  14) *Buddhavaṃsa*
  15) *Cariyāpiṭaka*
  16) *Milindapañha* (le texte canonique dans la tradition birmane)

Abhidhamma
Dhammasaṅgani (l'approche psychologique de l'éthique)
Vibhaṅga (l'analyse des catégories et formules du Dhammasaṅgani)
Kathāvatthu (les points de controverse)
Puggalapaññatti (les questions reliées à l'individu)
Dhātukathā (le traité sur les éléments)
Yamaka (l'analyse des catégories formant l'individu)
Paṭṭhāna (le traité sur la causalité)

qu'il n'est pas certain que les « textes » mémorisés à l'origine constituent bel et bien les paroles du Bouddha.

D'après la tradition theravāda, la forme orale du canon pāli remonterait au premier concile bouddhique qui eut lieu tout au plus un an après la mort du Bouddha. La légende prétend qu'un moine nommé Subhadda se soit réjoui du décès du Bouddha, les moines n'étant dorénavant plus soumis à l'autorité du fondateur. Ayant eu vent de ces propos, Mahākassapa, un des disciples importants du Bouddha, décida de convoquer un grand concile pour fixer et préserver les règles monastiques et l'enseignement du Bouddha. Ce concile devait avoir lieu à Rājagṛha et regrouper cinq cents *arahant* (individus ayant atteint le *nirvāṇa*). Selon la tradition, Mahākassapa réussit à en réunir quatre cent quatre-vingt-dix-neuf. Puisqu'il manquait un *arahant*, on décida d'admettre Ānanda, qui avait mémorisé tous les discours que le Bouddha avait livrés (au-delà de 80 000 !). Mais Ānanda n'avait pas encore atteint l'état d'*arahant*. Les moines lui allouèrent donc une semaine pour atteindre le *nirvāṇa*, à défaut de quoi ils commenceraient sans lui. En vain, Ānanda s'exerça pour rencontrer son objectif. Lorsque le soleil se leva, au septième jour, Ānanda lâcha prise et accepta sa situation de non-éveillé. C'est à ce moment qu'il atteignit l'illumination et qu'il fut admis au concile. Cette légende, pour le moins hagiographique, démontre tout de même l'accent que le bouddhisme met sur le détachement : seul le renoncement complet, incluant le désir d'atteindre celui-ci, permet de parvenir au *nirvāṇa*.

Le premier concile fut donc constitué de cinq cents *arahant*, aussi connus sous le nom d'anciens (en sanskrit, *sthavira*). Cette assemblée permit de fixer le *vinaya* et le *dhamma*. L'ensemble des règles monastiques (le *vinaya*) fut récité par Upāli, alors qu'Ānanda fut chargé de réciter l'enseignement du Bouddha (le *dhamma*). D'après la tradition theravāda, le *dhamma* comprend les *sutta* et l'*abhidhamma*, constituant ainsi, avec le *vinaya*, l'ensemble des « trois corbeilles ». L'enseignement récité officiellement lors de cette assemblée appartiendrait à l'école sthaviravāda. Il importe de noter qu'à l'extérieur des limites du concile, il se forma un deuxième groupe (*mahāsaṅgha*), non admis au concile, qui décida de réciter l'enseignement du Bouddha tel qu'il se le rappelait. Quoique les deux versions ne semblent pas avoir été très différentes, chacun des deux groupes mit de l'avant sa propre version du canon. C'est alors que s'opéra la scission entre le groupe élitiste (les cinq cents *arahant*) et le groupe plus populaire. De plus, peu de temps après la tenue de cette assemblée, un *arahant* nommé Purāṇa arriva à Rājagṛha en compagnie de cinq cents de ses disciples.

Lorsqu'il eut vent que l'enseignement du Bouddha venait d'être fixé, il déclara qu'il préférait se souvenir des paroles du Bouddha telles qu'il les avait entendues. Purāṇa est un des nombreux individus qui ne purent assister au concile. Si, tout comme Purāṇa, plusieurs moines provenant de régions éloignées manquèrent la première récitation du canon ou, encore, n'y furent pas admis, il est fort probable qu'un nombre considérable de discours parfaitement authentiques n'aient pas été inclus dans le canon et aient été propagés de façon moins formelle par de petits groupes en marge de la tendance élitiste.

Le deuxième concile eut lieu à Vaiśālī une centaine d'années après la mort du Bouddha. Le mandat principal de cette assemblée était de décider, entre autres, s'il était orthodoxe pour les moines et moniales d'accepter de l'or et de l'argent des laïcs. Neuf autres controverses mineures relatives aux règles monastiques furent aussi résolues. Tout comme pour le premier concile, on sent une opposition entre deux ou plusieurs factions, s'affrontant cette fois sur des questions de discipline précises.

Le troisième concile, mentionné seulement par la tradition theravāda, se tint à Pāṭaliputra durant le règne de l'empereur Aśoka, vers 250 av. J.-C. Aśoka fut un des grands empereurs indiens. Il unifia sous son empire la presque totalité de l'Asie du Sud. Les premières années de sa carrière furent marquées par sa tyrannie. Cependant, la tradition rapporte qu'après le carnage de Kaliṅga, l'empereur se rendit compte de l'inutilité de la misère engendrée par la guerre. Il devint alors bouddhiste et décida de lancer une propagande en faveur de la non-violence et du végétarisme. La suite de son règne fut juste et pacifique, et contribua à l'essor et à l'expansion du bouddhisme[16].

Aśoka aurait convoqué le troisième concile pour faire en sorte que le rituel monastique de l'*uposatha* soit à nouveau observé. Selon le *vinaya*, les moines et moniales sont tenus de se réunir à chaque pleine lune et à chaque nouvelle lune pour réciter le *pāṭimokkha*, la liste des 217 règles monastiques que compte la tradition theravāda. Cette cérémonie, appelée *uposatha*, exige qu'après avoir enfreint une règle, le moine ou la moniale se confesse devant la communauté et s'engage une fois de plus à suivre l'ensemble des règles à la lettre. À l'époque d'Aśoka, plusieurs interprétations de l'enseignement du Bouddha avaient cours ; la communauté monastique n'était donc pas unanime quant à la doctrine et au code monastiques à suivre. Aussi était-il

16. Remarquons l'intéressante similarité entre Aśoka et Constantin : tous deux se convertirent de façon mystérieuse à une religion et changèrent l'évolution historique de leur tradition. Il est aussi fort probable que leur conversion ait été influencée par des motivations politiques.

impossible pour les moines et moniales de pratiquer l'*uposatha* puisqu'ils ne s'entendaient pas sur la définition des règles monastiques. L'objectif principal du troisième concile était donc de rétablir le code monastique et, conséquemment, de réinstitutionnaliser la pratique de l'*uposatha*.

Cette assemblée aurait eu un impact beaucoup plus grand que la deuxième. Selon la tradition theravāda, c'est en effet à la suite de cette rencontre que l'expansion du bouddhisme s'entama réellement. Mahinda, le fils d'Aśoka, aurait instauré le bouddhisme au Sri Lanka. Plusieurs autres émissaires auraient propagé la religion vers l'ouest et vers l'est, possiblement jusqu'en Birmanie. En outre, le *Kathāvatthu*, un des sept livres de l'*abhidhamma* theravāda, fut composé lors de ce concile pour réfuter les différentes positions hérétiques. Bien que la tradition reconnaisse que le *Kathāvatthu* a été composé à cette époque, elle fait tout de même remonter son origine au Bouddha car, bien sûr, pour qu'un texte soit considéré comme canonique, il doit être issu directement de lui. Selon la tradition, le Bouddha aurait livré l'enseignement du *Kathāvatthu* à des divinités qui, le temps venu, l'auraient transmis au doyen responsable du troisième concile. Il serait donc lui aussi un texte canonique, quoiqu'il ait été « révélé » plus de deux cents ans après la mort du Bouddha.

LES ÉCOLES BOUDDHIQUES

Plusieurs traditions bouddhiques affirment qu'un schisme important a eu lieu entre les deuxième et troisième conciles. Il aurait été causé par un moine nommé Mahādeva, dont l'histoire ressemble étrangement à celle d'Œdipe. Son père étant parti en voyage, Mahādeva s'éprit de sa mère. Par la suite, il tua son père et s'enfuit dans une contrée voisine avec sa mère. Lorsqu'un *arahant* les reconnut, Mahādeva le tua pour demeurer incognito. Il assassina aussi sa mère lorsqu'elle s'éprit d'un autre homme. Ainsi, Mahādeva commit les trois pires crimes : le paricide, le matricide et l'arahanticide. Pour échapper à la justice, Mahādeva voulut devenir moine, mais aucun membre de la communauté n'accepta de l'ordonner. Il décida donc de se consacrer moine lui-même. Personnage charismatique, il regroupa un grand nombre de disciples, se qualifia lui-même d'*arahant* et institua le premier schisme doctrinal du bouddhisme.

Un matin, lorsque Mahādeva se présenta devant sa communauté, ses disciples remarquèrent des taches sur sa robe : l'*arahant* avait eu des éjaculations nocturnes. Comment se peut-il donc, se demandèrent ses disciples, qu'un *arahant* qui, par définition, est libéré de toutes passions, soit encore assujetti à de tels rêves ? Mahādeva utilisa l'occasion pour promulguer ses cinq points de dissidence :

1. Un *arahant* peut être séduit (par une déesse dans un rêve).
2. Un *arahant* peut être ignorant.
3. Un *arahant* peut avoir des doutes.
4. Un *arahant* peut recevoir des instructions.
5. Un individu peut s'engager sur la voie menant à la libération en prononçant certains mots.

L'existence historique de Mahādeva est loin d'être prouvée : sa biographie relève plutôt de l'hagiographie que de la réalité. Nous devons tout de même considérer cette légende sérieusement et pouvons y voir un reflet de l'atmosphère ambiante de l'époque. Les cinq points de dissidence dévalorisent l'idéal de l'*arahant* et suggèrent une insatisfaction populaire envers l'élite bouddhique et, plus particulièrement, envers le statut privilégié de l'*arahant*. Quelques siècles plus tard, ce climat allait favoriser l'émergence d'une nouvelle orientation bouddhique, indépendante de Mahādeva : le mahāyāna.

Avant que la tradition mahāyāna ne se forme, il existait déjà plusieurs sectes bouddhiques entre les deuxième et troisième conciles ; leur nombre varie de dix-huit à vingt-quatre selon la provenance des textes utilisés. Nous utiliserons ici la liste dressée par Vasumitra[17] qui compte vingt et une écoles.

La division entre la mahāsāṃghika et la sthaviravāda semble s'être produite entre les deuxième et troisième conciles. Par la suite, plusieurs sectes découlèrent des deux écoles. Rappelons toutefois que, dès les deux premiers conciles, la communauté monastique n'était pas unanime quant à l'enseignement original du Bouddha, et que plusieurs interprétations existaient déjà au moment de sa mort. Parmi tous les textes de ces vingt et une sectes, seul le canon des theravāda (en sanskrit, *sthaviravāda*) est parvenu jusqu'à nous dans sa totalité. La liste de Vasumitra ne mentionne pas l'école theravāda. Cependant, nous avons cru essentiel de l'ajouter à notre liste pour insister sur la distinction entre la sthaviravāda et la theravāda. Comme nous l'avons déjà noté, le canon theravāda fut rédigé au Sri Lanka, quatre cents ans après la mort du Bouddha, et il correspond, d'après la tradition, à l'enseignement récité par les doyens (*thera* ou *sthavira*) lors de la première

17. Étienne Lamotte (1958), p. 586.

Tableau 3
Les écoles bouddhiques

Bouddha	
1. Mahāsāṃghika	2. Sthaviravāda
|	|
3. Ekavyohārika	4. Sarvāstivāda ou Hetuvāda
5. Lokottaravāda	6. Vātsīputrīya
7. Kaukkuṭika	8. Dharmottarāya
9. Bahuśrutīya	10. Bhadrāyanāya
11. Prajñaptivāda	12. Samatāya
13. Caityaśaila	14. Channagirika
15. Aparaśaila	16. Mahīśāsaka
17. Uttaraśaila	18. Dharmagupta
	19. Kāśyapīya ou Sauvarṣaka
	20. Rāntika ou Saṃkrāntivāda
	21. Sarvāstivāda ou Haimavata
	(22. Theravāda)

assemblée conciliaire. Il est possible que le canon theravāda reproduise fidèlement l'enseignement retenu par les doyens lors du premier concile. Mais il est bien plus plausible qu'au cours des quatre siècles précédant la rédaction du canon theravāda, l'enseignement des doyens ait été modifié graduellement au fil des décennies pour éventuellement aboutir sous forme écrite à l'enseignement des theravāda. Theravāda n'est donc pas nécessairement synonyme de sthaviravāda, et c'est pourquoi nous avons placé le theravāda entre parenthèses dans la liste. Par ailleurs, il n'est pas impossible que la compilation des membres du mahāsaṃgha lors du premier concile ait pu être plus près de l'enseignement original du Bouddha que celle des sthavira. Mais ce canon est entièrement disparu. Il nous est donc impossible de retracer l'enseignement original des doyens quel qu'il soit et, comme nous pouvons l'imaginer, encore moins celui du Bouddha.

L'ÉMERGENCE DU MAHĀYĀNA

Parmi les courants d'interprétation qui virent le jour entre les deuxième et troisième conciles, plusieurs remettaient en question le statut particulier de l'*arahant*. Bien que ces courants aient donné naissance à plusieurs orientations à l'intérieur de la tradition bouddhique, les moines des différentes écoles ne continuèrent pas moins à vivre en commun. Un monastère pouvait alors regrouper des moines de plusieurs écoles. L'unité monastique était donc assurée par une conformité dans la discipline (*vinaya*) et non par un consensus doctrinal. Cependant, au fil des siècles, l'accroissement des divergences doctrinales contribua à la création d'un nouveau mouvement qui se distinguait des précédents : le mahāyāna. Soulignons d'emblée qu'aucune école mahāyāna ne fait remonter ses origines jusqu'à Mahādeva : quelle école voudrait d'un tel personnage comme fondateur ?

Le mouvement mahāyāna se distingue des autres écoles bouddhiques, et plus particulièrement de celles appartenant à la lignée sthaviravāda, par sa conception du Bouddha et par l'objectif de la vie religieuse. Avec le mahāyāna, le Bouddha n'est plus seulement un personnage historique, mais un être transcendantal qui existait avant même la naissance de Gautama et qui continue toujours d'exister après sa mort. Siddhārtha Gautama n'était que l'émanation de cet être supramondain. Cette conception du Bouddha aura un impact majeur sur l'évolution du bouddhisme. Comme nous l'avons précisé, les textes dits canoniques doivent être rattachés, directement ou indirectement, au Bouddha. Il est théoriquement impossible d'ajouter des textes dont l'origine est postérieure à sa mort, bien que nous ayons constaté que le theravāda a incorporé à son canon un texte (le *Kathāvatthu*) consigné près de deux cents ans après le décès de Gautama. Mais puisque la tradition mahāyāna admet un, voire plusieurs Bouddha omniscients et immortels, elle peut facilement justifier l'inclusion de nouveaux textes au canon bouddhique. Un Bouddha peut révéler ces textes à un individu en état de transe ; ou encore, il peut instruire des êtres évoluant sur d'autres plans d'existence et qui, à leur tour, transmettent ces enseignements aux humains. La grande majorité de ces textes offre un contraste entre l'idéal de l'*arahant* véhiculé par la tradition sthaviravāda et celui du *bodhisattva*. Pour la tradition mahāyāna, le *bodhisattva* est de loin supérieur à l'*arahant* puisque c'est un être altruiste dont les actions sont motivées par la compassion. Le *bodhisattva* renonce à sa propre illumination tant que tous les êtres n'ont pas atteint cet état. L'*arahant*, au contraire, ne rechercherait le salut que pour lui-même. Cette altération de l'objectif de la vie religieuse constitue un changement de paradigme important. La tradition theravāda soutient que, pour devenir *arahant*, il faut être membre de la communauté monastique[18]. Au contraire, le *bodhisattva* peut aussi bien être laïc. En théorie, les possibilités sotériologiques offertes aux laïcs sont donc beaucoup plus riches dans la tradition mahāyāna que dans le theravāda. L'ayant constaté, plusieurs érudits, dont Étienne Lamotte, ont avancé l'hypothèse que la nouvelle orientation de la tradition mahāyāna aurait été motivée principalement par le besoin, pour les laïcs, d'obtenir une perspective sotériologique aussi prometteuse que celle de la communauté monastique. Pourtant, à l'exception de certains héros laïcs mythiques (dont Vimalakīrti), la composition (ou plutôt la réception de la révélation) de la majorité des textes mahāyāna est attribuée à des moines, et non à des laïcs. Comme le souligne Paul Williams :

> The Mahāyāna *sūtras* were clearly the products of monks, albeit monks whose vision of the Dharma embraced the aspiration of the laity, and who used lay figures in the *sūtras* to embody a critique of other monks seen as elitist or perhaps ultra-conservative. [...] It seems to me that there were equally no lay doctrinal traditions in Buddhism at the root of Mahāyāna[19].

L'idéal du *bodhisattva*, cependant, est loin d'être inconnu de la tradition theravāda qui admet son existence, bien qu'avec certaines nuances. Dans la tradition theravāda, le *bodhisattva* fait le vœu de devenir un Bouddha et non simplement un *arahant*. Ce vœu est motivé par la compassion car, en devenant Bouddha, on devient pédagogue par excellence et l'on peut enseigner à différents plans d'existence. Un Bouddha est donc supérieur à un *arahant*, car ce dernier ne peut enseigner qu'aux humains. En outre, le *bodhisattva* parvient au *nirvāṇa* sans aide extérieure, alors que l'*arahant*, lui, reçoit un enseignement ou des directives quant à la méthode à suivre pour atteindre l'objectif.

Puisque nous touchons ici indirectement à l'hagiographie, voici une histoire racontée dans le *Suvarṇaprabhāsasūtra*. Le personnage principal est un *bodhisattva*, soit un individu qui, après avoir fait le vœu de devenir Bouddha, doit développer à travers de multiples existences les qualités requises pour parvenir à cet état. Dans une de ses renaissances, il devient Siddhārtha Gautama et, à l'âge de trente-cinq ans, le Bouddha Śakyamuni. Au cours d'une de ses vies, ce *bodhisattva* aurait offert son corps à une

18. Nous retrouvons dans le canon pāli quelques exemples de laïcs parvenus au *nirvāṇa*. Il faut toutefois souligner qu'ils sont devenus moines immédiatement après leur réalisation ou sont décédés dans les minutes qui suivirent.

19. Paul Williams (1989), p. 23.

tigresse affamée pour qu'elle puisse nourrir ses petits. On serait porté à tenir pour une folle entreprise le fait qu'il se tranche les veines et s'étende devant une tigresse affamée. Cependant, le bouddhisme l'interprète comme un acte de bienveillance et d'altruisme qui contribua au développement des qualités requises pour réaliser l'état de Bouddha. Les canons bouddhiques pāli, sanskrit et chinois sont remplis de récits de ce genre. Le *Śaśa Jātaka* et le *Mahākapi Jātaka* relatent également des histoires semblables. Par exemple, tous deux présentent le suicide comme le sacrifice de soi par excellence, comme un acte d'abnégation permettant au *bodhisattva* de progresser vers son but, soit l'état de Bouddha[20]. Cette abnégation est tout aussi importante dans le mahāyāna, bien qu'une tout autre signification lui soit attribuée en fonction du concept de vacuité (*suññatā*).

Selon le bouddhisme mahāyāna[21], tous les phénomènes de l'existence (*dharma*) sont dépourvus d'essence propre (*svabhāva*). Pour qu'une chose puisse réellement exister, elle doit posséder une nature qui lui soit propre, une nature dont l'existence est indépendante de tout autre phénomène. Or, pour le bouddhisme, cette indépendance n'est pas possible. Nous ne pouvons, par exemple, concevoir une table indépendamment d'une plate-forme horizontale munie de pieds. Notre conception de « table-ité » repose nécessairement sur d'autres concepts. La même logique s'applique aux conceptions plus abstraites comme le mouvement. Pour qu'il y ait mouvement, il doit nécessairement y avoir un objet en déplacement ; sans lui, aucun mouvement ne serait possible. Cet objet, néanmoins, n'est pas suffisant pour

20. Les limites de ce chapitre ne nous permettent pas de décrire la perspective bouddhique sur le suicide. Mentionnons toutefois qu'à une exception près, le suicide est catégoriquement condamné par la tradition. Dans le theravāda, un *arahant* (un individu qui, par définition, s'est libéré de tous ses karmas et, par le fait même, a atteint le *nirvāṇa*), pourrait sans risque s'enlever la vie car, étant libéré, lui seul peut accomplir une telle action de façon détachée, et par conséquent, sans générer de nouveaux karmas. Dans la tradition mahāyāna, cependant, l'idéal de l'*arahant* a été remplacé par celui du *bodhisattva*. Ce dernier peut aussi accomplir ce que nous appellerions un suicide car, à un premier niveau, sa motivation principale est le bien de tous les êtres et, à un niveau plus « subtil », le *bodhisattva* a éliminé toutes les conceptualisations et toutes les dichotomies qui en résultent (dont les notions de soi et d'autre, de vie et de mort). Les articles de Martin Wiltshire (« Suicide in the Buddhist Tradition », *Journal of the International Association of Buddhist Studies*, 1982), de Jean Filliozat (« La Mort volontaire par le feu et la tradition bouddhique indienne », *Journal Asiatique*, CCLI, Paris, 1963) et de Jacques Gernet (« Les suicides par le feu chez les bouddhistes chinois du Ve au Xe siècle », *Mélanges publiés par l'Institut des Hautes Études chinoises*, t. II, Paris, 1963, p. 527-558) offrent plus de détails sur ce sujet.

21. Il importe de noter que le terme *mahāyāna* renvoie à un vaste ensemble d'écoles très distinctes les unes des autres. À part le fait que ces écoles acceptent des discours (*sūtra*) qui ne sont pas reconnus par la tradition theravāda (ou les différentes écoles sthaviravāda), il est impossible de discerner une caractéristique qui unifie et distingue à la fois le mouvement mahāyāna. À l'intérieur de ce chapitre, nous approfondirons plus particulièrement la perspective élaborée par Nāgārjuna et présentée par l'école madhyamaka (plus précisément celle du mouvement prāsaṅgika).

qu'il y ait mouvement. Il doit aussi y avoir un point A, duquel l'objet s'éloigne, et un point B, dont il s'approche. De plus, il doit nécessairement s'écouler un certain laps de temps pour qu'il y ait mouvement. L'existence du mouvement dépend donc, d'une part, d'un objet et, d'autre part, d'une notion spatio-temporelle (les points A et B). Inhérente à toute conception, cette dépendance mène à la conclusion qu'une chose ou un concept ne peut avoir de nature qui lui soit propre, d'où la notion de vacuité omniprésente.

Prenons deux autres histoires[22] pour illustrer la vacuité. Dans la première, on nous rapporte qu'un *bodhisattva* nommé Kṣemadatta se mit le feu au bras :

> Voici en vérité qu'entretenant ces pensées, l'Être d'Éveil, le Grand Être Kṣemadatta, plein d'allégresse et d'euphorie, savait que le grand corps de la population d'auditeurs de l'Ordre était réuni. La nuit tombée, se tenant face au monument du Tathāgatha, il enveloppa son bras droit de sa robe, la baigna d'huile et y mit feu. Voici, en vérité, que l'Être d'Éveil, le Grand Être Kṣemadatta, tendait avec détermination au parfait et complet Éveil sans rien au-dessus tandis que sa main droite brûlait ainsi, et n'eut pas un changement de pensée ou de couleur au visage. Jeune homme, voici en vérité qu'aussitôt enflammée, la main de l'Être d'Éveil, du Grand Être Kṣemadatta, toute flambante, toute devenue lumière, ne faisait qu'une flamme ; voici en vérité qu'à ce moment se produisit un grand tremblement de terre[23].

Il est improbable que Kṣemadatta, eût-il été un personnage historique, ait bel et bien enflammé son bras et qu'un grand tremblement de terre se soit produit simultanément. Nous retrouvons néanmoins l'abnégation mentionnée précédemment. Dans la suite du discours, l'abnégation trouve sa signification dans la vacuité. Approfondie, elle rejette non seulement l'individualité, mais toute conceptualisation. Comme l'explique Kṣemadatta au roi chagriné par la crémation du bras :

> Celui qui n'a pas de bras ne peut être ainsi mutilé. Mais il est mutilé, ô roi, celui pour qui l'observance [le *dharma* ; la compréhension de l'enseignement bouddhique] n'existe pas [...]. En vertu de la vérité par laquelle cette chose appelée bras n'existe pas, mon bras va [re]devenir comme avant. En vertu de la vérité par laquelle cette chose qu'est Kṣemadatta n'existe pas, la vacuité fait en sorte que ceux qui scrutent les dix directions ne l'aperçoivent pas[24].

---

22. Ces histoires sont tirées respectivement du vingt-troisième chapitre du *Samādhirājā* (intitulé *Kṣemadattaparivarta*) et du *Vimalakīrtinirdeśa*.

23. Traduction du tibétain tirée de Jean Filliozat (1963). « La Mort volontaire par le feu et la tradition bouddhique indienne », *Journal asiatique*, CCLI, p. 23.

24. Idem, p. 25.

Certaines traditions mahāyāna développent même cette interprétation jusqu'à contredire catégoriquement les enseignements des traditions bouddhiques antérieures. Le *Vimalakīrtinirdeśa* expose cette position en rapportant le dialogue entre Devī, une déesse, et Śāriputra, un disciple du Bouddha parvenu à l'illumination et considéré par la tradition theravāda comme le commandant en chef de la loi (*dhammasenāputti*). Au cours de cette discussion, Devī représente le point de vue du mahāyāna et Śāriputra, celui du theravāda :

Śāriputra : Devī, lorsque tu quitteras ce monde, où renaîtras-tu ?

Devī : Je renaîtrai là où renaissent les créations magiques du Tathāgata.

Śāriputra : Mais les créations magiques du Tathāgata ne meurent pas et ne renaissent pas.

Devī : Il en est de même pour tous les dharma et pour tous les êtres (*sattva*) : ils ne meurent pas et ne renaissent pas.

Śāriputra : Devī, dans combien de temps arriveras-tu à la suprême et parfaite illumination ?

Devī : Lorsque toi-même, ô Sthavira [ancien], tu redeviendras un profane avec tous les attributs d'un profane, alors moi-même j'arriverai à la suprême et parfaite illumination.

Śāriputra : Devī, il est impossible et cela ne peut arriver que je redevienne un profane avec tous les attributs d'un profane.

Devī : De même, révérend Śāriputra, il est impossible et cela ne peut arriver que j'atteigne jamais la suprême et parfaite illumination. Pourquoi ? Parce que la suprême illumination repose sur une non-base. En conséquence, en l'absence de toute base, qui arriverait à la suprême et parfaite illumination[25] ?

D'après ce dialogue, même l'illumination (*nirvāṇa* ou *abhisambodhi*) est un concept caractérisé par la vacuité, car il ne détient pas de nature propre : il repose sur une non-base (*apratiṣṭhānapratiṣṭhita*). Puisque le *nirvāṇa* est associé à ce qu'il n'est pas, soit le *saṃsāra*, il ne peut exister sans son opposé. Son existence est donc dépendante et, par conséquent, relative.

La tradition mahāyāna ne sombre pas pour autant dans un relativisme intégral défiant toute élaboration de schèmes structurels (comme la conceptualisation, la pensée organisée et le langage). Tout comme l'école theravāda,

---

25. *L'Enseignement de Vimalakīrti (Vimalakīrtinirdeśa)*, traduit et annoté par Étienne Lamotte, Louvain, Publications universitaires, 1962, p. 283.

elle maintient l'existence de plusieurs plans de réalité, dont les niveaux intramondain (*samvṛtti*) et supramondain (*paramārtha*)[26]. Ultimement, rien n'existe, car rien n'a d'essence qui lui soit propre : l'existence d'une chose dépend d'une multitude de facteurs extérieurs. Au niveau intramondain, cependant, le bouddhisme ne nie aucunement l'existence conventionnelle des choses. Il importe de préciser cependant que la grande majorité des populations bouddhistes font abstraction de ces débats philosophico-religieux. Pour elles, la réalité convenue collectivement est bel et bien réelle !

Le bouddhisme mahāyāna se caractérise par sa diversité. Même à l'origine, il n'était pas du tout homogène. Plusieurs écoles avaient été créées, et chacune se concentrait sur un texte particulier – comme « Le discours de la perfection de la sagesse » (*Prajñāpāramitāsūtra*) ou « Le discours de la terre pure » (*Amitābhavyūhasūtra*). Ces textes pouvaient être très différents, l'un mettant l'accent sur la connaissance, l'autre sur la dévotion. Mais ces textes centraux pour les nouvelles orientations bouddhiques avaient tous en commun de n'être pas reconnus par la tradition theravāda qui les considérait comme surimposés au message original du Bouddha déjà fixé lors du premier concile. Les traditions mahāyāna justifiaient l'authenticité de ces textes par un certain nombre de théories. Renchérissant sur l'idée que le Bouddha avait pu livrer des discours qui ne furent point récités lors du premier concile, le mahāyāna suggéra que plusieurs aspects de la doctrine bouddhique étaient trop profonds pour être compris par la majorité des humains de l'époque. Le Bouddha aurait donc décidé de les enseigner à certains êtres (humains et non humains) doués d'une capacité de compréhension supérieure. Ces enseignements ne furent transmis à l'humanité que plus tard, lorsqu'elle fut fin prête pour les recevoir.

La nouvelle conception du Bouddha introduite par le mahāyāna permet un autre argument en faveur de l'inclusion de textes dans le canon. Désormais, le Bouddha n'est plus simplement un personnage historique. Il détient trois corps : un corps transcendantal (*dharmakāya*) qui ne peut être appréhendé, mais qui constitue le fondement des deux autres ; un corps extatique (*sambhogakāya*) caractérisé par la sagesse et la compassion, et à partir duquel peut émaner le troisième corps ; un corps historique (*nirmāṇakāya*) qui se manifeste dans un contexte spatio-temporel bien défini.

26. *Mūlamadhyamakakārikā* de Nāgārjuna, chap. 24, v. 8-9 ; traduction incluse dans F.J. Streng (1969). *Emptiness : A Study in Religious Meaning*, Nashville, Abingdon Press. Pour une discussion de ces différents niveaux de réalité dans la tradition theravāda, voir Louis Gabaude (1988). *Une herméneutique bouddhique contemporaine de Thaïlande : Buddhadasa Bhikkhu*, Paris, Publications de l'école française d'Extrême-Orient.

Siddhārtha Gautama serait donc un corps historique, sa manifestation étant rendue possible grâce à la volonté du corps extatique de venir en aide à l'humanité souffrante[27]. Cette nouvelle conception du Bouddha permet donc l'inclusion de *nouveaux* textes dans le canon bouddhique. Un des nombreux Bouddha extatiques pourrait très bien révéler maintenant un discours que Siddhartha n'avait pas lui-même prononcé et qui était jusqu'ici inconnu de la tradition. Ainsi, tout au moins en théorie, le canon mahāyāna demeure ouvert, voire malléable, car nul ne saurait prédire les intentions futures des Bouddha extatiques[28].

L'AMBIGUÏTÉ DU STATUT DES FEMMES

Tout au moins d'un point de vue théorique, les traditions theravāda et mahāyāna diffèrent dans leur position vis-à-vis des femmes. Notons d'abord que, peu importe la tradition, les textes bouddhiques n'ont pas tous la même attitude par rapport aux femmes. Certains nous parlent de façon très positive de femmes qui ont atteint le *nirvāṇa*. Les *Therīgāthā*, par exemple, mentionnent que plusieurs femmes provenant de classes sociales très variées (prostituée, riche jeune femme, etc.) sont parvenues à l'illumination. Mais d'autres textes présentent la femme comme une source de souffrance. Le *Mahāratnakātasutta* soutient que « les ignorants recherchent les femmes tout comme les chiens en chaleur. Ils ne connaissent pas l'abstinence. Ils sont comme des mouches tournant autour de la vomissure. Comme un groupe de cochons, ils recherchent le fumier. » Non seulement les femmes sont représentées négativement, mais elles sont tenues responsables des maux des hommes : « Les femmes sont comme des pêcheurs : leur flatterie est comme un filet et les hommes y sont capturés tout comme les poissons. » L'attitude envers les femmes est donc fort ambiguë dans ces deux textes.

Pensons également à l'hagiographie de Gautama. Celui-ci aurait quitté son épouse à l'âge de vingt-neuf ans, le jour même de la naissance de son fils Rāhula. Bien que la tradition ne doute point de la noblesse de son inten-

27. Il est intéressant de noter la similitude entre ces trois corps et les trois niveaux de la divinité dans la tradition hindoue : le *brahman* constitue le principe transcendantal, indescriptible et innommable ; *īśvara* est perçu comme une divinité personnelle qui possède des attributs distincts et peut ainsi interagir avec l'humanité ; l'*avatāra* (litt. descente) est l'incarnation humaine ou animale d'*īśvara* dans la sphère spatio-temporelle humaine.

28. Pour plus d'informations sur la justification de l'inclusion de « nouveaux » textes dans le canon et sur les divers problèmes d'interprétation de ces textes, voir D. Lopez (1988). *Buddhist Hermeneutics*, Hawaii University Press.

tion, les commentaires plus tardifs (*aṭṭhakathā*) ont tout de même senti le besoin de justifier cette démarche par le récit d'une des vies antérieures de Gautama, alors qu'il était le *bodhisattva* Dīpaṅkāra. Après avoir étudié plusieurs années sous la tutelle d'un *gurū*, Dīpaṅkāra devait lui offrir un présent[29]. Il descendit donc de la montagne et se rendit au village où il rencontra une jeune femme portant un collier de lotus. Il lui demanda ses fleurs pour pouvoir les offrir à son maître, mais elle les réservait pour le Bouddha Dhammadīpa[30] qui allait visiter le village sous peu. Elle conclut finalement un pacte avec Dīpaṅkāra : elle lui offrirait ses fleurs s'il s'engageait à la prendre comme épouse non seulement pour cette vie, mais aussi pour toutes celles à venir. Elle s'engagea formellement, cependant, à ne jamais contrevenir à l'objectif principal de l'ascète, soit l'atteinte du *nirvāṇa*. Comme le veut la tradition indienne, la famille élargie prit en charge son épouse et son fils. Et Gautama put partir l'esprit tranquille puisque sa femme lui avait assuré, plusieurs existences auparavant, qu'elle ne ferait pas obstacle à sa démarche. Très peu connue des bouddhistes, cette histoire semble avoir été conçue pour justifier la renonciation de Gautama le jour de la naissance de son fils. Toutefois, d'autres éléments des textes pālis apportent un tout autre éclairage sur la situation de la femme à l'époque.

D'après le canon pāli, les femmes n'étaient pas admises dans la communauté monastique originale. Il a fallu que la mère adoptive du Bouddha (Mahāpajāpatī) demande à Gautama la permission de rejoindre l'ordre monastique. Après le refus catégorique du maître, elle approcha son disciple principal pour lui faire part de son chagrin. Ānanda décida d'aborder le Bouddha et, lorsqu'il lui demanda si les femmes pouvaient revêtir l'habit monastique, ce dernier répondit tout aussi catégoriquement qu'il n'en était pas question. C'est alors qu'Ānanda décida d'adopter une stratégie que le Bouddha lui-même utilisait régulièrement[31]. Il lui demanda si les femmes pouvaient aussi atteindre le *nirvāṇa*. Sans aucune hésitation, Gautama répondit par l'affirmative. Ānanda lui demanda alors s'il était plus aisé pour un individu de réaliser cet état en étant membre de cette communauté monas-

29. Dans la culture indienne traditionnelle, lorsqu'un étudiant termine sa période de formation, il doit offrir un présent (*gurudakṣiṇa*) à son tuteur. Autrement, les techniques apprises ne pourraient porter fruit.

30. Tout comme le mahāyāna, le bouddhisme theravāda affirme que vingt-trois Bouddha historiques auraient précédé Siddhārtha Gautama. La tradition jaïne attribue le même nombre de prédécesseurs au fondateur de leur tradition, Mahāvīra. Voir le texte de Osier, page 97.

31. Cette stratégie s'apparente étrangement à la *maïeutique* de Socrate en ce qu'elle fait naître la réponse appropriée chez le disciple lui-même. Voir Mathieu Boisvert (1993). « Le rôle didactique de la métaphore dans le *Milindapañha* », *Religiologiques*, v. 7, Montréal, p. 35-47.

tique et en consacrant par conséquent toutes ses énergies à l'atteinte de cet objectif. Après avoir obtenu une seconde réponse affirmative, Ānanda demanda à Gautama la raison pour laquelle les femmes ne pouvaient adhérer à la communauté monastique si, d'une part, elles pouvaient parvenir au *nirvāṇa* et si, d'autre part, cet état était plus facile à atteindre par les membres de la communauté. Après cette dernière question, le Bouddha fut dans l'obligation d'accepter les femmes dans la communauté monastique[32]. Cependant, l'admission dépendait de l'acceptation, par Mahāpajāpatī et par toutes les moniales subséquentes, des huit règles suivantes[33] :

1. Quand bien même elle aurait été ordonnée cent ans plus tôt, la moniale doit saluer respectueusement le moine, se lever devant lui, élever ses mains jointes, lui rendre les honneurs qui lui sont dus, même s'il vient d'être ordonné le jour même.
2 Il est défendu aux moniales de passer la retraite de la saison des pluies dans une région où ne séjournent pas de moines.
3. Tous les quinze jours, les moniales doivent s'adresser à l'Ordre des moines en vue de le consulter au sujet de la date de l'*uposatha* et de demander aux moines la prédication de l'enseignement.
4. À la fin de la retraite de la saison des pluies, la moniale doit adresser « la triple invitation » à la communauté aux deux visages [moines et moniales] pour qu'un moine ou une moniale l'accuse de faute s'il a vu ou entendu quelque effraction de sa part, ou s'il la soupçonne d'en avoir fait une.
5. Une moniale qui a commis une faute grave doit se soumettre pendant quinze jours à une épreuve de respect (*mānatta*) devant la communauté aux deux visages.
6. L'ordination majeure ne doit être sollicitée auprès de la communauté aux deux visages que lorsque la postulante a observé les six préceptes pendant un stage de deux ans.
7. En aucun cas il n'est permis à une moniale de réprimander un moine.
8. Les moniales n'ont pas le droit d'enseigner aux moines, mais les moines ont le droit d'enseigner aux moniales.

---

32. Pour une discussion plus approfondie sur les avantages sotériologiques de l'adhésion à une communauté monastique pour l'atteinte d'un objectif sotériologique, voir Mathieu Boisvert (1992). « A Comparison of the Early Forms of Buddhist and Christian Monastic Traditions », *Buddhist-Christian Studies*, v. 12 ; Hawaii, p. 123-141.

33. Tirées de Mohan Wijayaratna (1991), p. 30-31.

Bien que ces huit conditions assurent la subordination des moniales aux moines, Mahāpajāpatī les accepta et devint la première femme à faire partie de la communauté monacale bouddhiste. Le Bouddha aurait aussi affirmé à cette occasion qu'en raison de l'admission des femmes, son enseignement (*dhamma*) conserverait sa pureté cinq cents ans seulement plutôt que mille. Pour nous, héritiers du XXe siècle, les huit règles et les propos du Bouddha que nous venons de citer témoignent d'une tendance misogyne qui influença profondément l'avenir des femmes au sein des communautés bouddhiques. Mais comment les héritières et les héritiers du Ve siècle av. J.-C. percevaient-ils ces exigences et ces commentaires ?

À l'époque du Bouddha, la société indienne avait envers les femmes une attitude que l'on pourrait difficilement qualifier de progressiste. En tant que personnage historique, Gautama est issu de ce contexte et ne peut s'en abstraire totalement. La société brahmanique de l'époque était catégorique : la femme, dans son enfance, devait être soumise à l'autorité du père, après le mariage, à celle de son époux (*pati* ou « maître ») et après le décès de ce dernier, à celle de son fils aîné. En outre, l'accès aux textes védiques leur étant interdit, elles se voyaient pratiquement dans l'impossibilité d'atteindre la libération[34]. Le Bouddha, quant à lui, semble avoir adopté une attitude plus souple, car son enseignement était destiné tout aussi bien à la gent masculine qu'à la gent féminine et il reconnaissait la possibilité pour la femme d'atteindre la libération[35]. Bien que cette brève description du contexte de leur promulgation allège l'impact des huit conditions, elle ne peut justifier l'attitude adoptée par le Bouddha, ce qui n'était pas notre objectif.

Alan Sponberg[36] propose d'interpréter le texte qui décrit l'acceptation de Mahāpajāpatī en tenant compte des diverses forces en présence : d'une part, une volonté d'admettre les femmes dans la communauté monastique, représentée par la mère adoptive du Bouddha ; d'autre part, une forte résistance à ce désir, représentée par le Bouddha. D'après Sponberg, il est plausible que la médiation d'Ānanda entre le Bouddha et Mahāpajāpatī symbolise en fait une confrontation historique entre deux factions opposées : l'une voulant maintenir le statu quo, l'autre exigeant des changements

34. Nous retrouvons cependant dans les *Upaniṣad* quelques allusions à des femmes qui surent argumenter avec de grands maîtres. Pensons par exemple à Maitrī et à Gārgī. Seraient-elles l'exception qui confirme la règle ?

35. Fondateur du jaïnisme et contemporain du Bouddha, Mahāvīra semble avoir professé une position semblable, tout au moins selon la tradition jaïna *śvetāmbara*.

36. Alan Sponberg (1992). « Women in early Buddhism », dans José Ignacio Cabezón. *Buddhism, Sexuality and Gender*, Albany, S.U.N.Y.

radicaux. Le compromis fut d'offrir aux femmes la possibilité de joindre la communauté monastique, tout en exigeant d'elles l'acceptation des huit conditions. On subordonnait ainsi les moniales aux moines et on les punissait d'avoir réduit la période de pureté du *dhamma*.

Le processus historique mis en lumière par Sponberg explique la grande diversité d'attitudes vis-à-vis des femmes exprimée dans le canon bouddhique. Sponberg a classifié ces différentes attitudes en quatre catégories : 1) l'inclusion sotériologique, 2) l'androcentrisme institutionnel, 3) la misogynie ascétique et 4) l'androgynie sotériologique. Tous les passages qui font explicitement référence à des femmes parvenues au *nirvāṇa* ou, tout au moins, capables d'y parvenir, sont classés sous la catégorie de l'*inclusion sotériologique*. L'atteinte du *nirvāṇa* n'est donc pas limitée à la gent masculine ou féminine. La catégorie *androcentrisme institutionnel*, quant à elle, regroupe les passages subordonnant les femmes aux hommes. À cet égard, l'institution bouddhique est essentiellement androcentrique. Les huit points conditionnels à l'acceptation des femmes au sein de la communauté monastique reflètent cette attitude : les femmes peuvent poursuivre une carrière religieuse dans la mesure où celle-ci serait régie par une structure institutionnelle préservant l'autorité masculine. La catégorie de la *misogynie ascétique* inclut tous les passages qui dénigrent ouvertement les femmes et les rendent responsables des désirs charnels des hommes. Cette attitude ne se limite point au bouddhisme : des passages semblables se retrouvent dans la majorité des traditions ascétiques (chrétienne, hindoue, etc.). Il est possible que, chez certains individus, les frustrations engendrées par le célibat et les exigences d'une vie monastique aient contribué à cette réaction. Finalement, la catégorie de l'*androgynie sotériologique* – qui apparaît plus tardivement – regroupe les passages où le féminin et le masculin sont tous deux perçus comme des caractéristiques inhérentes à chaque individu, peu importe son sexe. Dans ce contexte, la libération est interprétée comme l'équilibre entre ces opposés[37]. Cette harmonie atteinte, il y aurait dissolution complète des forces antagonistes. Remarquons ici que le dialogue déjà cité entre Devī et Śāriputra s'insère dans cette catégorie. Parvenue à la compréhension de l'essence ultime de toute chose, Devī ne peut percevoir la réalité de façon dichotomique, tant pour les pôles intramondains (l'opposition femme–homme) que pour les pôles supramondains (*saṃsāra–nirvāṇa*).

37. On ne peut s'empêcher de penser à C.G. Jung qui, justement, propose une dynamique psychologique dont l'objectif est d'instaurer (ou de restaurer) l'équilibre entre deux forces présentes en chaque individu et diamétralement opposées (l'*animus* et l'*anima*).

L'EXPANSION DU BOUDDHISME

Entre le Ve siècle av. J.-C. et le Ve siècle ap. J.-C., plusieurs autres questions permirent l'épanouissement de multiples orientations doctrinales. C'est aussi dans ce premier millénaire de l'histoire du bouddhisme que la tradition prit son essor géographique. Le manque d'homogénéité doctrinale explique en partie seulement les différences entre les traditions bouddhiques d'une nation à l'autre. Nous nous devons d'examiner sommairement l'expansion du bouddhisme hors de l'Inde afin de saisir certains facteurs ayant contribué à l'essor et l'évolution de la tradition.

Comme nous l'avons vu, la première expansion du bouddhisme se produisit aux alentours du IIIe siècle av. J.-C., lors du règne de l'empereur Aśoka. Le bouddhisme se propage alors au Sri Lanka, ainsi que vers les contrées situées à l'est et à l'ouest de l'Inde. Entre le IIIe et le IIe siècle av. J.-C., le bouddhisme entre en contact avec différents groupes ethniques, tels les Bactres d'origine grecque qui s'installent dans la région du Gandhāra, dans le Nord-Ouest de l'Inde. Dès 130 av. J.-C., l'empire Bactriane est conquis par les Yüeh-chih ou les Scythes, originaires des régions du Nord-Ouest chinois, ce qui favorisa par la suite l'exportation de la tradition bouddhique vers la Chine. Toutefois, le facteur qui contribua le plus à l'introduction du bouddhisme en Chine est sans doute l'influence bouddhique sur les grands centres de l'Asie centrale reliés par l'autoroute commerciale menant à la Chine.

Le bouddhisme s'introduisit graduellement en Chine, d'abord par le commerce et les moines indiens itinérants, puis grâce à des explorateurs et à des moines chinois (tels Fa-Hian et Sung-Yun) qui séjournèrent plusieurs années en Inde pour visiter les monastères. Lors de son premier contact avec la Chine, au tout début de l'ère chrétienne, la tradition bouddhique est encore relativement homogène. Par suite du développement et de la diversification de la tradition bouddhique ayant cours en Inde entre les VIe et IXe siècles, la Chine aura à composer avec une tradition beaucoup plus variée. L'introduction du bouddhisme en Chine donne en effet naissance à plusieurs problèmes majeurs, tels la nécessité de synthétiser et d'interpréter la diversité doctrinale, ainsi que les conflits occasionnés par le contact entre la tradition « barbare » (étrangère) qu'est le bouddhisme et deux religions chinoises bien établies : le confucianisme et le taoïsme. Mais finalement, cette situation problématique contribua à l'émergence de nouvelles écoles qui furent particulièrement systématiques et cohérentes.

L'introduction du bouddhisme en Chine posa d'abord le problème du langage. Comment traduire en chinois certains concepts sanskrits ou pālis (comme ceux de *nirvāṇa*, de karma, de *saṃsāra*), quand aucun équivalent n'existe dans cette langue ? Au départ, les traducteurs chinois et indiens adoptèrent la stratégie *ko-i* qui veut que le terme bouddhique soit remplacé par un mot déjà utilisé dans la tradition taoïste. Par exemple, *nirvāṇa* était traduit par le concept chinois de *tao*. Les exégètes et traducteurs ont rapidement pris conscience des limites de cette méthode : le terme taoïste ne pouvait rendre justice à un concept provenant d'une tradition aussi différente que le bouddhisme. Kumarājīva, moine indien responsable de nombreuses traductions du sanskrit au chinois, décida de simplement translitérer le mot sanskrit en pictogramme chinois. Les mots clés sanskrits gardaient donc la même prononciation ; seule leur représentation écrite changeait. Ainsi les concepts bouddhiques acquirent graduellement leur propre signification en terre d'accueil.

Plusieurs doctrines et pratiques des deux vieilles traditions autochtones entraient en conflit avec celles du bouddhisme et freinèrent son assimilation. D'une part, le confucianisme prône la piété filiale et le culte des ancêtres. Puisque ces pratiques nécessitent la continuation de la lignée familiale, le conflit avec le bouddhisme était évident, car la tradition bouddhique insistait sur la vie monastique et donc sur le célibat. Ainsi, pour devenir moine, le Chinois devait rompre avec les obligations confucéennes de piété filiale qui incluaient la continuation de la lignée. De plus, les concepts bouddhiques d'*anatta* (non-soi) et d'*anicca* (impermanence) entraient en contradiction avec le culte des ancêtres : comment rendre hommage aux ancêtres tout en maintenant que rien n'est permanent, ni l'individualité ni les ancêtres ? D'autre part, la tradition taoïste recherchait un élixir permettant d'atteindre l'immortalité ou, tout au moins, d'augmenter la longévité. Cet objectif est révélateur, puisqu'il laisse sous-entendre que les taoïstes considéraient l'existence comme essentiellement agréable et plaisante, au point de vouloir la prolonger. La philosophie et la pratique bouddhistes, quant à elles, étaient fondées sur les quatre nobles vérités, incluant l'immanence de la souffrance humaine et l'importance de s'affranchir de la condition humaine en éliminant tous les karmas et en quittant le *saṃsāra*, ce cycle presque interminable de renaissances. Pour que le bouddhisme s'implante en Chine, la tradition devait donc être soit modifiée, soit abordée de façon à permettre une nouvelle interprétation. Il fallait également concevoir une stratégie linguistique permettant l'assimilation des concepts bouddhiques essentiels.

La question de l'interprétation devint de plus en plus importante entre les VIe et IXe siècles, à l'époque où le bouddhisme chinois était plus influencé par les sources mahāyāna que sthaviravāda (ou theravāda). Les Chinois avaient alors accès à une multitude de textes proposant des doctrines et des pratiques toutes aussi variées les unes que les autres. Comme la croyance voulait que tous les textes bouddhiques viennent directement du Bouddha, les Chinois ne pouvaient expliquer qu'un personnage aussi éminent ait pu enseigner des doctrines presque contradictoires. Cette nécessité d'expliquer les contradictions apparentes ou réelles contribua à l'émergence de nouvelles écoles bouddhiques distinctement chinoises. Ces écoles imaginèrent des schèmes herméneutiques permettant de concilier les contradictions. Tout comme les sectes mahāyāna indiennes des premiers siècles de l'ère chrétienne, certaines écoles mirent l'accent sur un seul texte. Ainsi, l'école Fa-hsiang était essentiellement fondée sur le *Mahāyānasaṃgraha*, texte rédigé en Inde par Asaṅga, tandis que l'école de la Terre Pure s'inspirait du *Sukhāvatīvyūha*. Toutefois, d'autres écoles, telles t'ien t'ai et hua yen, se dotèrent d'une herméneutique beaucoup plus approfondie qui leur permit d'inclure la majorité des textes bouddhiques indiens tout en justifiant les contradictions d'un texte à l'autre.

Un survol des principes de l'école t'ien t'ai, fondée par Chih-i, nous permettra de saisir certaines des nouvelles orientations du bouddhisme en Chine. Confronté à la diversité dogmatique, Chih-i élabora des schèmes permettant de comprendre et de justifier les éléments contradictoires (comme l'importance d'atteindre le *nirvāṇa* dans les traditions sthaviravāda versus le report du *nirvāṇa* pour réaliser l'objectif altruiste du *bodhisattva* dans nombre de traditions mahāyāna). La vie du Bouddha fut ainsi divisée en cinq périodes, chacune étant caractérisée par un type d'enseignement bien précis et représenté dans l'ordre par 1) *le discours de la Guirlande* (*Avataṃsaka*), 2) *āgama* (les textes ou *sūtra* de la tradition sthaviravāda), 3) *le mahāyāna élémentaire* (*Vaipulya*), 4) *la grande perfection de la sagesse* (*Mahāprajñāpāramitā*), 5) *le lotus de la vraie loi* (*Saddharmapuṇḍarīka*).

Après avoir atteint l'illumination, le Bouddha aurait tenté d'enseigner le *discours de la Guirlande* (*avataṃsaka* ou *hua yen*), mais comme il était fort complexe et que très peu de gens parvenaient à le comprendre, après trois semaines, le maître se résolut à enseigner les discours de la catégorie *sūtra,* partagés en grande majorité par les écoles sthaviravāda. Pour Chih-i et son école, cette période regroupe donc un enseignement adapté. Quelque douze années plus tard, lorsque la population fut prête à recevoir un enseignement plus profond, le Bouddha exposa les bases du mahāyāna, présentant ainsi les distinctions entre le sthaviravāda et le mahāyāna (telles celles de l'*arahant* et du *bodhisattva*). Les huit années constituant la période *vaipulya* seraient celles où le Bouddha aurait affirmé la supériorité de la tradition mahāyāna sur le sthaviravāda. C'est seulement au cours de la période suivante que le Bouddha aurait dévoilé un enseignement plus complet par le biais du discours *mahāprajñāpāramitā*. D'une durée de vingt-deux ans, cette quatrième période aurait vu naître les textes décrivant la relativité de toute chose de même que la vacuité. Tandis que cette période souligne l'absence de contraste, la cinquième (le *saddharmapuṇḍarīka*) insiste sur l'identité absolue entre tous les éléments de contraste. Le schème développé par Chih-i permet ainsi de rationaliser la présence d'enseignements différents. L'école t'ien t'ai, néanmoins, ne se limite pas à ces cinq périodes pour imposer une cohérence à la diversité du bouddhisme.

Les discours du Bouddha furent également ordonnés selon le moyen pédagogique utilisé et la nature de l'enseignement. La didactique employée par le Bouddha pourrait être divisée en quatre catégories : 1) la doctrine abrupte, 2) la doctrine graduelle, 3) la doctrine secrète, et 4) la doctrine indéterminée. Il importe de préciser que même si l'enseignement du Bouddha est divisé en cinq périodes, le maître peut choisir sa méthode pédagogique en fonction de chaque situation particulière. Ainsi, lorsqu'il s'adresse à un groupe dont les capacités intellectuelles et spirituelles sont considérables, il transmet la doctrine abrupte : la totalité de son enseignement est transmise sans restriction à son auditoire. Lorsque ses interlocuteurs ne sont pas aussi évolués, il doit adopter la doctrine graduelle, où les contenus des quatre dernières périodes (*āgama, vaipulya, mahāprajñāpāramitā* et *saddharmapuṇḍarīka*) sont exposés progressivement. La doctrine secrète, quant à elle, suggère que le Bouddha aurait livré des enseignements secrets à certains individus, ouvrant ainsi la porte à la diversité doctrinale. Seule la dernière doctrine, dite indéterminée, élargit le corpus considéré comme canonique. Comme le Bouddha avait développé à fond ses qualités spirituelles et surnaturelles, la tradition considérait qu'en s'adressant à un auditoire, il pouvait transmettre simultanément un message différent à chacun des auditeurs. On peut s'interroger sur la vraisemblance de cette méthode pédagogique. Chih-i croyait-il vraiment qu'un message distinct était transmis à chacun des membres de l'assemblée, ou ne faisait-il pas plutôt allusion à la diversité des processus herméneutiques inhérente à tout décodage ?

Les catégories de discours déterminées par la nature de l'enseignement sont basées principalement sur le type de disciple. Le *piṭaka* (les trois corbeilles sthaviravāda) est principalement destiné aux *śrāvaka*, ceux qui visent le *nirvāṇa*. Contenant un enseignement influencé autant par le mahāyāna que par le sthaviravāda, la doctrine commune fut élaborée à la fois pour les *śravaka* et les *bodhisattva* « inférieurs ». La doctrine spéciale, quant à elle, est essentiellement pour les *bodhisattva*, alors que la doctrine ronde et parfaite est réservée à quelques individus privilégiés qui sont capables de déduire la globalité de l'enseignement à partir d'une simple portion. Après avoir été diversifiée par le processus historique, l'homogénéité structurelle et philosophique du bouddhisme fut donc recréée par Chih-i, entre autres. D'autres écoles chinoises employèrent des schèmes plus simples pour résoudre cette impasse ; le *ch'an* en est d'ailleurs un fort bon exemple.

L'ÉCOLE CH'AN/ZEN

À l'origine, la tradition ch'an (zen au Japon[38]) refusait l'autorité des textes. L'expérience primait sur tout texte : « *Si vous rencontrez un Bouddha*, disait un ancien maître *ch'an*, *tuez-le*. » Bien que le Bouddha puisse être une source de motivation, la connaissance ne peut être introduite et expérimentée que par l'individu lui-même. Comme il fallait s'y attendre, l'enseignement fondamental ch'an remonterait au Bouddha. Nous pouvons retracer cette perspective mettant l'accent sur l'autonomie de l'individu dans des textes indiens plus anciens (voir notre discussion du *Kāḷāmasutta* à la page 63). D'après la tradition, un des disciples de Gautama, nommé Mahākaśyapa, lui aurait demandé de lui enseigner le *dharma*. Le Bouddha aurait simplement souri et lui aurait remis une fleur. Ce n'est que plusieurs générations plus tard (en 520 ap. J.-C.) que cet enseignement aurait été introduit en Chine par Bodhidharma, le premier patriarche ch'an. Dans le ch'an, la transmission de l'enseignement implique une relation directe de maître à disciple où les mots ne sont plus le véhicule de l'enseignement. Ainsi, diverses techniques contemplatives furent misent au point, telles les pratiques du *zazen* et du *koan*. Le *zazen* est une méditation assise, généralement effectuée les yeux ouverts et face à un mur, où l'adepte tente de ne penser à rien. La pratique du *koan* est bien différente, car le langage et la logique en sont les outils de base. Le maître pose une énigme insoluble au disciple : « Quel est le claquement d'une seule main ? » Le processus

---

38. Le mot *ch'an* provient du terme sanskrit *dhyāna* qui signifie « méditation ».

menant à la solution peut durer plusieurs années. C'est seulement lorsque le disciple parvient à faire fi de toute rationalisation et à se poser la question dans une perspective non dualiste, que sa réponse peut témoigner d'un haut niveau de compréhension.

De la Chine, le bouddhisme se déplaça vers la Corée et le Japon. Au contact des nouvelles cultures et traditions qui s'y trouvent, il subit d'autres transformations. Au Japon, le ch'an devint le zen. En outre, de nouvelles écoles furent formées. Le nichirenshū, pour ne parler que de lui, fut fondé par un moine qui avait étudié le ch'an, la terre pure et le t'ien t'ai (tendai au Japon) au XIIIe siècle. Tout comme les maîtres de l'école de la terre pure, l'école de Nichiren mit l'accent sur le *discours du lotus*. Néanmoins, cette nouvelle tradition avait une tendance fortement nationaliste : la terre pure dont parle le texte était dorénavant nulle autre que le Japon. Les dogmes mis de l'avant par Nichiren et ses successeurs offraient entre autres un cadre théorique qui permettait d'assurer l'intégrité et la prospérité du territoire japonais.

LE BOUDDHISME TIBÉTAIN

Par la Chine, le bouddhisme entra également au Tibet. Plus précisément, le bouddhisme tibétain fut influencé à la fois par le ch'an et par certaines écoles bouddhiques indiennes. Comme partout ailleurs, le bouddhisme a dû s'adapter à la tradition autochtone soit, dans ce cas-ci, le bön. Ce syncrétisme donna naissance à une nouvelle tradition[39], distincte des autres. Une des caractéristiques du bouddhisme tibétain est d'être la seule tradition à disposer d'un représentant qui gouverne à la fois la sphère religieuse et la sphère politique : le Dalaï Lama. Les bouddhistes tibétains voient dans leur leader l'incarnation du *bodhisattva* de la compassion, Avalokiteśvara, patron du Tibet. Bien que le thème de la manifestation d'un aspect de la bouddhéité sous forme humaine soit commun à plusieurs écoles indiennes, seule la tradition tibétaine permet la possibilité d'une continuité quasi intégrale d'une existence à l'autre pour certains individus. Ainsi, après la mort d'un Dalaï Lama, on tente de découvrir où, et à l'intérieur de qui, le *de cujus* se réincarnera. Une fois trouvé, le jeune garçon recevra une éducation religieuse et politique bien déterminée. Ce titre fut attribué pour la première fois en 1578. Le Dalaï Lama actuel est le quatorzième ; depuis l'invasion du Tibet par la Chine en 1959, il vit en exil en Inde.

39. En fait, au sein même du bouddhisme tibétain, on compte plusieurs écoles.

CONCLUSION

Il est impossible de rendre justice en si peu de pages à la tradition bouddhique dans sa globalité. Néanmoins, nous espérons avoir réussi à rendre compte de la diversité inhérente au développement de cette tradition, ainsi que des divers facteurs historiques qui ont pu contribuer à l'élaboration de cette mosaïque religieuse. Nous avons aussi traité le problème de l'interprétation des textes qui, présent dès les débuts du bouddhisme, persiste encore de nos jours. En effet, l'étude du bouddhisme en milieu universitaire occidental – qui débuta au XIXe siècle – fut aussi marquée par des orientations diverses. L'objectif des pionniers des études bouddhiques (tels T.W. et C.A.F. Rhys Davids et H. Oldenberg) était de découvrir, à travers l'analyse textuelle, ce qui constituait le « bouddhisme original ». Mais ces chercheurs estimaient que les textes sanskrits, tibétains et chinois pouvaient difficilement contribuer à la définition de ce bouddhisme original[40], car ils considéraient les textes pālis comme les seuls vraiment fiables. Ce n'est qu'au début du XXe siècle que des savants japonais (tels Sensh et Eun) et occidentaux (tels L. de La Vallée Poussin, É. Lamotte et E.J. Thomas) analysèrent la tradition bouddhique dans une perspective historique. Depuis, les études bouddhiques ont bien évolué et, globalement, la quête d'un bouddhisme original a été mise de côté. Les études bouddhiques sont maintenant marquées par une approche pluridisciplinaire, où les aspects philologiques, historiques, sociologiques, ethnographiques et autres sont pris en considération. Cette évolution des études bouddhiques reflète étrangement l'immense diversité herméneutique qui a caractérisé la tradition bouddhique depuis ses débuts.

De nos jours, le bouddhisme est présent dans presque tous les pays du monde, soit en tant que religion d'État (comme en Thaïlande, en Birmanie et au Sri Lanka), soit sous forme de religion minoritaire, généralement associée à un groupe ethnique particulier, ou encore à travers de nouveaux mouvements religieux où règne un syncrétisme temporel, philosophique et praxiologique. Qui ne serait pas émerveillé devant la diversité et l'ampleur qu'a connues l'enseignement d'un individu issu d'une petite région de l'Inde, il y a vingt-cinq siècles ? Quant à cet individu, reconnaîtrait-il son enseignement s'il avait présentement accès aux différents sites internet sur le bouddhisme ?

40. T.W. Rhys Davids affirmait : « We must not use as our source of evidence [for reconstructing original Buddhism], the very interesting Sanskrit or Tibetan writings [...] » (« Buddhism », *The Encyclopædia Britannica*, 11e édition, vol. IV, New York, 1910, p. 742-749). H. Oldenberg (1920) partageait le même avis (*Buddha, sein Leben, sein Lehre, seine Gemeinde*, Stuttgart and Berlin, p. 84).

Bibliographie

BAREAU, André (1996). *La vie du Bouddha*, Paris : Philippe Lebaud, coll. « Les intemporels ».

BAREAU, André (1995). *Recherches sur la biographie du Buddha dans les Sūtrapiṭaka et les Vinayapiṭaka anciens*, Paris, École française d'Extrême-Orient, vol. 1, 1965, vol. 2, 1970, vol. 3, 1995.

BAREAU, André (1985). *En suivant Bouddha*, Paris, Philippe Lebaud.

BOISVERT, Mathieu (1995). *The Five Aggregates, Understanding Buddhist Psychology and Soteriology*, Waterloo : Wilfrid Laurier University Press et la Corporation canadienne pour l'étude de la religion.

BLOFELD, John (1976). *Le Bouddhisme tantrique du Tibet*, Paris, Seuil.

CABEZÓN, José Ignacio (1992). *Buddhism, Sexuality and Gender*, Albany : S.U.N.Y.

CH'EN, Kenneth (1973). *Buddhism in China : A Historical Survey*, Princeton, Princeton University Press.

HARVEY, Peter (1993). *Le Bouddhisme ; Enseignement, histoire, pratiques*, Paris, Seuil.

GROSS, Rita (1993). *Buddhism after Patriarchy : A Feminist History, Analysis and Reconstruction of Buddhism*, Albany, S.U.N.Y.

LAMOTTE, Étienne (1958). *Histoire du bouddhisme indien*, Louvain, Publications universitaires.

WALPOLA, Rahula (1961). *L'enseignement du Bouddha*, Paris, Seuil, coll. Points « Sagesse ».

WIJAYARATNA, Mohan (1991). *Les Moniales bouddhistes ; naissance et développement du monachisme féminin*, Paris, Cerf.

WIJAYARATNA, Mohan (1988). *Sermons du Bouddha : traduction intégrale de 25 sermons du Canon bouddhique*, Paris, Cerf.

WIJAYARATNA, Mohan (1983). *Le Moine bouddhiste selon les textes du Theravāda*, Paris, Cerf.

WILLIAMS, Paul (1989). *Mahāyāna Buddhism ; The Doctrinal Foundations*, Londres, Routledge.

Le jaïnisme

Jean-Pierre Osier

Bibliothèque nationale de France

Feuillet 71 du manuscrit du Kalpasūtra.
*Malgré la légende (*Ṛṣabha dīkṣa*) et l'illustration qui montrent bien un renoncement au monde et une entrée dans la vie de moine, marqués par le geste symbolique entre tous de l'arrachage des cheveux, le texte traite, lui, de la naissance du premier des vingt-quatre* jina, Ṛṣabha.

Introduction

Le jaïnisme ne doit son nom ni à un homme ni à un peuple, mais à un titre : être *jina*, c'est être vainqueur, et méritent cette appellation tous ceux qui remportent la victoire définitive sur la transmigration universelle, et qui savent transmettre aux hommes les moyens de s'assurer un succès identique. Il y a donc plusieurs Jinas, et le jaïnisme consiste dans la doctrine et les pratiques qui leur sont communes, même si, dans un sens plus spécial, il a pour centre l'enseignement et la vie d'un Jina particulier, propre à notre ère, soit Vardhamāna, également appelé Mahāvīra, le « Grand Héros ».

La prétention de vaincre la transmigration situe le jaïnisme dans la perspective des premières *Upaniṣad* : outre le fait que le *saṃsāra*, le terme désignant la transmigration, apparaît pour la première fois dans la *Kaṭha Upaniṣad* (III, 7), la *Bṛhadāraṇyaka* (IV, 2,6) et la *Chāndogya Upaniṣad* (V, 10) contiennent des comparaisons ou des énumérations qui militent très clairement en ce sens. La transmigration est solidaire d'une autre notion, le karma : ce terme désignait dans la religion védique l'action rituelle, et donc sa manifestation la plus évidente, le sacrifice. Non sans discrétion[1], les premières *Upaniṣad* donnent du karma une interprétation éthique et lui attribuent une fonction étiologique par rapport aux destinées futures. Dans cette nouvelle perspective, le rite est impuissant à assurer par lui-même le salut final : pour se libérer du karma et de sa conséquence – la chaîne des renaissances – il faut agir selon des normes morales qui ne sont pas définies par la tradition védique.

Ce programme signifie par ailleurs un rapport *polémique* avec la hiérarchie brahmanique. Même si ces pensées sont nées dans le milieu brahmanique, elles impliquent sinon la rupture pure et simple avec la religion védique, du moins l'institution d'un débat sur la question suivante : qui est

1. Voir la *Bṛhadāraṇyaka Upaniṣad*, II, 9-13.

vraiment brahmane ? Est-ce celui qui accomplit tous les rites, et en particulier le sacrifice, pour se purifier par l'eau et le sang des bêtes, ou n'est-ce pas plutôt celui qui est pur dans ses intentions, ses paroles et ses actes ? À une morale extérieure, qui se conforme aux mœurs codifiées, se substitue une éthique de l'intériorité dont la référence n'est plus la société, mais d'autres normes indépendantes de celle-ci.

Le *saṃsāra*, le karma, et l'intériorisation de l'effort éthique définissent tous l'espace d'une problématique renouvelée, prétendant promouvoir le « vrai » brahmane, ou plus exactement l'ascète digne de ce nom. De fait, si jaïna[2] et bouddhistes[3] se plaisent à louer le vrai brahmane dans leurs textes canoniques, ils ne donnent plus à ce terme la signification sociologique qui traditionnellement place cette caste en tête de l'organisme social figuré par l'Homme primordial (*Ṛgveda*, X, 90 ; voir la discussion de Marcaurelle à la page 21). Ils s'attachent les uns comme les autres à la figure du *śramaṇa*, « celui qui fait des efforts », et à celle du *nirgrantha*, « celui qui a rompu les nœuds ». Dénués de fonction sacerdotale et de marques vestimentaires indiquant l'appartenance à une caste, ces hommes ont choisi de rompre les liens de la société pour mener la vie errante des itinérants (*parivrājaka*) qui, en marge du monde, se consacrent à la quête de la délivrance. L'aumône est leur seul revenu, car ils ont renoncé à l'activité économique (*artha*). Ainsi les appelle-t-on des « mendiants » (*bhikṣu*). Cette rupture avec la vie sociale libère les itinérants et leur permet de consacrer la plus grande partie de leur temps à l'étude et à la pratique d'exercices ascétiques destinés à les rapprocher de leur but final, soit la réalisation spirituelle, l'émancipation du *saṃsāra* par l'élimination du mauvais karma.

Bouddhistes et jaïna sont donc apparus côte à côte dans l'espace que nous venons d'esquisser. On peut d'ailleurs leur adjoindre les ājīvika, présents dans les canons des deux grands systèmes, sans compter bien des noms de philosophes plus ou moins connus. Il faut souligner qu'émerge alors une problématique commune : une nouvelle interrogation sur le sens de la vie se fait jour vers le VIe siècle avant notre ère et donne lieu à des interprétations qui, bien que diverses, sont situées dans un même champ défini par des ancrages positifs (*saṃsāra* et karma) et délimité par des refus polémiques (rejet du ritualisme et du sacrifice matériel). Sans doute en raison de cette communauté de problèmes et de buts, le bouillonnement

---

2. Voir par exemple l'*Uttarādhyayana*, XXV, 19 et sq.

3. Voir par exemple le *Dhammapada*, 385-386.

d'idées et de pratiques attesté dans les canons produit des courants originaux, parce que profondément divergents.

Longtemps tenu à tort pour un simple rejeton du bouddhisme, le jaïnisme témoigne à sa manière de cette évolution qui fait naître dans une aire géographique commune – l'Inde du Nord-Est – et chez des hommes issus de milieux sociaux semblables – *kṣatriya* – une pratique originale répondant à une interprétation nouvelle de la vie.

LE FONDATEUR DU JAÏNISME

La plupart des religions ont un fondateur et tentent le plus souvent d'effacer les faits antérieurs à son avènement ou, tout au moins, de les annexer de manière à souligner la nouveauté radicale de son message : avant, ce sont les ténèbres de l'ignorance ; désormais, c'est au contraire le règne de la lumière qui peut éclairer des éléments obscurs du passé en les rendant annonciateurs du présent.

Le jaïnisme a bien un fondateur, mais curieusement il n'est pas le premier. C'est au contraire le dernier d'une série de vingt-quatre « ouvreurs de gué » (*Tīrthaṅkara*). Un gué, c'est un passage vers l'autre rive, donc, vers la délivrance à travers les eaux de l'océan des renaissances. Les Tīrthaṅkara sont les hommes qui, parvenus de l'autre côté grâce à leur omniscience, ont enseigné les moyens d'y parvenir. Mahāvīra n'est que le dernier d'entre eux, du moins dans l'ère cosmique où nous nous trouvons.

Cette restriction signifie que l'action de Mahāvīra s'insère dans une *histoire universelle* où il fait époque, après et avant d'autres. De fait, les jaïna ne se sont pas contentés de se reconnaître en Mahāvīra, le *jina* de leur époque, voire dans Pārśvanātha qui le précède de quelque deux cent cinquante ans. Un tel fondement historique aurait fragilisé la doctrine en la fixant sur une plage temporelle bien courte par rapport à l'infinité du temps. En adoptant une durée longue, très longue (des milliards d'années et des unités encore plus grandes), l'histoire des *jina* inscrit la doctrine dans une quasi-éternité scandée par le renouvellement incessant des découvertes et des proclamations de la connaissance libératrice. Grâce à la répétition, la révélation échappe à la contingence et atteint à la nécessité. Et même si le rythme de cette histoire n'est pas uniforme, il reste régi par une loi génératrice d'intelligibilité.

Des biographies des Tīrthaṅkara[4], il faut donc attendre des stéréotypes édifiants, des faits et gestes qui, entremêlés de merveilleux, obéissent au schème du Grand Homme (*mahāpuruṣa*). Il reste que d'autres passages du canon permettent de conjecturer le noyau factuel de l'expérience de Mahāvīra. Il s'agit en particulier des « sermons » qui sont prononcés à la première personne et qui comptent parmi les parties les plus anciennes.

L'homme

À s'en tenir aux données généralement admises, Mahāvīra est né au Ve ou au VIe siècle av. J.-C. (599 selon la tradition) sous le nom de Vardhamāna. Habitant la région du Bihar, sa mère Triśalā et son père Siddhārtha appartenaient au groupe des kṣatriya. Après une enfance ponctuée de gestes prodigieux, le jeune Vardhamāna épouse Yaśodā qui lui donne une fille. À la mort de ses parents, Vardhamāna a vingt-huit ans. Deux ans plus tard, il quitte le monde et devient moine. Puis, abandonnant même l'habit du moine, indifférent à la saison sèche comme à la mousson, à la solitude comme à la compagnie, aux coups comme aux compliments, il erre treize ans durant jusqu'à ce qu'il atteigne l'omniscience. Son but étant réalisé, pendant trente ans, il proclamera son message à travers l'Inde du Nord-Est, sur les terres mêmes des bouddhistes et des ājīvika. Selon la tradition, il mourut la même année que le Bouddha, soit en 527 av. J.-C.

Le héros

Le légendaire enrichit considérablement ce matériel assez pauvre. Les éléments merveilleux qu'il comporte ne sont pas sans intérêt pour la compréhension des faits eux-mêmes, comme le montrent les narrations relatives à la naissance du fondateur. Avant de naître homme, Vardhamāna était un dieu. Depuis des temps sans fin, quoique dénombrables, il vivait dans un ciel supérieur. Le voici donc qui descend dans la matrice de Devānandā, épouse du brahmane Ṛṣabhadatta. Le vingt-quatrième Tīrthaṅkara naîtra donc brahmane ? Plus exactement, il aura été conçu par une brahmane. Et heureusement, Śakra, le roi des dieux, est là pour rappeler le principe de toujours : un *arhant* ne saurait naître ni dans les groupes inférieurs ni dans une famille de brahmanes[5]. Il ne peut venir au monde que dans le groupe

4. On trouvera ces hagiographies par exemple dans le canonique *Jinacaritra*.

5. Voir *Jinacaritra*, 17 et sq. On trouve un passage parallèle dans l'*Ācārāṅgasūtra*, II, 15. Cette conception est celle des Śvetāmbara ; elle n'est pas admise par les Digambara.

des kṣatriya. Si naître, c'est renaître, pour un futur *jina*, c'est renaître en noble guerrier. Aussi veillera-t-on à transporter l'embryon jusque dans la matrice pure de la kṣatriya Triśalā.

Fable aux multiples enseignements... Cette légende place évidemment le fondateur du jaïnisme sur le même plan social que son rival contemporain, le Bouddha, né lui aussi chez les kṣatriya. Mais le changement de groupe symbolisé par le transfert de l'embryon a un sens plus profond : il illustre dans l'œuf, si l'on peut dire, la rupture avec le brahmanisme comme fondement d'un système social et religieux. Loin d'en rester à l'incongruité d'une renaissance dans un groupe social inapproprié, le passage d'une matrice à une autre est une protestation ouverte contre les valeurs brahmaniques.

La personnalité de Mahāvīra

On aimerait pouvoir donner de Mahāvīra un portrait qui ne soit pas la simple reproduction des caractéristiques du moine parfait, et qui puisse révéler quelque chose de sa personnalité. S'y opposent non seulement le souci apologétique typique du jaïnisme comme de toute religion, mais encore les normes indiennes de la description qui imposent des traits physiques et moraux stéréotypés, aussi bien aux poètes qu'aux peintres et aux sculpteurs. Pourtant, il ne faut pas désespérer : les nombreux passages qui lui sont attribués laissent transpirer certains traits de leur auteur.

Plutôt que des traits de caractère comme la patience – qui sont normalisés par les exigences de la tradition – il faut peut-être souligner certains aspects de l'attitude *philosophique* de Mahāvīra. Si l'on considère par exemple les paroles rapportées par Sudharman dans l'*Ācārāṅgasūtra*, on note une façon d'aborder les choses qui anime le jaïnisme entier. D'abord, la doctrine énoncée par Mahāvīra dans la seconde leçon de ce texte témoigne et de l'enseignement et d'une expérience personnelle. Mais si Mahāvīra est philosophe, c'est moins dans le sens d'un retrait méditatif à l'intérieur d'un soi où brillerait une lumière indépendante, immanente ou transcendante, qu'au terme d'une démarche attentive et minutieuse de « philosophe de la nature[6] », c'est-à-dire de physicien ou de physiologiste. En effet, loin d'entraîner le disciple ou le simple auditeur vers les profondeurs d'un Soi oublié et masqué par la diversité des phénomènes physiques, le maître se livre au contraire à un inventaire minutieux des formes de vie, qu'il classe selon les éléments dominants de leur composition (la terre, l'eau, le feu, le

6. « The Jaina theoreticians were fundamentally natural philosophers from the beginning » (Ohira, 1994, p. 139).

vent) ou en fonction de leurs formes manifestes (les végétaux et les animaux). Cet inventaire est lié au moi et à son destin : comment vivre sans souffrir si, soi-même vivant et souffrant, on fait souffrir directement ou indirectement des êtres vivants (en imposant ou en approuvant la souffrance) ? L'ignorance des autres est aussi bien l'ignorance de soi-même, et si l'on s'ignore soi-même, comment peut-on prétendre *se* conduire ? Ce serait agir comme ces bouddhistes qui, tout en professant le respect de la vie, boivent et utilisent pour leur toilette une eau non stérilisée qui contient par le fait même des êtres vivants victimes de leur violence. L'orientation recherchée dépend donc de la reconnaissance objective des diverses réalités vivantes auxquelles appartient également le Soi qui s'ignore, et la détermination des rapports entre vivants est fonction de cette taxinomie.

Ainsi la personnalité de Mahāvīra apparaît sous un jour très différent de celle du Bouddha. La seconde leçon de l'*Ācārāṅgasūtra* commence certes par le constat de la souffrance universelle. Mais alors que la première des Nobles Vérités bouddhiques débouche sur la doctrine destinée à guérir les êtres humains de la douleur, ici, le constat de la souffrance conduit directement à l'examen objectif et systématique des êtres qui souffrent. Non pas que le Bouddha soit indifférent aux formes diverses de la vie : il se souvient de ses existences antérieures – notamment sous forme de singe – qui l'ont familiarisé avec la vie animale. Mais cette connaissance ne l'amène pas directement à considérer de façon attentive le système solidaire que forment les vivants : la compassion à l'égard des animaux, en particulier des victimes des sacrifices brahmaniques sanglants, ne s'étend pas aux êtres les plus humbles comme ces vivants que l'on ne voit pas en raison de leur caractère imperceptible. Bien qu'il soit tout aussi soucieux que son grand rival contemporain de libérer l'homme de la douleur, Mahāvīra conçoit sa tâche plus en naturaliste qu'en médecin : la thérapeutique est moins la conséquence d'une doctrine-médecine que d'une théorie globale à valeur universelle, car totalisante. Chez lui, domine dès les premiers textes une sorte de rationalisme architectonique qui entend ne rien laisser échapper à l'exposition ni à la discussion.

Ce trait peut facilement conduire au rationalisme et au dogmatisme. Ne peut-on d'ailleurs soupçonner ces tendances chez un homme qui se veut omniscient ? On pourrait prendre à l'appui un texte canonique comme la première leçon du *Sūtrakṛtāṅga*. On y trouve une énumération détaillée des erreurs de la plupart des écoles connues, suivie d'une affirmation – proclamée plutôt que prouvée – de la juste doctrine de l'école. Mais, comme l'indique son titre (*samaya*, c'est-à-dire la convention, la doctrine), ce texte cherche avant tout à situer le jaïnisme par rapport aux autres écoles de pensée. Et son souci d'exhaustivité rationaliste est motivé par l'idée qu'on ne saurait laisser de côté une question sans se condamner à l'ignorance et, par là même, sans entraîner ses congénères dans la même voie. Il n'est que de parcourir un autre ouvrage canonique, la *Vyākhyāprajñapti*, pour découvrir l'océan sans rivages des questions auxquelles le maître, sollicité par son disciple Gautama, est disposé à répondre sans tiquer. Encore un trait qui sépare Mahāvīra du Bouddha, puisque ce dernier refusait de répondre à certaines questions jugées transcendantes, voire inutiles, et se montrait peu soucieux de croiser le fer avec ses adversaires. Rationalisme, encyclopédisme, volonté de tout mettre à plat en éliminant les zones d'ombre, ces asiles de l'ignorance, caractérisent donc l'intellectuel Mahāvīra.

Mais nous sommes en Inde, c'est-à-dire dans une culture qui exige, tout comme la civilisation grecque ancienne, la conformité des actes et des paroles. Il ne suffit pas d'exalter le « vrai » brahmane ou le vrai ascète en explicitant ses qualités. Il faut *être* ce brahmane ou cet ascète. Mahāvīra n'est donc pas simplement un professeur proposant une doctrine nouvelle. Il a éprouvé lui-même son enseignement. Les prémisses de ce dernier sont à rechercher autant dans la vie d'épreuves qu'il a menée avant son « éveil » à la vérité, que dans l'héritage culturel. Très ancien, le récit de ses tribulations rapporté par l'*Ācārāṅgasūtra* I, 8 révèle un ascète infatigable, insensible aux injures de la nature, des hommes et de leurs chiens, toujours fixé sur son but final qu'il atteint *seul* sans changer de méthode. Rien de comparable en cela à la démarche du Bouddha qui abandonne assez rapidement l'extrémisme ascétique pour se fixer dans une voie médiane jugée plus féconde. Aux yeux du Jina, l'ascèse authentique ne peut aboutir à son propre abandon, mais seulement à une victoire, celle d'un « grand héros » (*mahāvīra*). Cette dureté à l'égard de soi s'accompagne d'une grande patience à l'égard des autres, et de la volonté de les instruire.

D'autres passages révèlent que Mahāvīra ne prétend pas détenir le monopole de réponses correctes. Il laisse à des proches, comme Gautama, ainsi qu'à de simples laïcs, le soin de développer leurs solutions. Mahāvīra sait également être humoriste. On rapporte ses jeux de mots spirituels reposant sur des homonymies[7]. Enfin, Mahāvīra est, sinon poète, du moins amateur de comparaisons[8] et de paraboles, un trait qui vient donner de la couleur

7. Voir l'analyse d'un tel passage de la *Vyākhyāprajñapti* (XVIII, 10), dans Deleu (1970), p. 246-247.

8. Schubring (1926) esquisse une liste de ces comparaisons, p. 22.

à des exposés doctrinaux autrement bien secs. Patience, tolérance, esprit, imagination poétique, tous ces aspects manifestent, derrière la science et l'héroïsme du grand homme, une *humanité* séduisante. Sans doute parce qu'il était homme tout autant qu'omniscient, Mahāvīra s'est voulu fondateur d'une nouvelle manière de vivre, qu'il a proclamée devant tous. On se rappelle les hésitations du Bouddha après l'illumination : son premier mouvement est de garder le silence, car la voie qu'il devrait prêcher va à contre-courant des opinions reçues. Il ne faut pas moins que l'intervention de Brahmā pour le détourner de ce silence et l'amener à proclamer la nouvelle doctrine. Rien de tel chez Mahāvīra. Les hésitations sont incompatibles avec l'omniscience : seul hésite celui qui ne sait point. Devenu omniscient, Mahāvīra est immédiatement reconnu comme un ouvreur de gué par toutes les créatures. Qu'elles soient divines, humaines ou animales, attirées par le magnétisme du nouveau Tīrthaṅkara, elles viennent spontanément lui rendre hommage et l'écouter proclamer la parole.

Paroles jaïna et canon

Ce que l'on appelle communément Écriture(s) jaïna est en fait de l'oral, de l'« entendu » (*śruta*). L'oral n'est pas contemporain de l'écrit, comme dans le judaïsme où, selon les données traditionnelles, la Torah orale est transmise en même temps que la Torah écrite. Ici, la mise par écrit est postérieure, car les paroles du Jina ne sont pas celles d'un dieu rédacteur de tables, mais celles d'un homme : prononcées, elles doivent être mémorisées, récitées et seront éventuellement écrites. L'apprentissage oral fait partie depuis l'époque védique des procédures de mémorisation des « textes » et, chez les jaïna d'aujourd'hui comme chez ceux d'hier, l'apprentissage de la doctrine passe par la récitation mécanique, puis réfléchie, des paroles du maître. Ce procédé a évidemment son point faible : il suffit qu'une maille se rompe dans la chaîne de la transmission, pour que le risque de la perte des Écritures devienne réalité. Un risque dont les jaïna comme les bouddhistes sont tout à fait conscients[9]. Chez les jaïna, certaines raisons théoriques et certains faits transmis de façon stéréotypée militent de concert pour exprimer cette conscience de la fragilité de l'Écriture.

9. Tout en affirmant l'immutabilité de la Loi trouvée par les Bouddha, ses adeptes envisagent simultanément sa disparition. La Bonne Loi n'existe pas seulement dans l'absolu, elle est livrée aux contingences historiques (voir É. Lamotte, 1976, p. 211-221).

Parmi les faits légués par la tradition, on compte la famine de douze ans (une expression stéréotypée) qui contraignit Bhadrabāhu (300 av. J.-C.), le doyen de l'Église censé traditionnellement connaître le corps entier de l'Écriture, à faire descendre ses coréligionnaires du berceau jaïna magadhien vers le sud. La communauté connut alors une division, car certains restèrent au Magadha. À leur retour, les émigrants constatèrent des différences dans la pratique des coutumes, en particulier en ce qui concerne la nudité. Ces divergences devaient aboutir, durant le premier siècle de notre ère, au schisme générateur des deux principaux courants du jaïnisme : celui des digambara, ces « vêtus de ciel » restés fidèles à l'exigence de nudité, et celui des śvetāmbara, les « vêtus de blanc ». Sur le plan de la transmission de l'Écriture, cette division se traduit par une opposition fondamentale : selon les digambara, l'Écriture a été définitivement perdue, alors que les śvetāmbara reconnaissent comme canoniques un certain nombre de textes dont, en premier lieu, les Onze Membres (*aṅga*), c'est-à-dire les restes des « Douze Membres » transmis jusqu'à Bhadrabāhu. Voici par exemple comment un texte śvetāmbara rapporte la transmission des Écritures :

> Lors de la grande famine de douze ans, la tradition fut perdue car, partis ailleurs en quête de nourriture, les moines avaient cessé de se consacrer à l'apprentissage, à la récitation et à la réflexion. Quand l'abondance revint, à l'occasion du grand rassemblement religieux de Mathurā, chacun dit ce dont il se souvenait. Voilà comment, sous l'égide de Skandila[10], la communauté colligea la tradition. Comme cet événement eut lieu à Mathurā, il est connu sous le nom de récitation de Mathurā. Selon d'autres, la tradition ne fut pas perdue lors de cette famine, mais tous ceux qui connaissaient l'enseignement disparurent. Il ne resta plus que le maître Skandila qui, de nouveau, le transmit aux religieux à Mathurā. D'où le nom de récitation de Mathurā[11].

Le lecteur sera sensible d'abord à la pluralité des explications : elle ne doit pas étonner de la part d'une école qui professe le pluralisme épistémologique et voit dans l'unilatéralité des points de vue une cause d'erreur. De même, il faut souligner le caractère naturel de l'étiologie proposée : la disparition des textes canoniques n'est pas due à une intervention surnaturelle, mais à des causes parfaitement humaines, soit la disparition des maîtres ou encore la négligence des exercices de mémorisation dans des conditions de vie difficiles.

---

10. Pontife de l'Église du VIe siècle.

11. *Nandīcūrṇi*, citée et traduite par Nalini Balbir, dans « Titres et canon dans l'hétérodoxie indienne », *La formation des canons scripturaires*, Paris, Éditions du Cerf, coll. Patrimoine, 1991, p. 48.

La sérénité de ces explications ne doit pas étonner, car les faits allégués s'inscrivent dans un schéma théorique qui leur ôte toute coloration dramatique. Rien de comparable, chez les jaïna, à la foi en l'éternité des Écritures telle qu'on la rencontre par exemple chez les juifs et les musulmans. Chez ceux-ci, le Livre vient du ciel par le canal d'une révélation, et il est fermé, de telle sorte qu'on ne saurait sans sacrilège y ajouter ni ôter quoi que ce soit. Chez les jaïna comme chez les bouddhistes, les paroles proclamées par le maître sont, non pas une invention, mais une découverte humaine devant laquelle même les dieux s'inclinent. Ce caractère humain de la découverte l'insère dans l'histoire de l'univers et, de manière plus restreinte, dans celle des hommes. Rien d'étonnant à ce que cette insertion entraîne des considérations pessimistes sur le destin des Écritures : seule une eschatologie linéaire comme celle du judaïsme ou de l'islam peut leur assurer la pérennité. Or, chez les jaïna, le temps cosmique comprend des cycles qui sont la réplique spécifique des *yuga* hindous et qui excluent le moment alpha de la création et le moment oméga d'une conflagration ultime. Lorsque Mahāvīra assure que sa doctrine durera 21 000 années[12], il n'invite pas à partager l'argument paresseux des nécessitaristes, mais au contraire à ménager l'acquis de toutes ses forces, même si l'on en connaît la fragilité cosmique.

Dans ces conditions, on comprend mieux l'attitude jaïna vis-à-vis des Écritures. La division opérée par le schisme post-Bhadrabāhu n'est pas une scission idéologique absolue, comme si les uns possédaient des Écritures et les autres n'en avaient aucune. En un sens, pourtant, l'un des deux groupes en est dépossédé : pour les digambara, les Écritures ont bel et bien disparu en tant que paroles authentiques de Mahāvīra et, à leurs yeux, les śvetāmbara ont tort de considérer comme canoniques des textes qui ne le sont pas. D'un courant à l'autre, on note d'autres divergences essentielles, comme l'obligation de la nudité pour les moines digambara et, en conséquence, l'exclusion des femmes de la voie de la délivrance, puisqu'elles doivent être toujours vêtues. Mais la doctrine de base n'a pas pour autant disparu. Le meilleur témoignage que l'on puisse produire en ce sens est sans doute la reconnaissance par les uns et les autres du même exposé dogmatique de la doctrine dans le *Tattvārthasūtra*, rédigé en sanskrit par Umāsvāti au cours des premiers siècles de notre ère. Même si ce texte présente des divergences d'ordre doctrinal et pratique[13], il réunit si bien les suffrages de tous que

12. *Vyākhyāprajñapti* (voir J. Deleu, 1970, p. 257).

13. Voir R. Williams (1983), p. 2.

H. Jacobi introduisit ainsi l'édition et la traduction commentée qu'il en donna au début de notre siècle : « Le premier doctrinaire des jaïna est Umāsvāti. Les śvetāmbara tout comme les digambara le réclament comme l'un des leurs, et reconnaissent son *Tattvārthādhigamasūtra* comme étant un exposé autorisé de leur foi : aussi l'ont-ils pratiquement incorporé au bréviaire quotidien, à titre de profession de foi[14] ! »

Sont donc canoniques les livres reconnus pour tels par les seuls śvetāmbara. Ils sont tous écrits en prâkrit ou langue « naturelle », c'est-à-dire dans la langue du peuple, les plus anciens étant en ardha-māgadhī (semi-māgadhī) et donc marqués par plusieurs particularités des régions orientales du pays. Cette particularité ne permet pas de tirer des conclusions quant à la langue dans laquelle Mahāvīra proclama la doctrine. Comme le Bouddha, il devait être polyglotte et parler les langues de la région. Mais laquelle ? En revanche, l'adoption du prâkrit pour le canon peut très bien être comprise comme une réaction polémique à l'égard du sanskrit, langue des brahmanes : le *Tattvārthasūtra* d'Umāsvāti n'est que le premier texte jaïna rédigé en sanskrit. Le choix de l'ardha-māgadhī n'était peut-être pas seulement défensif, car il permettait aussi une diffusion de la proclamation auprès d'un public plus large. On retrouve donc ici des problèmes très proches de ceux que posent la rédaction en pāli du canon bouddhiste et la détermination de la langue du Bouddha.

Plutôt que d'énumérer les divers textes répartis en membres (onze *aṅga*), sous-membres (douze *upāṅga*), mélanges (dix *prakīrṇaka*), traités de droit monastique (six *chedasūtra*) et fondements (quatre *mūlasūtra*)[15], il paraît préférable de faire quelques remarques sur le contenu et la forme de ces livres. Le contenu est très varié, mêlant allègrement les genres : régulaires, narrations, listes, paraboles, biographies, dialogues, énoncés dogmatiques. La forme est celle du vers ou de la prose. Cette diversité même a permis aux érudits occidentaux de se livrer à des essais de datation des textes. Plusieurs méthodes peuvent être envisagées. On peut s'appuyer sur les matières et définir des couches en fonction de la date présumée d'apparition des notions concernées. Ainsi, pour le cinquième *aṅga*, soit la *Vyākhyāprajñapti*, S. Ohira s'est employée à définir très minutieusement une chronologie des diverses parties de cette somme, le tout à partir de la distinction des strates dans chacune des parties du canon. Une autre méthode, moins

14. Jacobi (1906), p. 287-325 et p. 512-551.

15. Voir les listes chez Schubring (1978), p. 72-125 ; P.S. Jaini (1979), p. 47 et sq. ; Paul Dundas (1992), p. 64.

subjective pour des raisons évidentes, s'appuie sur des considérations métriques. Dans la foulée de H. Jacobi, L. Alsdorf a pu trouver dans le recours aux mètres un véritable critère pour la datation des textes. Selon lui, les passages en *āryā* seraient plus récents que ceux en *śloka* ou en *triṣṭubh*[16].

Certains textes ne posent pas seulement des problèmes chronologiques, mais plus simplement, si l'on peut dire, logiques : le disparate semble y régner, et l'on pourrait désespérer de découvrir une règle de formation. Le travail déjà mentionné de J. Deleu sur la *Vyākhyāprajñapti* met en lumière des mécanismes d'organisation qui visent à faciliter la mémorisation et la compréhension, tout en étant révélateurs du développement de la tradition jaïna – comme les expressions clés récurrentes qui servent de déclencheur et le recours aux nombres[17]. L'*Āvaśyakaniryukti*, texte consacré à l'explicitation des six devoirs quotidiens du laïc, présente par ailleurs une approche relativiste des problèmes qui débouchera ultérieurement sur le *nayavāda*, une nouvelle logique qui intègre sept points de vue sur l'objet à examiner. À cette logique originale, il faut ajouter le recours à un matériau narratif très riche et à des procédés spécifiques issus des exégèses jaïna, mais où les listes de notions arides se prolongent en développements authentiquement littéraires selon des règles que N. Balbir a bien définies. Indépendamment de toute considération dogmatique, le canon śvetāmbara se révèle donc d'une richesse remarquable et constitue du même coup un véritable monument littéraire.

Dépourvus d'Écritures, les digambara ne sont évidemment pas dépourvus de doctrine. Outre le *Tattvārthādhigamasūtra* qui, on s'en souvient, est rédigé en sanskrit, ils ont des textes quasi canoniques écrits dans la langue prâkrite appelée *śaurasenī jaïna*[18]. C'est le cas par exemple des traités[19] de Kundakunda (200 ou 300 ap. J.-C.). Ces traités ont la forme d'aphorismes (*sūtra*). La sécheresse liée à ce genre littéraire ne lui interdit pas l'efficacité, mais lui ôte le charme poétique et didactique évident de certains textes canoniques śvetāmbara. Toutefois les digambara ont des

16. L. Alsdorf (1965). *Les Études Jaïna*, Paris, Collège de France, p. 53. Pour des exemples de la fécondité de la méthode, p. 72 et sq.

17. J. Deleu (1970), p. 45-51. Voir aussi J. Deleu (1987-1988). « A further Inquiry into the Nucleus of the *Vyāhapannati* », *Indologia Taurinensia*, vol. 14, p. 169-176.

18. Voir R. Pischel (1981). *A Grammar of the Prākrit languages*, trad. par Subhadra Jha, Delhi, Motilal Banarsidas, p. 21.

19. P. Dundas (1992) les évoque (p. 91-94). Trois d'entre eux sont publiés avec traduction anglaise dans *Sacred Books of the Jainas*: *Samayasāra*, vol. VIII, Lucknow, 1930 ; *Niyamasāra*, vol. IX, Lucknow, 1931 ; *Pancatikāyasāra*, vol. III, Arrah, 1920.

« trésors d'histoires » (*kathākośa*) qui, solidaires des textes quasi canoniques, agrémentent la diffusion de leurs idées d'une certaine saveur littéraire. Telle est la *Bhagavatī Ārādhanā* de Śivārya, dont les stances sont enluminées par des corpus narratifs relativement nombreux.

La théorie

Les idées jaïna se prêtent d'autant plus facilement à l'exposé didactique, voire dogmatique, que le fondateur ne dédaignait pas lui-même ce mode d'enseignement. Si l'on se rapporte d'ailleurs à l'abondant matériel narratif jaïna, révélateur du jaïnisme en action, les conversions à la religion se font toujours après l'illumination provoquée par la rencontre d'un maître. Ainsi, dégoûté du monde à la suite d'un chagrin d'amour ou d'un malheur quelconque, cédant à une faiblesse de son intelligence, tel personnage est sur le point de se suicider en se jetant d'un arbre ou d'un rocher. Survient un moine qui lui enseigne la vérité. Et notre personnage ragaillardi de faire un vœu et d'embrasser l'état de laïc, voire la condition monastique. C'est dire l'importance de la doctrine, même si le déclencheur de l'adhésion est une expérience négative du monde qui relève plutôt de l'affectif.

Conversion, adhésion, doctrine, ces termes appartiennent tous au lexique religieux et, faute de précision, risquent de prêter à bien des confusions. La religion, semble-t-il, implique la reconnaissance d'une ou de plusieurs entités divines et, par voie de conséquence, le recours au sacrifice réel ou symbolique pour s'assurer la complaisance ou la compassion de ces entités. Les jaïna n'ignorent pas les dieux, ils font même de l'existence divine un mode de vie (*gati*) supérieur par ses jouissances à l'existence humaine. Ce mode de vie est toutefois temporaire et donc incapable d'assurer la libération finale. Celle-ci est réservée aux hommes parce qu'eux seuls sont libres, donc responsables ! La fonction des dieux n'est en rien créatrice. Ni créateurs ni médiateurs, puisque toujours occupés d'eux-mêmes, les dieux ne sauraient faire l'objet de sacrifices, si l'on entend par là une conduite soumise à l'exigence de réciprocité, car l'offrande contraint le dieu à répondre au sacrifiant, sous peine d'interrompre une procédure qui doit être absolument terminée. Ces traits, que l'on retrouve également dans le bouddhisme, obligent à penser la religion autrement : sans Dieu unique, sans dieux multiples, sans sacrifices, le jaïnisme est plutôt une doctrine-médecine[20] de salut.

20. Voir G. Bugault (1994). *L'Inde pense-t-elle ?* Paris, Presses universitaires de France, p. 60, 115.

Mais cette définition a ses limites. Elle risque de réduire le jaïnisme au rang d'un *darśana*, c'est-à-dire d'une simple conception du monde ou *Weltanschauung* comme il y en a tant en Inde. Les jaïna eux-mêmes n'ont pas hésité à courir ce risque : n'ont-ils pas composé des compendiums de tous les *darśana*, y compris le leur, à des fins apologétiques ? Ainsi a fait Mahāvīra lui-même dans les textes canoniques les plus anciens. Ainsi fera plus tard Haribhadra[21] (700 ap. J.-C.), qui présente le jaïnisme comme un *mata*, un système de pensée à côté du bouddhisme, du nyāya, du sāṃkhya, du vaiśeṣika et de la mīmāṃsā, auquel il faut ajouter la doctrine des lokāyata. Les besoins de la controverse ont autorisé ces modes de présentation : se définir, c'est aussi se comparer. Ce faisant, force est de descendre sur le terrain des autres et donc de s'assimiler un tant soit peu. Il y a certes une « vue » (*dṛṣṭi*) dans le *darśana* jaïna, mais le jaïnisme n'est pas seulement une manière de voir parmi les autres. Cette manière est aussi un phénomène d'église, c'est-à-dire d'assemblée, mieux, de communauté. De fait, on ne devient pas jaïna comme on adopte le point de vue du vaiśeṣika ou de toute autre philosophie, même si cette dernière propose une sotériologie comme presque toutes les doctrines indiennes. Devenir jaïna ou être jaïna, si l'on est né tel, c'est, moine ou laïc, appartenir à une communauté et suivre ses règles quotidiennes. Les termes de conversion, d'adhésion et de doctrine prennent alors un sens précis, parce qu'ils sont définis par le champ communautaire où ils s'inscrivent et en dehors duquel il n'y a que les voies de l'erreur et de la perdition. Comme quoi la définition du lien religieux peut se passer de principes divins transcendants et de la médiation sacrificielle, mais non d'une communauté structurée par ses traditions et ses usages.

Doctrine d'une église, l'enseignement ne peut être donné que par un maître. Dans les histoires de conversion provoquée par le dégoût du monde, l'aspirant au renoncement rencontre toujours un maître – qui est aussi un moine – et, après avoir entendu son enseignement, décide d'embrasser l'état laïc ou de se faire religieux (*muni*). Il est à cela une raison théorique : selon Umāsvāti[22], la foi, ou plus exactement la vue orthodoxe, se produit soit spontanément (*nisargād*), soit par voie d'enseignement (*adhigamād*). Umāsvāti semble reprendre ici le canonique *Uttarādhyayanasūtra* et ses

---

21. Haribhadra (1969). *Ṣaḍdarśanasamuccaya*, Delhi, Bharatiya Jnanpith avec un abondant commentaire de Guṇaratna. Voir aussi Kendall W. Folkert (1993), p. 123-127.

22. *Tattvārthasūtra*, I, 3.

seize raisons de croire[23], qu'il est permis de ramener à l'alternative entre l'autodécouverte de la doctrine et l'enseignement sous toutes ses formes.

Malgré son nom, la foi jaïna n'est pas l'adhésion d'une personne à une personne. L'autorité du maître n'est qu'un auxiliaire de la foi qui est centrée sur la découverte d'une vérité. Il s'agit donc de savoir ce que l'on croit et non pas en qui l'on croit. Le contenu dogmatique comprend sept vérités (*tattva*) ou principes (*padārtha*) : l'animé (*jīva*), l'inanimé (*ajīva*), l'influx karmique (*āsrava*), la liaison (*bandha*), la défense (*saṃvara*), la destruction (*nirjarā*) et la délivrance (*mokṣa*)[24]. L'ensemble forme un système qui va de l'analyse ontologique générale aux conséquences éthico-religieuses avec une rigueur analytique dont on ne s'étonne pas quand on se souvient de l'exigence rationnelle de Mahāvīra.

L'opposition entre l'animé (*jīva*) et l'inanimé (*ajīva*) est fondamentale. La doctrine de la substance et des accidents (âme et matière) et celle des conditions de l'être (repos et mouvement, espace et temps) apparaissent relativement tôt dans les textes canoniques. Mais, comme on peut s'y attendre d'un système en rapport polémique constant avec des courants qui lient ontologie et sotériologie, ces doctrines restent un simple instrument d'analyse au service d'une question fondamentale à l'œuvre dès les premières proclamations du Jina. Cette question est la suivante. Sachant d'une part qu'il y a, non pas de l'être, mais des êtres inanimés ou animés, sachant d'autre part qu'on est un homme, donc un être animé et conscient de l'être, comment s'orienter, c'est-à-dire comment dresser la carte permettant de se situer par rapport aux causes et aux conséquences des actes dont on est l'agent direct, indirect, ou si l'on veut, le complice ?

La notion centrale est ici celle de l'action qui s'entend de deux manières, selon que l'on part de l'effort (karma) ou de l'activité propre à l'âme bien conduite (*upayoga*). Bien entendu, cette division du concept d'action est abstraite dans le cas des êtres conscients. Mais dans la mesure où les jaïna rencontraient sur ce terrain et le concept ancien de karma, lié dorénavant à celui de renaissance (*saṃsāra*), et la notion de Soi (*ātman*) soumise à la critique du Bouddha, il leur fallait s'expliquer distinctement sur les deux fronts. D'où la nécessité pédagogique de bien distinguer la notion d'effort (karma) de celle d'activité propre (*upayoga* ou *yoga*), même si dans l'individualité

23. *Uttarādhyayanasūtra*, XXVIII, 16, dans H. Jacobi (1980), vol. 45, p. 154.

24. *Tattvārthasūtra*, I, 4. À comparer avec *Uttarādhyayana*, XXVIII, 14, H. Jacobi (1980), p. 154, qui propose neuf vérités en intercalant, après la liaison (*bandha*), le mérite (*puṇya*) et le mal (*pāpa*).

concrète de l'homme elles sont en contact permanent, tout comme l'âme est répandue à travers le corps entier.

L'action comme karma

De prime abord, la triple distinction entre l'action que l'on fait, celle que l'on fait faire et celle que l'on approuve ne semble impliquer aucun lien *matériel* entre l'agent et l'effet causé, particulièrement dans les deux derniers cas. Il semble y avoir une solution de continuité entre les uns et les autres ou, mieux, l'imputation de l'effet à la cause paraît simplement éthique et donc de nature spirituelle. Mais c'est compter sans une interprétation matérielle – et probablement ancienne[25] – des actes. La relation de cause à effet y est conçue comme une accumulation ou, au contraire, une libération de particules qui permettent un contact et donc une continuité. La notion de contact (*sparśa*) s'applique non seulement à des phénomènes météorologiques ou cosmologiques, mais également aux actions de tous les vivants (êtres infernaux, animaux, humains et divins) les uns sur les autres. Cette causalité par contact s'étend à tous les intermédiaires rencontrés dans l'exécution de l'action de même qu'au choc négatif (*vaira*) sur la ou les victimes lorsque l'action est nuisible. Ainsi dit-on de celui qui détruit les plantes qu'« en frappant l'autre, c'est lui-même qu'il frappe »[26]. Notons de plus que, selon un principe qui identifie le participe présent et le participe passé, l'action en cours est équivalente à l'action terminée. Ainsi un chasseur est-il abattu alors qu'il allait décocher une flèche sur une antilope qui sera pourtant atteinte et pour le meurtre de laquelle il aura à payer[27]. Il y a donc continuité matérielle entre l'agent, son action – même à l'état inchoatif –, les intermédiaires rencontrés et l'effet obtenu.

Cette continuité matérielle insère l'agent dans un système de solidarités avec l'ensemble des êtres et détermine les différents facteurs qui permettent de pluraliser le karma. Ainsi l'*Uttarādhyayana*[28] propose-t-il une liste abrégée des divers karma, soit : 1. celui qui empêche l'acquisition de la science (*jñānāvaraṇīya-karma*) ; 2. celui qui empêche l'accès à la foi

25. Voir S. Ohira (1994), p. 5 et sq., et dans l'index, *vaira*.

26. Cité par C. Caillat (1989-1990). « *Ardhamāgadhi āyadaṇḍa* « autodestructeur » ou « armé, agressif, violent » ? », *Bulletin d'études indiennes*, 7-8, p. 25.

27. *Idem*, p.73 et Schubring (1926), p. 24-25. L'exemple du chasseur se trouve dans J. Deleu (1970), p. 84.

28. *Uttarādhyayana*, XXXIII, 1-3, H. Jacobi (1980), vol. 45, p. 192.

(*darśanāvaraṇīya-karma*) ; 3. celui qui incline à rechercher plaisir ou douleur (*vedanīya-karma*) ; 4. celui qui égare (*mohanīya-karma*) ; 5. celui qui détermine la longueur de la vie (*āyuḥ-karma*) ; 6. celui qui cause l'individualité de l'âme (*nāma-karma*) ; 7. celui qui cause le lignage (*gotra-karma*) ; 8. celui qui interdit l'accès à la réalisation spirituelle (*antarāya-karma*). À travers cette liste *simplifiée*, l'agent moral apparaît donc d'avance prisonnier d'un certain nombre de déterminants qui l'entraînent mécaniquement. Sinon quant aux formulations, du moins quant au résultat, nous voici donc tout près du nécessitarisme défendu par l'*ājīvika* Makkhali Gosāla[29], un temps compagnon de route bien encombrant de Mahāvīra[30]. En effet, compte tenu de ces déterminants karmiques, comment la mécanique du karma permettrait-elle l'effort moral et la délivrance ?

Ce n'est pas un mouvement d'indignation au nom de la morale qui fournit la réponse, mais simplement le rappel du double caractère de la notion d'action. On peut comprendre que, suivant l'inclination du langage, on passe de l'agent direct, indirect ou encore simplement approbateur, à l'action. C'est comme aller du verbe « faire » (*kṛ*) à l'indicatif (*karoti*) ou au causatif (*kārayati*), jusqu'à l'action accomplie (*karma*). Mais ce raisonnement ne tient compte que d'un point de vue, celui de l'âme qui, soumise aux passions, se voit acquérir des particules karmiques. Bref, cette façon de voir oublie l'âme et son activité propre (*upayoga*) et, pour cette raison, ne peut rendre compte de l'effort moral.

L'activité de l'âme

L'âme se définit à l'intérieur de l'opposition générale animé/inanimé qui, dès l'*Ācārāṅgasūtra*, fut présentée par Mahāvīra comme un élément doctrinal important. Comment se comporter correctement, se demandait-il, si à l'instar des bouddhistes on traite avec négligence (*pramāda*) les vivants contenus dans l'eau et dans les autres substances tenues pour inanimées ? Il ne suffit pas de reconnaître comme dignes d'attention les êtres animés d'une certaine dimension, en s'interdisant par exemple les sacrifices et la consommation de viande et de poisson. Il faut savoir que des principes vivants existent à l'état élémentaire même lorsqu'ils sont imperceptibles. L'âme est donc un principe vital différencié de la matière par la seule sensibilité. Il

29. Voir A.L. Basham (1981). *History and Doctrines of the Ājīvikas.* Première édition, Londres, Luzac and Company, 1951 ; deuxième édition, Delhi, Motilal Banarsidas, 1981.

30. *Idem*, p. 39 et sq.

existe ainsi des âmes de l'apparemment inanimé, c'est-à-dire de l'entité non pas inanimée mais simplement immobile. Tels le sont l'eau, la terre et les plantes. Le feu et l'air, pour leur part, sont animés comme les animaux[31]. C'est donc la sensibilité, et non le mouvement, qui constitue la manifestation essentielle de la vie ou, mieux, de la fonction vitale (*upayoga*). On peut par la suite répartir les divers êtres vivants en fonction du nombre de sens. Même s'il dispose d'autres facultés supérieures de connaissance, l'homme apparaît du même coup comme un vivant à cinq sens placé au milieu d'une pléiade d'autres vivants.

Malgré sa nature spirituelle, irréductible aux atomes qui composent les corps, l'âme est étroitement unie au corps ainsi qu'un navire en train de s'enfoncer dans l'eau. Cette interpénétration intime se lit en deux sens. Puisque l'âme est étendue à tout le corps, elle est, par lui, en lui, à travers lui, sujette à tout ce qui lui arrive. Mais puisqu'elle a une activité propre (*upayoga*), elle est aussi bien susceptible d'agir avec autonomie par rapport à ces accidents corporels. Elle est donc nécessairement affectée par le karma. Toute naissance en est d'ailleurs affectée, incluant celle des Jinas. Sinon, où serait leur victoire ? Mais de même que le mur d'une prison empêche le prisonnier de s'échapper, il lui révèle aussi bien la voie de la liberté. Le karma est, pour l'activité de l'âme, l'obstacle à surmonter. Ambivalent, il est le moyen de s'enfoncer davantage comme le navire en train de couler ou, au contraire, de s'émanciper progressivement de sa condition de navire en perdition. De fait, les liaisons automatiques (*bandha/āsrava*) du karma ne laissent pas d'autre alternative. Puisque les âmes sont éternelles et ne connaissent de commencement que sous les espèces dérivées de la renaissance, elles naissent toujours avec un certain coefficient de liaison karmique dont seuls les Jinas et les « êtres parfaits » (*siddha*) sont exempts. Force leur est donc ou bien d'accroître cette pesanteur karmique par leur activité propre, ou bien de la diminuer, ces variations pondérales déterminant à leur tour des changements de destinée à chaque renaissance successive.

Rien n'illustre mieux cette conception que la théorie des *couleurs* affectant le corps karmique – et non le corps physique. Selon cette perspective[32], aux actions – ou encore à la somme des actions – d'un agent correspond une couleur dominante qui représente son caractère et sa physionomie morale et psychique. Ces couleurs vont du noir au blanc éclatant, en passant

31. *Tattvārthasūtra*, II, 13 et 14, qui reprend l'*Ācārāṅgasūtra*, I, 1.

32. *Uttarādhyayana*, XXXIV, dans H. Jacobi (1980), vol. 45, p. 196 et sq. Sur les rapports de cette théorie avec celle des *abhijāti* chez les ājīvika, voir Basham, *op. cit.*, p. 245 et sq.

par le bleu-vert, le gris-bleu, le rouge et le jaune clair. Une parabole célèbre, qu'illustre l'iconographie[33], montre comment un même acte, en l'occurrence le fait de consommer les fruits d'un arbre pour se nourrir, entraîne des destins aux colorations différentes.

> En ce qui concerne la consommation des fruits, elle fut la même pour tous les six ; mais pour ce qui est du crime commis, il est différent dans chaque cas. Celui qui voulait couper l'arbre à la racine aura la couleur noire (*kṛṣṇa*) et ira en enfer, c'est certain : dans cette simple action, il y a beaucoup de violence. Le deuxième voulait couper les branches ; il est un peu mieux, il aura la couleur bleu-vert (*nīla*). À sa mort, son âme étant mauvaise, il renaîtra dans le monde infernal ou animal. Le troisième méchant – celui qui disait de couper les rameaux – est de couleur gris-bleu (*kapota*). À sa mort, il rejoindra les animaux. Le quatrième – qui suggérait de cueillir les grappes – renaîtra homme ou dieu en vertu de sa couleur rouge-feu (*tejas*). Le cinquième – qui suggérait de ne gauler que des fruits mûrs – est de couleur jaune-clair (*padma*) et renaîtra certainement comme dieu. Quant au sixième, son cœur est plein de compassion – car il dit se contenter des fruits tombés – et il est de couleur blanche (*śukla*). Voilà un homme prêt pour la Délivrance[34].

Ainsi, le même but (se nourrir) entraîne une diversification des destinées qui est fonction de l'activité spirituelle des agents et qui n'exige l'intervention d'aucun dieu juge, Yama ou Minos, pour fixer la rétribution.

De fait, la cause de la valeur de la conduite, c'est l'*upayoga*, c'est-à-dire l'acte de connaissance qui détermine le projet et qui, même esquissé, équivaut à l'acte accompli en vertu du principe qui veut que l'action initiée soit égale à l'action terminée. Selon des nuances qui la rendent éclairée, voilée, tamisée, etc., la connaissance est déterminante pour l'estimation de l'acte. Celui-ci devient alors lévitant, léger, lourd ou extrêmement grave pour l'agent. Et ses conséquences se refléteront en couleurs sur le corps karmique au cours des existences suivantes. Nul besoin de juge pour déterminer le châtiment compensatoire ou l'application de la peine. La procédure est automatique, car l'agent de l'action et l'effet de l'action relèvent tous deux d'entités vivantes soit, comme dans la parabole, d'un côté, les cinq hommes, de l'autre, l'arbre. Tout se passe comme si l'hostilité nourrie en pensées et en paroles par les agents à l'égard de l'arbre – cet être vivant et par là même sensible à la souffrance – provoquait une peine proportionnelle à la gravité des intentions. Mais cette réaction ne vaut que pour les cinq

33. C. Caillat (1981), p. 175.

34. Uddyotanasūri, *Kuvalayamālā*, éd. A.N. Upadhye, 1959, p. 245. Trad. par N. Balbir, dans *Yoga et Vie*, septembre 1993, 77, p. 30.

premiers hommes de la parabole, car le dernier échappe à ce destin : le voilà prêt pour la délivrance, donc sur le point d'échapper à la renaissance et de n'être plus qu'une âme dépourvue de corps karmique. Il accède alors à cette condition de « parfait » (*siddha*). Contrairement aux autres qui sont punis par leur ignorance, cause ultime de leurs crimes, en raison de ses connaissances, il mérite de loger dans la partie supérieure de l'Homme cosmique[35].

Ainsi l'activité spirituelle de l'âme se traduit par un effet karmique matériel à la fois immédiat et à long terme. Comme cette activité relève essentiellement de la connaissance, on comprend comment seule une doctrine systématique de la nature des êtres et des actes épistémologiques peut permettre d'éviter les conduites criminelles, qu'elles soient issues de l'ignorance ou de la négligence. Sans cette doctrine, la violence généralisée et l'alourdissement continuel du fardeau karmique régneraient en maîtres. C'est pourquoi tout acte, toute initiative (*ārambha*), devra être soigneusement analysée en fonction des facteurs qu'il met en lumière. Telle est la condition nécessaire de la conduite orthodoxe (*samyag-caritra*), joyau jaïna sans lequel les deux premiers joyaux – la foi et la connaissance – resteraient lettre morte. Car la doctrine jaïna ne se contente pas d'interpréter le monde. Elle prétend aussi le transformer en instituant pratiquement d'autres rapports entre tous les vivants : les hommes, les animaux, les végétaux et les êtres infimes comme les insectes ou les imperceptibles *nigoda*.

La pratique

Sauf pour les êtres parfaits (*siddha*) qui ont dépassé ce stade, il n'est pas de vie sans entreprise. Et toute entreprise est conçue mentalement, exprimée verbalement, exécutée pratiquement, ou encore accomplie par soi-même, commandée à quelqu'un, ou simplement approuvée chez autrui. Tout aussi bien, il n'est pas d'entreprise, la plus simple soit-elle, qui ne comporte le risque et la réalité de la violence exercée vis-à-vis d'autres êtres vivants. Boire n'importe comment, c'est-à-dire n'importe quoi à n'importe quel moment, ce n'est pas simplement satisfaire un besoin naturel, mais aussi faire violence à d'autres vivants. Boire de l'alcool, par exemple, c'est consommer un produit fermenté, soumis à la transformation (*vikṛti*), et donc tuer des êtres vivants. Ainsi en est-il quand on boit de l'eau non stérilisée par filtration ou ébullition. Enfin, boire la nuit, c'est, en raison de l'obscurité, risquer d'avaler des insectes minuscules, etc. Et quand il en est ainsi pour

35. Voir C. Caillat (1981), p. 53, 55 ; Pal Pratapaditya (1995), p. 82 et 231-233.

des actes parfaitement neutres, presque indifférents, qu'en sera-t-il lorsque interviendront ces moteurs de l'égarement que sont les passions suscitées par la vie sociale ? Il reste que, par nature, un vivant ne peut s'empêcher de vivre, et le suicide du sot qui, par dégoût passionnel, se jette d'un rocher ou se noie, n'est pas la solution, puisqu'il débouche sur la renaissance.

À cette aporie vécue, un seul remède : la conduite orthodoxe, c'est-à-dire le comportement contrôlé par l'ascèse dans son sens général. Celle-ci ne compte pas parmi les trois joyaux de la corbeille jaïna[36]. Pourtant, l'*Uttarādhyayana*[37] la place sur le même plan que ceux-ci pour les vivants qui désirent atteindre la félicité. Il en va de même de la *Bhagavatī Ārādhanā* de Śivārya (strophe 2) et des corpus narratifs qui illustrent par des contes les strophes moralisatrices du premier recueil. Contrôle de soi et ascèse seront donc les instruments de la réalisation spirituelle (*ārādhanā*), objectif de qui veut vaincre ses sens et ses passions et ainsi échapper à la renaissance.

Par toutes les occasions de violence qu'elle fournit, la vie sociale est la cause principale de l'aliénation karmique. La rupture avec la société semble donc le moyen le plus approprié pour échapper à cette aliénation. De fait, tous les Jina commencent leur vie d'omniscient par ce geste de renoncement qui n'est pas sans rappeler le grand départ du Bouddha et le comportement des renonçants indiens (*saṃnyāsin*) en général. Ainsi voit-on Ariṣṭanemi, le futur vingt-deuxième Tīrthaṅkara, à la veille de son mariage avec une princesse, mais dégoûté du monde en entendant les gémissements des animaux que l'on va abattre à l'occasion des ripailles de la fête, renoncer à son mariage et au monde : « Si à cause de moi on tue cette multitude d'êtres vivants, je n'obtiendrai pas la libération dans l'autre monde[38]. » Et de manifester cette volonté aux yeux de tous en s'arrachant lui-même les cheveux en cinq poignées[39]. Accompagnée de la nudité (comme chez Mahāvīra[40]), cette pratique est le symbole de la victoire sur les sens et les passions. En effet, la connotation érotique de la chevelure est bien connue des poètes, et dans une civilisation où le nom générique des groupes sociaux (*varṇa*) signifie aussi couleur, le vêtement est un signe

36. Le *Tattvārthasūtra*, I, 1 ne la mentionne pas comme telle et lui consacre des développements plutôt à la fin (IX, 6, etc.).

37. *Uttarādhyayana*, XXVIII, 2, 34 et 35, dans H. Jacobi (1980), vol. 45.

38. *Uttarādhyayana*, XXII, 19, dans H. Jacobi (1980), vol. 45, p. 114.

39. *Uttarādhyayana*, XXII, 24 et, à propos de Mahāvīra, *Jinacaritra*, 116, dans H. Jacobi, vol. 22, p. 259. L'acte rituel de l'arrachage des cheveux se prête à de nombreuses illustrations (voir Pal Pratapaditya (1995), p. 94, fig. 59).

40. *Ācārāṅgasūtra*, II, 15, 22, dans H. Jacobi (1980), vol. 22, p. 199.

social éclatant. Se mettre nu et s'arracher les cheveux volontairement, c'est se placer hors du monde en ce monde même, c'est, au sens propre du terme, ne plus rien avoir.

Ces deux gestes ne suffisent pas à faire le jaïna. La nudité (*acelaka*) existe aussi bien chez d'autres ascètes, par exemple chez Makkhali Gosāla[41]. Et les śvetāmbara n'en sont pas moins des jaïna bien qu'ils ne la pratiquent pas. À ces signes extérieurs[42] doit s'ajouter l'essentiel : le contrôle de soi et l'ascèse. Or ceux-ci sont susceptibles de degrés chez les hommes. D'une part, les humains sont loin d'être tous prêts à renoncer au monde et, d'autre part, il est possible d'être jaïna sans se faire ascète au sens radical du terme. D'où une grande division entre les laïcs et les moines, dont l'ensemble forme l'Église jaïna.

Notons cependant que ce lexique traduit en termes chrétiens une réalité qui est différente. Il peut donc générer de nombreuses erreurs. L'Église chrétienne est une assemblée, un corps mystique dont le Christ est la tête. Elle comprend des prêtres et des laïcs qui, pour obtenir la vie éternelle, s'unissent dans l'esprit du grand sacrifice, celui du Christ sur la croix. Essentiels sont ici les prêtres, seuls habilités à exécuter le sacrifice pour le salut de l'Église. Les moines sont une variété de prêtres caractérisés par l'observation d'une règle plus ou moins sévère de clôture. Les laïcs, pour leur part, sont sacrifiants, mais jamais prêtres ni sacrificateurs.

Chez les jaïna, l'assemblée n'est point organisée autour du sacrifice, réel ou symbolique. Comme le sacrifice implique la violence, il est catégoriquement rejeté. La finalité même du sacrifice (s'assurer quelque bien en propitiant une divinité) ne peut entrer en jeu, puisque les dieux sont des êtres consacrés à la jouissance et déchargés de la fonction bienfaitrice que leur accordait la religion védique. Il n'y a donc pas de prêtres, et le moine n'est ni un officiant ni un manipulateur de formules, mais plutôt un ascète : « On devient *śramaṇa* par l'équanimité (*samatā*), brahmane par la chasteté (*brahmacarya*), moine (*muni*) par la science, ascète par l'ascèse[43] ! » Les laïcs enfin ne sont pas des non-prêtres soumis à l'autorité des ecclésiastiques, mais des fidèles qui s'efforcent d'observer des règles destinées à éviter la violence autant que faire se peut, tout en entretenant par leurs

41. Basham, *op. cit.*, p. 107 et sq.

42. *Uttarādhyayana*, XXV, 31, dans H. Jacobi, vol. 45, p.140 : « La tonsure ne fait pas le *śramaṇa*, pas plus que la récitation de l'OM, le brahmane ; la vie dans la forêt ne fait pas le moine, pas plus que l'herbe *kuśa* et l'écorce, l'ascète ! »

43. *Uttarādhyayana*, XXV, 32.

aumônes les moines qui leur enseignent la doctrine salutaire. Le laïc n'est pas inférieur au moine, et il peut même parfois l'égaler[44].

La vie du moine et du laïc jaïna s'organise autour d'obligations essentielles appelées vœux (*vrata*). Identiques quant au contenu, ils sont qualifiés de mineurs chez les laïcs (*aṇuvrata*) et de grands chez les moines (*mahāvrata*). Leur degré d'exigence varie selon divers facteurs. Par exemple, si la mise en pratique du vœu implique la prise en charge d'un triple point de vue dans l'exécution (l'agent agit personnellement, il fait faire l'action, il approuve une action), seuls les deux premiers aspects sont obligatoires pour le laïc, car le train du monde et l'activité professionnelle empêchent de désapprouver (sans toutefois le faire en esprit et en acte) certains comportements incompatibles avec les vœux. Pour le moine, au contraire, de tels accommodements seraient inacceptables ; toute action doit être soumise à la triade qui vient d'être rappelée, ainsi qu'à la triple surveillance du geste, de la parole et de l'esprit.

Mineurs ou grands, les vœux sont au nombre de cinq et leur liste a pu être rapprochée[45] de celle du moine bouddhiste comme du *saṃnyāsin* hindou. Voilà qui n'est pas fait pour étonner, puisque Mahāvīra voulait proposer comme modèle le *vrai* brahmane. Remarquons cependant avec Jacobi que le cinquième vœu est original dans chaque liste : renonciation aux boissons alcoolisées chez les moines bouddhistes, générosité chez les *saṃnyāsin* hindous[46], absence de propriété (*aparigraha*) chez les moines jaïna, restriction de l'avidité chez les laïcs jaïna. Les vœux sont donc : le refus de la violence (*ahiṃsā*), la véridicité (*satya*), le refus du vol (*asteya*), la chasteté (*brahmacarya*) et la renonciation à la propriété (*aparigraha*), à quoi on adjoint parfois l'interdiction de manger la nuit (*arātribhojana*).

Cette liste de vœux commence par le refus de la violence qui est véritablement le fondement des autres engagements[47], puisque ce qui motive

44. La comparaison apparaît fréquemment chez le digambara Āśādhara, auteur médiéval du *Sāgāradharmāmṛta*, un traité de dharma pour les laïcs. Il souligne les attitudes dans lesquelles le laïc se trouve comme un moine (*munivat*) (voir par exemple V, 3, 28 ; VII, 5 ; VIII, 53).

45. Voir les remarques de H. Jacobi (1980), vol. 22, p. XXII et sq.

46. Baudhāyana, II, 10-18- 2, dans B. Bûlher, *Sacred Books of the East*, vol. 14, Delhi, Motilal Banarsidas, p. 279. En principe, le *saṃnyāsin* ne possède rien, mais il pourrait avoir des livres et donc les donner généreusement.

47. Ces idées ont eu un grand impact sur Gandhi qui a vécu en contact avec les jaïna, nombreux au Gujerat. Bien des traits jaïna apparaissent dans son *Autobiographie*, ne serait-ce que cette valeur suprême attribuée à la non-violence. Sur les rapports de Gandhi et du mystique jaïna Śrīmad Rājacandra ou Raychandbhai (1867-1901), voir Gandhi, *Autobiographie*, Paris, Presses universitaires de France, p. 111, et Paul Dundas (1992), p. 224-227.

ces refus ou renoncements, c'est la violence réelle ou potentielle qu'ils recèlent. Mentir, voler, posséder, ou seulement posséder plus qu'on doit, c'est toujours donner occasion à la violence de se manifester. La chasteté semble un moyen bien étrange d'éviter la violence. Mais elle est justifiée par la doctrine : caresses et coïts ne sont-ils pas l'occasion de violence à l'égard des êtres vivants imperceptibles qui ont élu domicile à la surface ou dans les profondeurs du corps humain ? Sans compter qu'en raison des renaissances multiples et des liaisons qu'ils perpétuent, comme en témoigne le matériau narratif, les rapports sexuels sont des occasions pratiquement continuelles d'adultères ou d'incestes ! Le sixième vœu, soit l'interdiction de manger la nuit, peut sans doute être rattaché à l'aspect terrifiant de la nuit, mais plus encore à l'obscurité et à l'occasion de négligence et de violence qu'elle constitue à l'égard des insectes et autres animalcules susceptibles d'être consommés par l'agent à son insu. Les cinq vœux forment le cœur de la doctrine et de la pratique jaïna. Les autres obligations en sont encore la monnaie ou, pour emprunter une image à la tradition rabbinique, constituent les *barrières* qui, entourant ces devoirs fondamentaux, en assurent le respect minimal.

Les vœux « radicaux » (*mūlavrata*) – ainsi appelés parce qu'ils doivent être pratiqués par les aspirants au jaïnisme pour entrer en religion en prenant les choses « à la racine » – interdisent la consommation des produits suivants : cinq sortes de figues, l'alcool, le miel et la viande. Cette sorte de *kasherut* facile à mettre en pratique repose sur le respect de la vie élémentaire : les figues contiennent des graines et donc beaucoup de principes vivants ; alcool et miel sont des produits de transformation et, tout comme la viande, recèlent des organismes élémentaires. Les vœux radicaux sont plus faciles à observer que le grand vœu de non-violence auquel ils introduisent. Il faudrait en dire autant des vœux disciplinaires (*śikṣāvrata*) qui, par des restrictions spatiales ou encore des interdictions professionnelles, évitent au laïc un certain nombre de transgressions des vœux mineurs, sans les proscrire absolument. Par l'observation de ces vœux, auxquels il faut ajouter d'autres pratiques votives comme le don, le jeûne, la confession, l'adoration et la concentration, le laïc sera moins soumis aux influx vengeurs qui, issus des victimes de sa violence, s'ajoutent à son poids karmique et sont autant d'obstacles à sa délivrance.

Voici, à titre d'exemple, comment une veuve décrit devant un moine le laïc exemplaire qu'était son mari :

> Il subjuguait tous ses sens, il était reconnaissant, pénétré des règles de conduite, libre de toute passion, pur, doué d'une vue totalement orthodoxe, totalement

> purifié, loyal, plein de cœur. Il s'adonnait aux six devoirs quotidiens nécessaires, il avait pour but les vœux, la moralité, l'ascèse, le don, l'hommage aux Jina. Il avait abandonné progressivement le beurre frais, l'alcool, la viande, le miel, les cinq fruits de l'*udumbara*, certaines plantes vivantes, des fruits inconnus, le repas nocturne, le riz développé sans feuille, mélangé avec du lait non cuit et accompagné de lait caillé de plus de deux jours. Il était totalement fidèle aux cinq vœux [du laïc], craignant le mal et rempli de compassion. Tel était mon mari[48] !

Chez les moines, le souci fondamental d'éviter la violence en observant les cinq grands vœux à la lettre est porté à son paroxysme. Les barrières érigées autour du noyau essentiel seront donc d'autant plus nombreuses et rigoureuses. Une fois rompus les liens avec la société de même que les nœuds internes (c'est le sens de *nirgrantha*), le moine n'est plus engagé dans aucune activité ou entreprise mondaine susceptible de provoquer la violence.

Les règles de la mendicité illustrent clairement ce point. Le *Daśavaikālikasūtra* décrit par le menu les obligations à remplir pour que la mendicité aboutisse à un allègement karmique. Ce sont par exemple des précautions pour la démarche, afin d'éviter toute violence, même involontaire: ne pas marcher sous la pluie, sur du fumier, etc. ; ou encore l'évitement de toute occasion de pécher comme l'approche d'une prostituée ; la retenue dans les paroles et l'expression, qui comprend l'interdiction de rire ; l'attention extrême à ce qui est donné, car le don doit être acceptable : le moine ne doit pas accepter de nourriture préparée spécialement pour lui et il doit veiller à ce que le donateur aussi soit convenable. La règle qui régit la vie monastique en général est tout aussi minutieuse et vise le même but : empêcher les transgressions génératrices des pellicules karmiques, ces entraves à la délivrance. Cette règle organise la vie du moine selon le rythme des saisons : pendant la saison des pluies, les moines doivent renoncer à l'errance – autrement obligatoire – et se livrer à l'ascèse, à l'étude et à la concentration. Ce changement est motivé non par un souci de confort, mais par le fait que la mousson s'accompagne d'un grouillement de formes vivantes qui pourraient être anéanties par l'itinérance. En dehors de la mousson, les moines errent sans jamais ou presque se fixer car ils ne peuvent rester plus de cinq jours au même endroit. Ils se livrent à la mendicité, aux austérités et à l'enseignement, indifférents à la chaleur et au froid, aux mauvais traitements des hommes, des insectes et des animaux, à la saleté, au doute.

48. Nāgadeva (1964). *Madanaparājaya [La défaite d'Amour]*, avec traduction hindi, édité par Rajakumar Jain, Delhi, Bharatiya Jnanpith, p. 22-23.

Le *Daśavaikālikasūtra* précise le portrait du vrai moine mendiant (*bhikṣu*) :

> Après avoir renoncé aux activités mondaines, il saisit la prédication du Jina, il ne cesse de concentrer sa pensée, il ignore les femmes, et ne retourne pas à son vomi : c'est lui le moine ! Il ne creuse ni ne fait creuser la terre, il ne boit ni ne fait boire d'eau non bouillie, n'allume ni ne fait allumer de feu mordant comme une épée : c'est lui le moine ! Il ne s'évente ni ne se fait éventer, il ne coupe ni ne fait couper des végétaux. Évitant toujours les graines, il ne se nourrit pas de choses vivantes : c'est lui le moine ! [...] Il ne tire point d'orgueil de sa caste, ni de son physique, ni de l'aumône reçue, ni de ses connaissances. Il évite toutes les arrogances et trouve son plaisir dans la concentration droite : c'est lui le moine[49] !

Bien évidemment, tout comme les laïcs, les moines ne sont pas tous parfaits. L'organisation de la communauté est là pour les encadrer et leur procurer un espace où ils peuvent s'améliorer et s'amender en cas de manquements à la discipline. L'institution et les expiations qu'elle propose ont pour but d'accélérer la réalisation spirituelle des membres de la communauté.

La réalisation spirituelle (*ārādhanā*) entraîne la cessation de l'accumulation de pellicules karmiques (*saṃvara*), voire leur élimination partielle ou totale (*nirjarā*). La victoire du Jina et du *siddha* est si complète qu'ils n'ont plus de besoins corporels, ni même un corps humain, comme en témoigne l'iconographie[50]. De multiples moyens sont employés à cet effet qui, relevant tous de l'ascèse, sont à mettre sur le même plan que les trois joyaux de l'orthodoxie. La discipline prend appui sur le corps et sur des postures destinées à renforcer le contrôle de soi et l'équanimité (*sāmāyika*), devoir commun aux laïcs et aux moines. Telle est la posture *kāyotsarga*, si souvent illustrée par l'iconographie : le regard fixé sur un point imaginaire, toute pensée profane rejetée, les bras légèrement écartés du corps, les paumes relâchées, parallèles aux cuisses, le méditant pratique l'indifférence aux vingt-deux *parīṣaha*, qu'il ignore avec égalité d'âme. Ainsi, une statue colossale érigée à Śravaṇa Belgola représente le *siddha* Bāhubali comme parfaitement apathique, étranger aux réactions passionnelles productrices de karma que symbolisent les insectes et les lianes sculptés dans la pierre. Abondamment présent dans les corpus narratifs, le *kāyotsarga* accompagne l'hommage quotidien aux Jina (*namaskāra*) dont il est la propédeutique.

49. *Daśavaikālikasūtra*, X, 1-3 et X, 19 : W. Schubring (1978), p. 233 et 235.

50. Les *jina* sont parfois figurés sur des panneaux ajourés qui ne laissent voir que la silhouette d'un corps immatériel. Voir Pal Pratapaditya (1995), p. 124 ; Jain et Fischer (1978), vol. I, planche XXVII.

La pratique du jeûne sous diverses formes fait également partie de la domestication ascétique de soi, au point que dans les textes narratifs le jeûne et l'ascèse (*tapas*) sont très souvent équivalents. Plus précisément, le jeûne constitue l'essentiel de l'ascèse *externe*, l'ascèse interne étant faite notamment de lectures et de méditation. Il n'y a pas à s'étonner du lien entre la nourriture et l'ascèse : se nourrir, c'est forcément détruire des principes vivants, même si c'est pour une fin vitale ; s'abstenir de nourriture, partiellement ou totalement, de manière temporaire ou définitive, c'est diminuer concrètement les influx karmiques, voire les éradiquer. D'où l'importance des jours de jeûne comme l'*upavasathavrata*. Le jeûne à mort ou *sallekhanā* (littéralement, « l'éradication totale ») est la manifestation éclatante de ce lien capital entre la privation de nourriture et la réalisation spirituelle. Il ne s'agit pas d'un suicide ni d'une conduite pathologique puisque, tenu pour la conduite du sot, le suicide est vigoureusement condamné. Comme l'anorexie, le jeûne propitiateur suppose que l'agent dispose d'une créance sur un débiteur profane ou sacré. Au contraire, le réalisateur du jeûne à mort n'a personne sur lequel exercer sa pression, les Jina ou les dieux ne pouvant rien pour lui. Cet exercice d'ascèse extrême ne consiste pas dans la seule diminution de la quantité de nourriture sur une période d'environ un mois. Il doit s'accompagner de la conscience lucide du but à atteindre, donc d'une méditation claire que ne doit troubler aucun regret susceptible d'invalider le processus et d'entraîner une mauvaise renaissance, puisque la dernière pensée est déterminante pour l'existence suivante. Le jeûne apparaît ainsi, avec les autres formes d'ascèse, comme une forme de « culture » qui transforme le soi en le libérant du karma.

Par ailleurs, les rites quotidiens mettent en lumière certains aspects spécifiques du jaïnisme. Le culte des dieux par la cérémonie de la *pūjā* est une pratique panindienne. Elle consiste à propitier le dieu pour des fins qui intéressent l'agent. Les jaïna ont eux aussi une *pūjā*, mais elle est associée aux devoirs quotidiens du laïc (*āvaśyaka*), c'est-à-dire à l'équanimité (*sāmāyika*), à la louange des vingt-quatre Jina (*caturviṃśatistava*), à l'expression des marques de respect envers les moines ou la communauté (*vandanaka*), à la confession et au repentir des fautes passées (*pratikramaṇa*), à l'engagement de ne plus pécher (*pratyākhyāna*), et à la posture *kāyotsarga*. La *pūjā* des jaïna idolâtres (*mūrtipūjak*[51]) est rituelle. Elle comprend le bain de l'idole, des offrandes, des louanges, des formules sacrées.

---

51. Les jaïna actuels se divisent non seulement selon les deux courants déjà décrits, mais aussi en sectes idolâtres (qui rendent un culte aux images), *sthānakvāsī* (qui s'y refusent), et *terāpanthī*. Voir Dundas (1992), p. 215 et sq.

Toutes formes cultuelles présentes aussi bien dans un temple hindou, à la différence près que dans le jaïnisme, le mouvement de l'adorant vers l'objet d'adoration n'est pas réciproque. Alors que, dans le sacrifice hindou, les objets sacrifiés reviennent au sacrifiant sous la forme de bienfaits et du partage de la nourriture offerte, chez les jaïna, ces offrandes sont l'occasion d'un véritable abandon (*tyāga*), car le don de nourriture signifie que l'on cesse de manger, avec toute la destruction de karma qu'un tel geste entraîne. Comme le dit de manière frappante Lawrence A. Babb, « en conséquence, le sacrifiant ne *donne* pas, il *abandonne* afin de modifier symboliquement sa condition[52] ». Réplique évidente d'un cérémonial sacrificiel, la *pūjā* jaïna, qui porte parfois le nom de sacrifice, n'en a pas moins son caractère propre, qui exclut la relation bipolaire au profit d'une représentation unilatérale, purifiée de toute confusion hétérodoxe.

Le laïc digambara Āśādhara exalte ainsi les traits de cette conduite pure dans la pensée et les rites :

> Après s'être levé à l'heure consacrée à Brahmā et après avoir accompli les cinq salutations, il lui faut délibérer en ces termes : « Qui suis-je ? Quelle règle est la mienne ? Quel vœu dois-je suivre ? Après avoir erré dans l'horreur sans commencement de la transmigration, j'ai obtenu avec difficulté cette loi laïque, la sainte règle des Jina. Je dois m'efforcer de la respecter. »

Sur ces réflexions, il se lève de son lit, purifié, avec le seul dévouement en tête. Il doit accomplir les devoirs consistant en huit *pūjā* rendues à l'*arhant*. Sa méditation terminée, il se concentre sur l'apaisement en fonction de ses forces[53], prend l'engagement concernant l'avenir[54] et, après avoir procédé à la prière de son choix, il va s'incliner devant le Jina[55]. Prenant la forme du Jina qui brille dans son soi intérieur bien purifié par l'ambroisie de l'équanimité, il doit se rendre au temple jaïna en pensant que richesse et pauvreté sont dues au destin. Pour le culte rendu au Jina et aux autres, le laïc s'en tient aux moyens que lui permet, par exemple, sa fortune. Pour celui qui aperçoit le soleil, cet éveilleur de l'univers, et songe à l'éclat des *arhant*, le spectacle des bannières qui ornent le sommet du temple est la fête qui chasse le péché. Accroissant son enthousiasme par le son des

52. « The worshipper is therefore not "giving to" but symbolically modifying his or her own condition by "giving up" » (Lawrence A. Babb, « Giving and Giving up : the eightfold worship among Śvetāmbar Mūrtipūjak Jains », *Journal of Anthropological Research*, vol. 44, janvier, p. 75.

53. Récitation d'hymnes comprenant le terme « paix » (*śānti*).

54. Le sixième devoir quotidien (voir R. Williams, 1983, p. 207).

55. Le rite accompli au temple succède ainsi au rite domestique.

instruments de musique, le parfum des guirlandes, les peintures placées sur les portes et tout le reste, il doit entrer dans le temple en baissant la voix. Les pieds lavés, il passe à l'intérieur du temple. Au comble de la félicité, il doit s'incliner devant le Jina tout en récitant des hymnes de louange bénéfiques, et procéder à la triple circumambulation. « Voici l'assemblée, voici le Jina, voici les membres de l'assemblée », telle est la pensée qui doit l'animer et, à haute voix, il doit congratuler ses coréligionnaires. Puis, après avoir procédé à la purification totale, après avoir adoré le Jina, les Écritures et le maître, il doit proclamer en présence de ce dernier sa volonté d'éviter les fautes à venir. Sur quoi il lui faut s'incliner comme il convient devant tous les dévots du Jina et célébrer constamment ceux qui exposent et récitent la parole du Jina[56].

L'IDÉAL ET LA RÉALITÉ

Forte de deux mille cinq cents ans d'histoire, la petite communauté jaïna (trois millions et demi de fidèles) a beau avoir pour modèle le vrai moine ou le laïc idéal, elle doit sa vie à cette étonnante capacité de survie dont a été dépourvue sa rivale et contemporaine, la communauté bouddhiste indienne. Celle-ci avait aussi ses laïcs, mais ils étaient moins liés aux moines que leurs homologues jaïna. Surtout, les croyances de la communauté bouddhiste étaient fondées, comme le pense É. Lamotte, sur « un compromis entre le dharma bouddhique et les superstitions du paganisme ». Lamotte en conclut que « ce fut la cause principale de la résorption du bouddhisme dans l'hindouisme ambiant[57] ». De fait, face à la renaissance hindoue et à la pression musclée des musulmans, les bouddhistes n'ont pu que fuir sous d'autres cieux. Au contraire, les jaïna ont survécu. Sans doute est-ce grâce à l'unification des moines et des laïcs dans l'Église, et à une meilleure intégration dans le siècle, pour ne pas dire un certain opportunisme.

La société indienne est dominée par l'idéologie des castes qui est elle-même justifiée par l'idée de karma et de cycle des renaissances. En renonçant au monde, avec lequel il coupe les liens (*nirgrantha*), le moine jaïna, qu'il soit nu ou vêtu d'un vêtement blanc, perd toute marque sociale commune. Les textes canoniques ne font pas état de la naissance des moines, si ce n'est pour condamner l'attitude de celui qui en tirerait de l'orgueil. À une époque tardive (vers la fin du IXe siècle), les jaïna ont attribué à Ṛṣabha

56. Āśādhara, *Sāgāradharmāmṛta*, II, 24, Sholapur, 1976, p. 62 et sq.

57. É. Lamotte, *op. cit.*, p. 76.

– le premier Tīrthaṅkara – l'organisation de la société en groupes (ou *varṇa*). Comme le rapporte l'*Ādipurāṇa* du digambara Jinasena, alors qu'il était encore laïc, Ṛṣabha institua les *varṇa* des guerriers, des commerçants et des *śūdra*, son fils Bhārata étant le créateur des brahmanes[58]. Insérant le système social indien dans une histoire universelle, cette légende témoigne d'un double souci : 1. garder ses distances face à l'hindouisme, 2. assimiler ce que celui-ci comportait de spécifique en lui donnant un auteur jaïna. Comme l'indiquent les observations contemporaines, cette adaptation théorique est solidaire d'une adaptation sociale concrète. Dans son étude sur une population jaïna de New Delhi, Marie-Claude Mahias montre que ces jaïna refusent le système des castes d'une façon plutôt ambiguë. « Nous n'avons pas de caste ! Nous sommes seulement de caste jaïna », affirment-ils. Et la caste jaïna reste associée à des distinctions qui reposent sur le rôle économique, l'acceptation de la nourriture et l'endogamie[59]. Ainsi, deux exigences sont maintenues : la fidélité idéologique, affirmée dans les discours, et le respect d'une certaine réalité sociale. Par ailleurs, les jaïna brouillent la polarité entre le pur et l'impur en introduisant la valeur moins sacerdotale et sociale du « sale » (*gandā*). On dira d'un serviteur ou d'un café où l'on consomme de l'alcool qu'ils sont « sales », mais au sens où le « sale » recèle du vivant et représente des occasions d'accumuler du karma. Après tout, comme le remarque Mahias, « un des deux objets que l'ascète conserve jusqu'à sa mort est, de manière significative, un balai[60] ». Un compromis sans compromission permet donc aux jaïna de vivre et de se reproduire dans l'ordre social indien, tout en évitant l'isolement et l'assimilation, les deux faiblesses le plus souvent exterminatrices des minorités religieuses.

Les femmes jouent un rôle essentiel dans la survie de la religion jaïna. D'abord, elles perpétuent une exogamie qui, par voie de conversion, a permis dans le Gujerat, par exemple, d'intégrer des jeunes filles d'origine hindoue *vaiṣṇava*. Leur rôle est aussi marquant lorsqu'elles sont laïques, par les fonctions qu'elles assument dans la maison (la préparation de la nourriture, l'éducation des enfants, etc.) et, quand elles sont moniales, par leur mode de vie spécifique. Tout comme le bouddhisme et le mouvement ājīvika, le jaïnisme a ouvert ses portes aux femmes là où l'hindouisme les maintenait en général dans l'ignorance, par exemple pour ce qui touche aux Écritures. Mais cette ouverture ne va pas sans une grande méfiance à l'égard

58. Jaini (1979), p. 288-290.

59. Marie-Claude Mahias (1985), p. 36-65.

60. *Idem*, p. 64.

de celle que l'on traite volontiers en Inde de porte de l'enfer. Ainsi le canonique *Sūtrakṛtāṅga* (I, 4) met-il longuement en garde le moine contre la rouerie féminine, nourricière de passions et donc cause de karma. Pourtant, le non moins canonique *Uttarādhyayana* (XXII) exalte la moniale Rājīmatī qui, dans des circonstances plutôt romantiques, sait calmer l'ardeur pécheresse du moine Rathanemi. Cette ambiguïté se retrouve dans l'attitude des deux courants principaux en ce qui concerne l'accès des femmes à l'omniscience : défendant la nudité – qui est interdite aux femmes – les digambara leur refusent la délivrance finale, alors que les śvetāmbara ne voient pas d'obstacle dans l'appartenance au sexe féminin et vont même jusqu'à prêter une apparence, voire une naissance féminine, à Malli, le dix-neuvième Tīrthaṅkara. Un fait mérite d'être souligné : sauf chez les digambara, les moniales composent actuellement une majorité écrasante par rapport aux moines[61]. D'autre part, chez les laïcs, les femmes sont l'élément stable de la cellule familiale, puisque les hommes sont engagés dans des activités économiques extérieures à la maison. À ce titre, elles jouent un rôle important dans la transmission des traditions, ne serait-ce que par l'éducation des enfants. Ainsi, le jaïnisme a su trouver chez les femmes un élément de stabilisation qui lui permet de résister à l'érosion causée par le milieu extérieur.

Le jaïnisme pur et dur des traités normatifs ne tient guère compte des exigences de la piété populaire. Point de dieux secourables auxquels adresser des prières, puisque ceux-ci ne peuvent rien pour les fidèles et se contentent de jouir dans leurs ciels respectifs. Quant aux Jina, leur rendre hommage est certes un devoir quotidien (*āvaśyaka*), mais il n'est pas payé de retour car, contrairement aux *bodhisattva*, ils sont insensibles aux prières des hommes. Il reste que pour être jaïna, on n'en est pas moins homme, et les fidèles ont souvent besoin de prières et de pratiques consolantes pour pouvoir tout simplement vivre dans un monde où la plupart du temps, les dieux sont sollicités, voire contraints à l'aide d'offrandes et d'ascèse, et sont obligés de répondre en vertu du principe *do ut des*.

Il n'est pas question de corrompre un Jina lors de l'adoration, ni de le contraindre à intervenir par des offrandes propitiatoires. Celles-ci sont unilatérales et signifient la renonciation à consommer plutôt que la consommation

61. Ainsi les śvetāmbara comptent-ils 3400 nonnes pour 2000 moines, là où les digambara ont 125 moines pour 50 nonnes. Le faible nombre des digambara serait dû aux persécutions dont ils furent les victimes au cours du XIXe siècle.

elle-même. En ce sens, la récitation de l'hommage suivant (*namaskāra*) n'est pas non plus une prière :

> Hommage (*namas*) aux *arhant*, hommage aux êtres parfaits (*siddha*), hommage aux maîtres (*ācārya*), hommage aux enseignants (*upādhyāya*), hommage à tous les moines du monde entier ! Tel est le quintuple hommage, destructeur de tous les péchés, premier facteur auspicieux (*maṅgala*) parmi tous !

La formule de l'hommage apparaît une fois dans le canon[62]. Après l'hommage proprement dit, un énoncé à l'indicatif décrit les effets bénéfiques de la formule qui s'apparentent à ceux d'un mantra. D'où sa présence en tête de toutes les entreprises littéraires, auxquelles elle assure un avenir prometteur, un peu comme, chez les hindous, le *maṅgala* adressé à Gaṇeśa. La littérature narrative[63] confirme ce point de vue en conférant à ce *namaskāra* le pouvoir d'éviter tout danger à celui qui le prononce. La formule devient une sorte d'instrument magique qui transforme l'agent sans pourtant altérer la personnalité indifférente de celui auquel elle est adressée.

L'intégration de divinités auxquelles un véritable culte peut être rendu témoigne de la souplesse que le jaïnisme a su montrer en matière de religion populaire. Comment d'ailleurs s'en passer dans une société où partout le Dieu suprême ou la pléiade des dieux étaient conçus non pas comme des puissances inflexibles, mais comme des êtres susceptibles d'être contraints ou tout au moins stimulés par des offrandes ? Aussi n'est-on pas étonné de voir apparaître des déesses chez les jaïna au cours du Moyen Âge. Elles se répartissent cosmologiquement en trois groupes : le premier, dit supérieur, comprend Sarasvatī et Lakṣmī ; le groupe moyen correspond aux seize sciences magiques ou *vidyā* ; dans le groupe inférieur, les déesses appelées *yakṣī* flanquent les vingt-quatre Tīrthaṅkara. Les noms fleurent bon la culture panindienne et témoignent de la capacité d'assimilation jaïna. Même les *vidyā* où se manifeste peut-être une influence tantrique, sont bien intégrées dans l'économie du système jaïna, comme en témoignent le légendaire et l'iconographie. Les trois déesses les plus importantes sont les *yakṣī* Padmāvatī, Jvalamālinī et Ambikā. Si elles ne peuvent assurer la délivrance, objet du dharma, elles permettent toutefois de satisfaire des désirs honnêtes. Les offrandes qui leur sont adressées reviennent au sacrifiant sous la forme de grâces (*prasāda*). À ces déesses objets de culte, il faut ajouter non des

---

62. *Mahānisīha*, III, 5, 10.

63. Ainsi, développant la stance 773 de la *Mūlārādhanā*, un *Kathākośa* raconte comment un voleur empalé récita la formule, et dut à cette récitation de renaître sous la forme d'un dieu (A.N. Upodhye, *Prabhācamdra's*, *Kathākośa*, Delhi, Bharatiya Jnanpith, 1974, p. 45).

dieux, mais des hommes révérés au point de faire l'objet de la *pūjā* et de se voir offrir des dons consommés ensuite comme *prasāda*. Tel est le cas des *dādāguru* ou *dādāgurudev* au Rajasthan. Il s'agit de quatre maîtres historiquement réels (ils ont vécu entre le XIe et le XVIIe siècle) et devenus l'objet d'un culte populaire local. On leur attribue essentiellement des miracles, et les chants et offrandes que les fidèles leur adressent sont destinés à l'obtention de grâces. Ainsi, une religion populaire et plus accommodante se fait jour, bien qu'elle suscite des critiques de la part des milieux ascétiques, beaucoup plus rigoureux que les laïcs. Par exemple, Somadeva voue à un destin infernal celui qui met sur le même plan, dans le culte qu'il leur rend, le Jina guide des trois mondes, les dieux et les autres puissances des espaces intermédiaires. De même, au XIIIe siècle, Āśādhara condamne le culte des *yakṣa* comme indigne des vrais jaïna.

La même tendance au compromis se manifeste dans le calendrier des fêtes. Il existe des cérémonies solennelles commémorant des événements de la vie du Jina, et donc totalement indépendants des fêtes hindoues. Tel est le *Paryuṣana*, qui commence après le début de la mousson et qui inaugure une période favorable à l'étude, puisque les moines abandonnent la vie errante pour se fixer. Aussi, marquée par le jeûne et la méditation, cette festivité est celle du Livre, en l'occurrence le *Kalpasūtra*, récité solennellement et accompagné d'illustrations à l'intention d'un public qui dispose de mini-éditions pour mieux suivre[64]. D'autres fêtes sont communes aux hindous et aux jaïna. Ainsi la fête des lumières ou *Divālī* qui a lieu entre septembre et novembre. Certes les jaïna l'associent au *nirvāṇa* de Mahāvīra, mais elle est aussi dédiée à la réussite des entreprises et placée sous le signe de Lakṣmī, trait qui relève de la religion panindienne.

Dans le même registre que les fêtes, il faut également mentionner les pèlerinages (*yātrā*). Méritent ce nom au sens occidental du terme les seuls *tīrtha-yātrā*, qui sont récents. Les lieux où il est recommandé de se rendre sont liés aux événements marquants de la vie des Tīrthaṅkara. Tels sont Girnar, Śatruñjaya au Gujerat, le mont Abu au Rajasthan, Śravaṇa-Belgola au Karnataka. À la différence des sanctuaires bouddhistes, point de reliques en ces lieux. Mais il y a des empreintes de « pas », c'est-à-dire les temples et les monuments eux-mêmes. En les visitant, les pèlerins, qui viennent souvent de loin grâce à de généreux donateurs, s'acquièrent les mérites dévolus à l'hommage aux Jina et, tout au cours du voyage, ont le loisir de se livrer

64. Le public n'est pas toujours aussi attentif qu'on pourrait le croire. Voir Dundas (1992), p. 58 ; Folkert (1993), p. 189-211.

à des actions bénéfiques telles que les dons. Certains pèlerinages permettent de combiner dévotion populaire et culte classique. Ainsi, à Girnar, les temples jaïna sont surplombés par un sanctuaire dédié à la déesse mère hindoue Ambikā, circonstance qui permet de la visiter et de lui rendre un culte par la même occasion.

Le jaïnisme n'est donc pas seulement une religion de moines. Il doit sa survie à l'unité entre laïcs et moines. Cette unité implique des compromis puisque, par définition, les laïcs n'ont pas rompu leurs liens avec le siècle. Ces compromis, qui affectent peu le noyau essentiel de la religion, ont évité à la communauté l'isolement mortel et le tarissement du recrutement. Les concessions que le jaïnisme a consenties lui ont permis de s'intégrer au système panindien sans que sa tradition soit complètement assimilée ou annihilée. Au contraire, le jaïnisme a su conserver son originalité foncière.

Bibliographie

BALBIR, N. (1993). Āvaśyaka-*Studien*, introduction générale et traductions, Stuttgart, Franz Steiner.

BALBIR, N. et CAILLAT, C. (1983). *Indologica Taurinensia*, vol. XI, 1983. Actes du Symposium international sur la littérature canonique et narrative jaïna, tenu à Strasbourg, en juin 1981, Éd. Jollygrafica Torino.

CAILLAT, C. (1981). *La cosmologie jaïna*, Paris, Le Chêne-Hachette.

CAILLAT, C. (…). « Le jinisme », dans *Histoire des religions*, tome 1, p. 1105-1045, Paris, Encyclopédie de la Pléiade.

CAILLAT, C. (1965). *Les expiations dans le rituel ancien des religieux jaïna*. Paris, De Bocard.

DELEU, J. (1970). Viyāhapannatti, *The Fifth Anga of the Jaina Canon*, Bruges, Rijksuniversitat.

DUNDAS, P. (1992). *The Jains*, Londres/New York, Routledge.

FOLLKERT, K.W. (1993). « Scripture and Community », dans Cort, John E. *Collected Essays on the Jains*, Atlanta (Georgia), Scholars Press.

GLASENAPP, H. v. (1984). *Der Jainismus, Eine indische Erlösungsreligion*, Berlin, Geory Verlag, première édition en 1925.

GLASENAPP, H. v. (1980). *Ausgewählte kleine Schriften*, Wiesbaden, Franz Steiner Verlag.

GRANOFF, P. ed. (1990). *The Clever Adulteress and Other Stories*, Oakville, Mosaic Press.

GUÉRINOT, A. (1926). *La religion Djaina*, Paris, Geuthner.

JACOBI, H. (1906). *Eine Jaina-Dogmatik. Umāsvāti's Tattvārthādhigama Sūtra : Zeitschrift der deutschen Morgenlandischen Geellschaft.*

JACOBI, H. (1980). Jaina Sūtras, *Sacred Books of the East*, volumes 22 et 45, 1884-1900, [réimpression, Delhi]. Traductions 1. de l'*Ācārāṅga-sūtra* du *Kalpa-sūtra* comprenant le *Jinacaritra* (*Biographie des Jina*), *Sthavirāvali* (*Liste des Sthaviras*), *Sāmācārī* (*Règles des yatis*), 2. de l'*Uttarādhyayana* et du *Sūtrakṛtāṅga*.

JAIN, J., FISCHER, E. (1978). *Jaina Iconography*, I-II. Leiden, Brill.

JAINI, P.S. (1979). *The Jaina Path of Purification*. Delhi, Motilal Banarsidas.

MEYER, J.J. (1909). *Hindu Tales, an English Translation of Jacobi's Ausgewählte Erzählungen in Maharastri*, Londres, Luzac & Co.

MAHIAS, M.-C. (1985). *Délivrance et convivialité, le système culinaire des Jaïna*, Paris, Maison des Sciences de l'Homme.

OHIRA, S. (1994). *A Study of the Bhagavatīsūtra, A Chronological Analysis*, Ahmedabad, Prakrit Text Society.

PAL, P. (1995). *The Peaceful Liberators, Jain Art of India*, Los Angeles/ Londres, Thames and Hudson.

RENOU, L. et LACOMBE, O. (1953). « Le jaïnisme », dans L. Renou et J. Filliozat, *L'Inde classique*. Paris, École française d'Extrême-Orient, réimpression 1996, tome 2, p. 609-664.

SCHUBRING, W. (1978). *The Doctrine of the Jainas*, traduit de l'allemand, Delhi, Motilal Banarsidas.

SCHUBRING, W. (1977). *Daśavaikālika-sūtra*, traduction anglaise, dans *Kleine Schriften*, Wiesbaden, Franz Steiner, p.199-239.

WILLIAMS, R. (1983). *Jaina Yoga*, réimpression, Delhi, Motilal Banarsidas.

Le sikhisme

Lou E. Fenech
Traduit
par Roger Marcaurelle
et Marie-Catherine Cusson-Langevin

Le Temple d'Or à Amritsar.

INTRODUCTION

Comme la perspective d'une brillante carrière militaire dans l'armée française s'était assombrie après la chute de Napoléon Bonaparte au début du XIXe siècle, plusieurs soldats français quittèrent l'Europe à la recherche de travail dans d'autres parties du monde. Certains se rendirent jusqu'en Inde et constatèrent que les compétences particulières des officiers européens étaient en grande demande. C'était le cas particulièrement dans le Punjab (de *pañj* « cinq » et *āb* « eau », donc « Pays des cinq rivières »). Gouverné par le monarque sikh Ranjit Singh (mort en 1839), le Punjab était le foyer du sikhisme, religion relativement nouvelle en Inde, et l'un des derniers endroits du sous-continent qui n'étaient pas encore passés sous le joug anglais au début du XIXe.

On confia aux officiers français le soin de former l'armée indigène de Lahore, capitale du Punjab. Mais après l'anéantissement de cette armée par les Anglais en 1849, l'Inde n'offrait plus aucune occasion aux soldats français. Cette défaite mit donc un frein à l'intérêt que les Français portaient au Punjab et aux sikhs – bien que cet intérêt ne fut guère prononcé même avant 1849. Ainsi, la documentation française sur les sikhs avant et après cette date est mince. Puisque les préoccupations des officiers français étaient d'ordre militaire, leurs réflexions sur les sikhs du Punjab portaient sur les membres de l'armée, composée principalement de sikhs de l'ordre « pur » (*khālsā*). Portant la barbe et le turban, ce sont les membres de cette communauté qui sont aujourd'hui communément tenus pour sikhs. Tout comme leurs contemporains anglais, les Français voyaient en ces sikhs flamboyants de la cour de Lahore les qualités d'une race martiale : une nature militaire, une endurance extraordinaire et un empressement certain à se prêter aux actes violents. Et ils estimaient que la religion sikhe contribuait à la nature militante de ces gens.

C'est là au mieux un point de vue partiel. Les officiers français et les premiers observateurs anglais avaient peu d'information sur les sikhs et peu de moyens pour la trouver. La situation s'est grandement améliorée de nos jours. Toutefois, les connaissances limitées des premiers temps continuent encore aujourd'hui d'orienter la compréhension générale du peuple sikh et de sa tradition religieuse. Cette perception a été exacerbée par l'actuelle situation de crise au Punjab. Si bien que le sikhisme est une des religions du monde les moins connues et les plus susceptibles d'être mal comprises.

Pour corriger cette connaissance imparfaite, nous offrons ici une vision d'ensemble de l'histoire et de la religion de cette communauté (*panth*, litt. « chemin ») dont les débuts remontent à plus de cinq cents ans, avec la naissance de son fondateur Gurū Nānak (1469-1539). Commençons avec le mot « sikh » lui-même. Ce vocable vient du sanskrit *śiśya* ou « disciple ». Aujourd'hui, le mot sikh désigne l'adepte des enseignements de *Gurū* Nānak et de ses neuf successeurs humains mentionnés dans le texte sacré *Ādi Granth* (« le premier livre ») – aussi appelé *Gurū Granth Sāhib* (« le livre qui est l'éternel *Gurū* »). D'après le *Sikh Rahit Maryādā*, « code de conduite » sikh finalisé en 1950, le sikh est celui qui croit dans l'Un éternel[1] (*Akāl Purakh*), dans les dix *gurū* sikhs (de Gurū Nānak à Gurū Gobind Singh), dans le *Gurū Granth Sāhib*, dans les œuvres des dix *gurū* et dans leur enseignement, dans la cérémonie d'initiation *khālsā* instituée par le dixième Seigneur (Gurū Gobind Singh), et qui ne croit en aucune autre doctrine religieuse[2].

Pour les sikhs eux-mêmes, la communauté sikhe fut formée lorsque, sortant des eaux de la rivière Bein, Gurū Nānak prononça le fameux : « Il n'y a ni hindou ni musulman ». Bien qu'il ne soit pas facile de reconstituer les débuts de la communauté sikhe, on peut penser que les enseignements de Gurū Nānak et la sainteté dont il faisait preuve par son style de vie ont vite attiré plusieurs disciples.

Ce phénomène était loin d'être unique à cette époque dans le Nord de l'Inde. De nombreuses communautés virent le jour durant cette période. La communauté de Kabīr, d'après le nom du poète mystique du XIVe siècle (1450 ?-1518), est relativement connue grâce à la traduction de la poésie de Kabīr par Rabindranath Tagore. L'enseignement de Nānak fait partie de la tradition *Sant* du Nord de l'Inde dont Kabīr fut le principal représentant. Comme le *Sant*, Nānak présente une doctrine de libération qui privilégie la

---

1. Dieu au sens que lui donnent les sikhs et que nous décrirons plus loin.

2. *Sikh Rahit Maryādā*, 16e édition, 1983, p. 8.

dévotion amoureuse envers un Dieu sans forme (*nirākār*), éternel (*akāl*) et ineffable (*alakh*). Il déprécie les objets extérieurs, les gestes, les pratiques, et rejette les castes, les médiateurs et les spécialistes religieux. Nānak propose donc une religion intérieure. Son seul lieu de pèlerinage est le corps humain ; son seul objet de culte est le Créateur immanent à l'univers que les *sant* appellent l'éternel *Gurū* (*satigurū*).

Un tel résumé nous entraîne sur un terrain controversé. Nombre de sikhs seraient en effet loin d'être ravis par l'idée que des enseignements comparables à ceux de Nānak prévalaient déjà dans le Nord de l'Inde avant sa naissance. Ils soutiennent au contraire que Nānak a reçu son message de libération directement de l'éternel *Gurū* et estiment que sa doctrine de libération est unique puisqu'elle vient d'une révélation directe. Le fait qu'elle ressemble de façon remarquable à d'autres enseignements répandus au même moment dans le Nord de l'Inde ne serait selon eux qu'une simple coïncidence[3].

Malgré leur opposition, ces deux interprétations relatives à la naissance du sikhisme pointent vers une solution commune : le caractère à la fois originel et original de l'enseignement de Gurū Nānak. Pour le pieux, Nānak est le véhicule de la révélation – généralement connue sous le nom de *gur-mat*, « l'enseignement de [l'éternel] *Gurū* ». À ses yeux, la doctrine coule de la source originelle, de l'Un éternel (*Akāl Purakh*). Aux yeux du spécialiste qui connaît la dette de Nānak envers les *sant*, la solution commune est moins évidente mais tout aussi puissante : l'originalité de Nānak s'exprime par la façon dont, à la lumière de sa personnalité et de ses visions, il interprète l'héritage religieux du XVe siècle. À travers des poèmes d'une beauté inégalée, Gurū Nānak a transformé un ensemble incohérent d'enseignements ésotériques en un système de pensée accessible à tous. Puisque cet héritage ésotérique semble fournir les principales composantes de la pensée de Nānak, nous décrirons d'abord la tradition *sant* du Nord de l'Inde.

3. De nos jours, les travaux en punjabi sur le sikhisme posent l'hypothèse que les *sant* comme Kabīr et Shaikh Farid étaient en fait des disciples de Gurū Nānak. Cela expliquerait la ressemblance de leurs enseignements. Voir Girdit Singh (1990).

Les sant *du Nord de l'Inde : la tradition du Sans-attributs*[4]

Le mot hindi et punjabi *sant* n'a pas de lien étymologique avec le terme latin *sanctus*, ni donc avec le français saint/sainte. Il est plutôt lié au sanskrit *sat* (« vérité »). Essentiellement, le *sant* est « celui qui connaît la Vérité », plus précisément, « celui qui a fait l'expérience de l'ultime Réalité ». Le *sant* ne renonce pas au monde et ne mendie pas sa nourriture. Il ne reçoit aucune initiation et ne fait pas de sacrifices. Il ne pratique ni le yoga des postures, ni le contrôle du souffle. Il ne prétend pas posséder des pouvoirs supranormaux (*siddhi*). Le *sant* ne se promène pas sur les lieux de crémation comme les ascètes shivaïtes enduits de cendres. En fait, le vrai *sant* n'attire l'attention d'aucune manière : il ne porte aucun vêtement spécial, aucune marque frontale (*tilak*), aucun collier (*mālā*), aucun chapeau soufi (*tāj*), aucun signe distinctif. Il n'affiche pas non plus sa sainteté.

Le *sant* typique est un laïc ou « maître de maison » (*gṛhastha*). Il provient souvent des castes inférieures et subvient à ses besoins et à ceux de sa famille par son occupation traditionnelle. Par exemple, Kabīr serait né dans une famille de tisserands musulmans ou *julāha*, Sena était barbier et Raidas appartenait à une caste de cordonniers. Bien qu'un *sant* puisse paraître attaché à sa famille ou à sa caste, il a coupé tous les liens. Il vit bien dans un environnement familial, mais son esprit est à jamais centré sur le divin. Les *sant* se distinguent des autres sages avant tout par le fait qu'ils composent des poèmes en langue populaire, pour instruire les gens dans la façon de parvenir à la libération.

Les caractéristiques des *sant* nous renvoient à la tradition elle-même. En quoi consiste la tradition des *sant* ? On ne trouve dans les textes aucune allusion à une association formelle de *sant* ni à une doctrine *sant*. Le regroupement des *sant* du Nord de l'Inde[5] ne tient ni à un lien historique ni à un lignage paternel, mais simplement à la similitude de leurs enseignements.

---

4. Notre traduction de *nirguṇa sampradāya*. Cette tradition est également connue sous le nom de « communauté du Sans-attributs » (*nirguṇa panth*) et de « tradition des *sant* » (*sant paramparā*).

5. Notons qu'il existe une variante légèrement différente de la tradition *sant* dans le Sud de l'Inde.

Quels sont ces enseignements ? La tradition *sant* du Nord de l'Inde combine démarche de libération spirituelle et protestation sociale. Les deux sont intimement liées. Les *sant* rejettent avec véhémence la pertinence de la caste en ce qui concerne la libération et tournent souvent en dérision ceux qui revendiquent une autorité en matière de religion. L'hindouisme et l'islam ont tous deux leurs courtiers en mérites religieux, que ce soit le brahmane officiant ou le *mullah*, le yogi hindou ou le juge islamique.

La tradition *sant* met donc tout l'accent sur la nature intérieure de la connaissance spirituelle et sur la méthode capable de dénouer les liens qui attachent les individus à la roue de la transmigration. « Regarde dans ton cœur », « médite sur le Réel », telles sont les affirmations qui la caractérisent. Comme pour l'hindouisme en général, le but des *sant* est la libération (*mokṣa*). Ils proposent toutefois une voie différente des autres.

Pour les *sant*, Dieu est sans forme et ineffable. Ils disent souvent de lui qu'il est sans attributs (*nirguṇa*). C'est là une croyance clé de l'enseignement *sant* qui le différencie de la *bhakti* ou dévotion vishnouïte avec laquelle il est souvent confondu. Dans les coutumes dévotionnelles, la *bhakti* est souvent dirigée vers un avatar, vers un Dieu avec attributs (*saguṇa brahman*) comme Rāma ou Kṛṣṇa. Les *sant* enseignent que l'amour doit être offert au Seigneur suprême durant le mouvement intérieur de la méditation. La discipline doit être uniquement intérieure : on ne doit pas se concentrer sur les avatars ou leurs représentations physiques (les idoles), mais sur le *nām*, c'est-à-dire sur le nom de Dieu inscrit dans le cœur de chacun et partout dans la création, et sur la parole divine ou *shabad* qui permet de comprendre le *nām*. Cette méditation constamment tournée vers l'intérieur rapproche du divin et permet d'atteindre les cimes les plus élevées de la perfection spirituelle. Le candidat dévoué parvient à un état d'équanimité éternelle, une totale accalmie de tout sentiment et de toute discorde que les *sant* appellent *sahaj* (« l'équilibre »). En cet état, il devient *jīvanmukti*, libéré en cette vie même.

Le concept de *sahaj* se retrouve dans le *haṭha yoga* transmis par la tradition des maîtres (*nāth sampradāya*) – ou tradition des yogi *kānphaṭ* – depuis le semi-légendaire yogi shivaïte Gorakhnāth. Participant du mouvement tantrique, le *haṭha yoga* identifie des centres d'énergie (*cakra*) le long de la colonne vertébrale. Par un contrôle poussé du souffle et la méditation, le yogi pourra faire monter l'énergie de la *kuṇḍaliṇī*, ce serpent lové à la base de la colonne vertébrale, jusqu'au lotus aux mille pétales situé au sommet de la tête. Lorsque ce niveau est atteint, les émotions du yogi restent toujours stables et il vit l'illumination complète (*sahaj*).

Bien qu'il ait été très populaire dans le Punjab et dans le Nord de l'Inde au XVe siècle, aujourd'hui le système des *nāth* ne compte presque plus d'adeptes vraiment sérieux. Malgré son petit nombre d'adhérents, ses croyances fondamentales survivent dans les hymnes populaires des *sant* contemporains des anciens *nāth*, et particulièrement dans les « témoignages » (*sākhī*) de Kabīr. Quoique les *sant* s'opposent vivement à la sotériologie du *haṭha yoga* – surtout à son insistance sur les austérités physiques – l'enseignement des *nāth* fut parmi les trois sources d'inspiration qui s'unirent pour former la tradition du Sans-attributs. Des *nāth*, les *sant* ont retenu l'inutilité des castes sur la voie de la libération, le Verbe mystique vibrant dans tout l'univers, le *Brahman* ineffable et sans attributs, et l'abolition de la dualité entre le divin et le dévot.

Le courant de la dévotion vishnouïte constitue la deuxième source d'inspiration initiale des *sant*. D'après la tradition, ce sont les *sant* itinérants du Sud de l'Inde qui ont répandu le mouvement de la dévotion (*bhakti*) vers le Nord. Et, au Nord, ce mouvement est associé avant tout à Rāmānanda qui, croit-on, était le *gurū* de Kabīr. Pour les adeptes de la *bhakti*, la réponse essentielle au divin est l'amour dénué d'intérêt personnel. Les vishnouïtes dirigeaient cette dévotion vers l'un des avatars de Viṣṇu. Dans le Punjab, la préférence allait à sa septième incarnation, soit Rāma, le héros du *Rāmāyaṇa*.

La troisième influence, soit celle du soufisme (la tradition mystique de l'islam), est la plus controversée. Cette controverse porte sur le degré d'influence des idées et des attitudes soufies sur les *sant*. D'après certains chercheurs, le soufisme a exercé tout au plus une influence marginale. L'examen du vocabulaire soufi chez les *sant* confirme cette hypothèse. Pour d'autres, l'influence est plus prononcée, car la comparaison des idées *sant* et soufies indique une transmission directe. On y trouve des thèmes similaires comme la souffrance due à la séparation du Bien-aimé (Dieu) et l'anéantissement du moi dans l'union ultime avec le divin (*fanā*). Certes les affinités existent et le soufisme a bien pu encourager certaines transformations – particulièrement l'idée de l'unité du Divin (*waḥdat ul-wujūd*) – mais il est erroné de croire qu'il s'agit d'un résultat direct de l'influence soufie. En effet, la pensée soufie et son imagerie avaient intégré la conscience religieuse du Nord de l'Inde avant même le début de la tradition *sant*.

Il en est ainsi de tous les courants qui ont participé à la formation de la tradition *sant*. On ne peut prétendre, par exemple, que les adeptes de la tradition des *nāth* aient essayé consciemment de changer les croyances des vishnouïtes et vice-versa. Contrairement à ce que suggère l'hagiographie populaire, aucune influence directe n'est démontrée. Tous les enseignements dont nous venons de parler faisaient partie intégrante de la pensée religieuse du Nord de l'Inde au XVe siècle. Ils ont simplement été assemblés de façon similaire par quelques *sant*.

Le fait que les *sant* utilisaient des termes hindous et musulmans, et particulièrement les noms du Dieu hindou Rām(a) et du Dieu musulman Rahim, a souvent donné la fausse impression que ces auteurs avaient tenté d'harmoniser les deux traditions dans une foi holistique intégrant le meilleur de l'hindouisme et de l'islam. Kabīr et Gurū Nānak sont encore considérés comme les grands maîtres d'œuvre de cette synthèse. Mais il s'agit là d'une notion erronée, basée sur une lecture incomplète ou superficielle des sources sikhes et *sant*.

Pour Gurū Nānak, Kabīr et la majorité des *sant*, les objets rituels physiques obstruent le progrès sur le chemin de la véritable compréhension religieuse. Chez Kabīr, par exemple, la mosquée et le temple représentent les formes conventionnelles de la foi hindoue et musulmane. Ces symboles soulignent le fait que ces deux traditions présentent des systèmes de croyances et de pratiques qui font largement appel à l'autorité extrinsèque et à l'expression extérieure. En ce sens, les deux traditions doivent être condamnées. Seuls ceux qui suivent le chemin intérieur de la dévotion, ceux que Nānak appelait les « vrais » musulmans et les « vrais » hindous, peuvent atteindre la libération. Ces authentiques fidèles s'opposent radicalement aux « faux » croyants qui se fient aux rituels et aux pèlerinages, aux idoles et aux images, au Coran et au *Veda*, au brahmane et au *qazi*.

Loin de vouloir synthétiser les objets sacrés de l'hindouisme et de l'islam dans le sikhisme, comme le laissent souvent comprendre les livres d'introduction aux religions du monde, on demande ici de les rejeter. Pour Nānak, le temple et la mosquée sont à l'intérieur de soi et c'est cet endroit – le cœur – que tous les vrais croyants doivent atteindre en esprit. La foi du sikhisme n'est donc ni éclectique, ni enracinée principalement dans l'islam car, répétons-le, les aspects fondamentaux de l'enseignement de Nānak ont été empruntés à la tradition *sant*. Dans la section suivante, nous démontrerons comment l'enseignement du premier *gurū* correspond aux éléments accentués par les *sant*.

La doctrine sikhe : l'enseignement de l'Éternel Gurū

En guise de préface à cette section, nous devons rappeler que Gurū Nānak a porté l'héritage *sant* à un niveau de cohérence et de clarté inégalé par aucun autre *sant*. Aucun écrit *sant* ne rivalise en beauté avec la poésie de Nānak. Doué d'un regard profond, Kabīr était avant tout un mystique, et c'est pour le lecteur enclin lui aussi à la mystique que sa poésie résonne de tout son sens. Certains de ses poèmes adoptent d'ailleurs le genre énigmatique appelé « le langage à l'envers » (*ulaṭbāṃsī*) qui fait, par exemple, que « l'océan se fond dans la goutte d'eau ». Si bien que le sens de cette poésie était souvent insaisissable pour le paysan punjabi ou bengali du XVe siècle. Il reste que la poésie de Gurū Nānak décrit de façon complète et cohérente la nature de Dieu, la nature de l'humanité et la voie de la libération.

Commençons par la description que fait Nānak de l'*Akāl Purakh* (l'Un éternel) dès la première page de l'*Ādi Granth* :

> Il existe un Être. Il a pour nom Vérité. Il/Elle est le [seul] créateur. Il/Elle ne connaît ni la peur ni l'inimitié. Éternel, au-delà du temps, Il/Elle n'a ni forme, ni incarnation. Il/Elle existe par soi-même. [Il/Elle ne peut être connu] que par la grâce du *gurū*[6].

Les sikhs considèrent ce passage comme le « mantra primordial » (*mūl mantar*). Le passage commence avec le symbole « ੴ » prononçé « *ik oaṅkār* ». On estime que l'*ik oaṅkār* englobe tout, car il signifie l'unicité de la création, de tout ce que Dieu et l'univers contiennent. L'*ik oaṅkār* représente le germe de toute manifestation, la source de toute émanation. Il est donc le symbole par excellence de l'*Akāl Purakh*.

Maintenant, comment expliquer que l'humanité puisse expérimenter le divin et atteindre la libération ? La réponse à cette question se trouve également dans le mantra primordial : « par la grâce du *gurū* » révèle que l'*Akāl Purakh* est un dieu rempli de grâces, qui veille à ce que l'humanité ait les moyens de s'émanciper spirituellement et à ce que ces moyens soient immédiatement accessibles aux infatigables chercheurs. Tous ceux qui ouvrent leurs yeux et voient, peuvent percevoir une révélation significative à l'intérieur même de la création. Dieu n'est pas seulement transcendant ; il est aussi immanent dans l'univers. Comme le dit souvent Gurū Nānak, il est « partout présent » (*sarab viāpak*), à la fois dans le cœur humain et partout autour de l'humain.

---

6. *Mantra* primordial, *Ādi Granth*, p. 1.

De la nature de Dieu, passons à celle de l'humanité. Dans la pensée de Gurū Nānak, l'humanité est héréditairement aveugle, elle ferme consciemment les yeux sur la révélation divine qui habite en elle et partout autour. Le problème vient essentiellement de la combinaison des facultés que nous appelons cœur, esprit et âme, et que les sikhs désignent collectivement par *man*. Certes, les gens sont conscients du besoin de se libérer du *saṃsāra*, mais ils tentent d'y arriver par des moyens qui les attachent encore plus fermement au cycle de la vie, de la mort et de la renaissance. En acceptant le conseil des médiateurs religieux, ils placent leur confiance en des actes de piété extérieurs comme le pèlerinage et le jeûne. Pour le premier *gurū*, tout cela n'est que *māyā*.

Il ne faudrait pas confondre la *māyā* de Gurū Nānak avec celle de Śaṅkara et des autres sages védiques qui lui donnent le sens d'illusion cosmique. Dans la pensée sikhe, le monde n'est pas irréel. Le sikhisme accepte totalement la réalité du monde en tant que création de l'*Akāl Purakh*. Chez Gurū Nānak, le concept de *māyā* renvoie à la nature illusoire des valeurs du monde. *Māyā* emprisonne l'humanité dans ses filets en se faisant passer pour le permanent et l'incorruptible, pour la Réalité ultime. Aucune piété ne peut sauver de la transmigration ceux qui, nombreux, succombent aux puissantes tentations de *māyā*. Une fois pris dans la toile de *māyā*, le captif exhibe fièrement son *haumai*, le problème clé de la condition humaine dans la pensée sikhe. Le mot punjabi *haumai* est la combinaison de « je » et de « moi », deux pronoms personnels de la première personne. Il représente le regard nombriliste qui leurre l'égoïste, exemple type de l'humanité dégénérée. Le salut consiste à purifier le *man* de son *haumai* et à rejeter les séductions de *māyā*.

La discipline que le chercheur pieux doit observer pour vaincre les passions du *man* et parvenir à la libération est décrite dans une série de termes centraux répétés régulièrement dans les hymnes du premier *gurū*. Miséricordieux, l'*Akāl Purakh* communique sa révélation par l'intermédiaire du *gurū*. La voix qui attire l'attention du dévot vers le mystère englobant n'est alors pas celle d'un maître humain, mais celle, divine, de l'*Akāl Purakh* passant à travers un cœur humain. La révélation transmise par le *gurū* est le Verbe mystique ou *śabad*, la communication divine de soi à soi. Toute facette du monde réel qui communique une vérité sur l'*Akāl Purakh* peut être considérée comme le *śabad*. Tout ce qui peut éveiller une perception mystique ou spirituelle est *gurū*.

En regardant en lui et hors de lui, celui qui est illuminé et qui a maintenant les yeux ouverts, discerne l'ordre divin (*hukam*), la présence mystique de l'*Akāl Purakh* dans l'univers. L'*hukam* constitue le reflet de l'ordre et de l'harmonie de l'*Akāl Purakh* dans la création. La libération consiste à s'accorder en toute humilité avec cette harmonie.

Pour ce faire, il faut s'approprier le nom divin ou *nām*. Pour Gurū Nānak comme pour les *sant*, le nom divin renvoie à la nature et à l'être de l'éternel *Gurū*, soit l'*Akāl Purakh*. L'adepte recourt au « rappel du nom divin » (*nām simraṇ*). L'une de ses formes est la récitation collective d'hymnes de l'*Ādi Granth* (*kīrtan*). Ce chant constitue la version simplifiée du rappel connu sous le nom de *nām japaṇ*, soit la répétition d'un nom divin comme le *satinām* (« le vrai nom ») ou le populaire *Vāhigurū* (« le Seigneur merveilleux »). Le *nām simraṇ* comporte des techniques beaucoup plus sophistiquées que la simple répétition. Il comprend une méditation continue sur l'essence du *nām*, sur l'harmonie inscrite dans la vie et la création. Pleine d'amour et de concentration, une telle méditation permet au dévot de progresser à travers les cinq étapes mystiques (*khaṇḍ*) que Gurū Nānak résume dans son fameux *Japjī*, situé après le *mantra* primordial dans l'*Ādi Granth*. L'étape finale (*sacc khaṇḍ*) est le royaume de la Vérité, et marque la fin de l'ascension spirituelle. À ce niveau, le dévot est extasié d'émerveillement (*vismādu*) et en parfait accord avec l'harmonie divine (*hukam*). C'est ici que cesse toute dissonance et que sont coupés les liens qui enchaînent à la roue.

Gurū Nānak (1469-1539)

Les croyants tirent leurs informations sur la vie de Nānak de deux sources principales. La première comprend les neuf cents hymnes de l'*Ādi Granth* qui lui sont attribués. Le dévot reconnaît que l'information biographique est fort limitée dans ce livre. Mais il estime que ces hymnes renferment suffisamment de renseignements historiques pour reconstruire la vie et la carrière du premier *gurū*. S'appuyant sur certains hymnes, plusieurs auteurs nous disent que l'époque de Nānak fut marquée par des querelles intenses, par la bigoterie et par une tyrannie sans précédent. Mais l'histoire moderne nous apprend que la période de Nānak était relativement stable et paisible. Pour décoder les allusions de Nānak, il faut se rappeler qu'il se préoccupe principalement de la libération spirituelle. Quand il fait référence à ce qui semble la corruption du sultanat Lodi ou des débuts de l'administration moghole, il souligne en fait la fausseté de la présente période cosmique, celle du *kaliyug* (l'ère de la dégénérescence)[7].

La deuxième source d'information sur la vie du premier *gurū* – et de loin la plus populaire – est constituée des biographies traditionnelles de Nānak connues sous le nom de *janam-sākhī* (« preuves de la naissance »). Pour plusieurs sikhs, leur témoignage reste inviolable même si les chercheurs ont prouvé que ces textes avaient été écrits environ deux cents ans après les événements dont ils parlent. Il reste que certains thèmes de ces biographies entrent en contradiction avec l'esprit de l'enseignement de Gurū Nānak dans les Écritures sikhes. On trouve parmi ces thèmes les idéaux ascétiques, « la victoire sur l'Islam » et le rôle de Nānak dans la synthèse des traditions hindoue et musulmane. Selon les données actuelles, les *janam-sākhī* sont donc plus près de la légende que de la biographie. Est-ce à dire qu'ils sont négligeables pour l'historien ? Rien n'est plus loin de la vérité. Ces textes fournissent à l'historien des documents qui révèlent comment la communauté sikhe des XVIIe et XVIIIe siècles interprétait la vie de Nānak. Pour cette communauté, le véhicule de la libération était Gurū Nānak lui-même. Il fallait simplement avoir foi en lui : dans ces textes, il suffit de voir (*darśan*) le premier *gurū* pour obtenir la libération.

Bien sûr, il existe plusieurs écrits biographiques[8]. Celui que préfèrent les sikhs ruraux est le *Bālā Janam-sākhī* qui tient son nom de Bālā Sandu, un proche disciple de Gurū Nānak. Le charisme de ce texte est probablement dû aux nombreux miracles qu'il raconte. Malgré sa popularité, le *Bālā* est aujourd'hui éclipsé par le *Purātan* ou « ancien » *Janam-sākhī*. Avare de miracles, cette recension attire un auditoire plus raffiné et constitue l'interprétation dominante de la vie et de la mission de Gurū Nānak dans les cercles sikhs urbains et éduqués. La narration standard se déroule comme suit.

Nānak est né en avril 1469 dans le village de Talwandi (aujourd'hui Nankana Sahib), situé à environ soixante-dix kilomètres de Lahore, de parents aisés appartenant à la sous-caste *Bedī*, qui fait partie de la caste *Khatrī*. Jeune homme, Nānak est beaucoup plus préoccupé par les choses de l'autre monde que par celles d'ici-bas. À l'âge de sept ans, par exemple, il est envoyé chez un précepteur pour apprendre à lire et à écrire. Après seulement une journée, Nānak laisse tomber son apprentissage et commence à enseigner au précepteur l'inutilité des connaissances de ce monde et la

---

7. Pour les différents âges cosmiques, veuillez vous référer au texte sur l'hindouisme, page 33.

8. L'étude définitive sur les *Janam-sākhī* est celle de W.H. McLeod, *Early Sikh Tradition : A Study of the Janam Sākhīs*, Oxford, Clarendon Press, 1980.

valeur du Nom divin. Dans l'espoir de lui inculquer le sens des responsabilités, ses parents le marient à l'âge de douze ans. À dix-neuf ans, sa femme le rejoint à son village natal et ils auront deux fils, Lakshmi Dās et Siri Chand. Plus tard, Nānak quitte son village pour Sultanpur Lodi où Jai Ram, son beau-frère, lui a trouvé un emploi comme administrateur chez Daulat Khan, un fonctionnaire local. Là encore, Nānak se perd souvent dans le divin. Une anecdote fameuse raconte que, distribuant des biens dans le commissariat, Nānak fut incapable de compter plus loin que treize. En punjabi, le mot treize (*terān* ou *terāh*) ressemble à *terā* (« Vous ») le pronom qui désigne souvent l'*Akāl Purakh* dans ses hymnes. Quand il arrive à *terān*, Nānak entre en transe et continue de répéter *terā, terā, terā*...

Un matin, à l'âge de trente ans, Nānak disparaît pendant son bain matinal dans la rivière Bein. Selon le *Purātan Janam-sākhī*, après avoir été submergé par les flots, il est transporté à la cour de l'éternel *Gurū*. L'*Akāl Purakh* offre alors à Nānak une coupe d'éternelle ambroisie et lui donne pour mission d'enseigner le Nom divin à l'humanité en déroute. L'*Akāl Purakh* le bénit et lui donne une robe d'honneur. Ressortant de la rivière trois jours plus tard, Nānak déclare : « Il n'y a ni hindou, ni musulman », pour suggérer qu'ils sont tous des créatures de Dieu.

Nānak quitte son emploi et voyage à travers le sous-continent pour remplir la mission qu'on lui a confiée. L'accompagne Mardana le Ḍum, un troubadour musulman de Talwandi. Nānak cherche des hommes pieux et leur parle de la vraie nature de la réalité. Il s'installe ensuite à Kartarpur, à quatre-vingt-dix kilomètres au sud d'Amritsar. La réputation de Nānak attire alors plusieurs disciples qui se regroupent et vivent une vie idéale faite de méditation sur le nom divin, de chants collectifs en hommage à l'*Akāl Purakh* et du service désintéressé pour la congrégation sikhe dans des hôtelleries.

Conscient de sa mort prochaine, Gurū Nānak choisit comme successeur Lehana, son disciple le plus dévoué. La nouvelle de la mort prochaine de Nānak se répand parmi les hindous et les musulmans, qui accourent vers lui. Une querelle éclate au sujet de ce qu'il faudra faire avec la dépouille. Les hindous veulent la crémation et les musulmans, l'enterrement. Gurū Nānak règle lui-même le conflit en demandant aux hindous de placer des fleurs à sa droite, et aux musulmans, de les disposer à sa gauche. Ceux dont les fleurs resteront fraîches après sa mort, ajoute-t-il, pourront procéder comme bon leur semblera. Pendant que l'assemblée des dévots chante des hymnes, Nānak se recouvre d'un drap et s'endort. Plus tard, on soulève le drap mais le corps a disparu et les fleurs des deux groupes sont encore fraîches. Les hindous procèdent à la crémation de leurs fleurs et les musulmans, à leur enterrement. Ainsi Nānak est mort à Kartapur en 1539.

Les successeurs de Gurū Nānak : de Gurū Aṅgad à Gurū Gobind Singh (1539-1708)

Évidemment, une bonne partie de la biographie du Purātan est légendaire, particulièrement l'histoire de la mort de Nānak qui est empruntée à la tradition de Kabīr. Toutefois, la possibilité que Nānak ait nommé un successeur ne laisse pas de doute. Toutes les biographies s'accordent pour dire qu'il donna à Lehana le nom d'Aṅgad, car il sentait que ce dernier faisait partie (*aṅg*) de lui-même. On connaît peu de choses certaines sur le Gurū Aṅgad, car plusieurs spécialistes considèrent avec raison que la source principale de son histoire et de celle de ses successeurs est très peu fiable. Écrit par Santokh Singh et datée de 1844, ce texte est le *Gur Pratāp Sūray*, généralement appelé *Sūraj Prakāsh*. D'après l'auteur, Aṅgad aurait notamment institutionnalisé la salle à manger communale des hôtelleries (*dharaṃsālā*).

Les hymnes des trois autres successeurs suggèrent que, comme Nānak, ces derniers continuèrent d'enseigner l'assimilation du Nom divin par la composition ou la récitation collective d'hymnes.

Un examen attentif des *baṇı* (« communications sacrées ») de Gurū Aṅgad révèle la présence de nombreuses images sur les marchands et le commerce, ce qui nous pousse à croire que les commerçants (*Khatrī*) constituaient la majeure partie de son auditoire. On remarque également que le thème du serviteur « fauteur de troubles » ou « sénile » ainsi que les sentiments hostiles prennent beaucoup de place dans les écrits du deuxième maître. Ces allusions répétées renvoient peut-être aux problèmes d'Aṅgad devant la revendication du statut de *gurū* par les fils de Gurū Nānak et particulièrement par Siri Chand, naturellement porté vers l'ascétisme.

Les hymnes du troisième maître, Gurū Amar Dās, présentent une atmosphère différente. On y fait allusion non pas au disciple « sénile », mais à celui qui est « toujours victorieux », ce qui laisse entendre que le nombre d'adhérents était en hausse. Certains passages suggèrent de plus que la communauté avait maintenant des membres partout dans le Punjab et dans le reste de l'Inde. Ce déploiement et cette augmentation de la communauté expliquent peut-être les innovations de Gurū Amar Dās. D'après la tradition, il eut à faire face aux prétentions des fils récalcitrants de Gurū Aṅgad au trône de Nānak. Aussi choisit-il de déménager le centre sikh de Khadur à Goindwal, le village de sa famille. Là, Gurū Amar Dās fit construire un grand puits et un escalier pour y descendre, ce qui aurait permis de faire de l'endroit un lieu de pèlerinage. La conception de cette construction va à l'encontre du principe de Nānak selon lequel le cœur est le seul lieu de pèlerinage. Mais il faut garder à l'esprit que la communauté comprenait alors de nombreux fidèles de la deuxième génération. Et l'on peut penser que l'augmentation des membres avait diminué le lien personnel avec le *gurū*. La solution semble avoir été de recourir aux institutions indiennes traditionnelles. Nānak avait clairement rejeté ses formes externes. Dans des circonstances différentes et plus difficiles, Amar Dās avait eu besoin de les utiliser. Mais il s'agissait de concessions aux besoins sociaux plutôt que d'un changement de doctrine chez les sikhs, car l'insistance de Nānak sur la foi intérieure resta fondamentale.

Le souci de répondre à ce type de besoins semble avoir accéléré la création de *mañji* (unités territoriales communautaires semblables à des diocèses), tout comme l'établissement de jours de fête sikhs et le rassemblement des écrits sacrés. On connaît ces derniers sous le nom de *Pothī de Goindwal.* Les manuscrits montrent qu'Amar Dās lui-même colligea ses propres compositions, les hymnes des deux *gurū* précédents et des chants attribués à divers *sant* dont les propos s'accordaient avec l'enseignement de Nānak. Ces textes représentent le noyau de ce qui deviendra l'*Ādi Granth* sous la direction du cinquième *gurū*, Arjan. Tels sont les ajouts que fit le troisième *gurū* pour renforcer l'unité de la communauté sikhe naissante et maintenir sa cohésion.

Les hymnes d'Amar Dās indiquent aussi que les sikhs devenaient peu à peu conscients de leur identité distincte. Alors que, dans les hymnes de Nānak, le vocable *saṅgat* (congrégation) signifie toute association de saints, il prend un sens distinctement sikh dans les hymnes du troisième *gurū*. On a clairement l'impression qu'ici, le *saṅgat* commence à correspondre à l'institution moderne du temple sikh, c'est-à-dire au *gurdvārā* (« la porte [la maison] du *gurū*[9] »).

La même conclusion peut être tirée des hymnes de Rām Dās, le quatrième *gurū* sikh. Le *saṅgat* occupe une place prépondérante dans ses œuvres : le mérite de participer au *saṅgat* équivaut à celui de soixante-huit pèlerinages. Malgré le fait que Rām Dās ne fut *gurū* que sept années (contre vingt-deux pour Amar Dās), son règne a vu naître le symbole de cohésion le plus puissant du sikhisme. C'est sous lui que le *Rāmdās Sarovar*, le bassin

9. Gurū Amar Dās, *Siri Rag*, 11:1, *Ādi Granth*, p. 30.

d'eau entourant la ville de Ramdaspur, fut construit. Renommée plus tard Amritsar (« Le bain de l'immortalité »), cette ville constitue le lieu sacré par excellence des sikhs depuis le XVIe siècle. Parmi les développements dont témoignent les hymnes du quatrième *gurū*, on compte également l'expansion des unités territoriales à partir du leardership de l'ordre *masand*. Les *masand* étaient des sikhs choisis par le *gurū* lui-même pour le représenter dans les nombreuses assemblées (*saṅgat*) partout à travers l'Inde. D'après la tradition, ces sikhs se rassemblaient à Amritsar tous les mois d'avril ou de mai (*Vaiśākhī*) pour remettre au *gurū* les dons de leur *saṅgat*. Finalement, c'est avec Rām Dās que la succession devient héréditaire. Tous les successeurs devront provenir de son lignage patrilinéaire, le Sodhi Khatrī.

Dans les versets du cinquième maître sikh, Gurū Arjan, plusieurs thèmes abordés par les *gurū* précédents prennent de l'ampleur. Par exemple, les hymnes du second *gurū* font allusion au problème des revendications rivales. La concurrence atteint un nouveau sommet avec Gurū Arjan. Le témoignage de la tradition est on ne peut plus clair : le trône est allé à Arjan, le plus *jeune* fils du quatrième *gurū*. Mais comme pour les trois premiers *gurū*, sa nomination posa des problèmes. À la mort de son père, Prithi Chand, le fils aîné, refusa de se soumettre à cette nomination et se proclama lui-même *gurū*. Afin d'étayer sa demande, il composa des hymnes signés Nānak. Pour mettre un frein à la production de ces contrefaçons, Arjan dota les sikhs d'un livre sacré, l'*Ādi Granth*. D'abord, il acquit les *Pothī de Goindwal* des mains de Mohan, le fils aîné d'Amar Dās. Ensuite, avec l'aide de Bai Gurdās Bhalla, un cousin du troisième *gurū*, il compila patiemment le premier canon sikh en veillant à ce que les hymnes des *gurū*, des *bhagat* (*sant*) et des *bhaṭṭ* soient tous authentiques et s'accordent avec la ligne de pensée du premier *gurū*. Terminé en 1604, le premier livre sacré fut déposé dans le Harimandir, le principal sanctuaire sikh appelé aujourd'hui le Temple d'or. Nous savons par ses hymnes que Gurū Arjan était fort préoccupé de sa situation et de celle de sa communauté. On croit reconnaître, par exemple, des allusions à des menaces contre la vie de son fils, le futur Gurū Hargobind, et à des conflits avec les fonctionnaires de l'État moghol.

Notons qu'avec la création d'Amritsar, les sikhs possédaient désormais un lieu de pouvoir. La ville se développa très rapidement. La présence du *gurū* attira plusieurs membres des basses castes, car son enseignement et celui de ses prédécesseurs donnaient à leur travail quotidien une dignité qu'ils n'avaient pas connue jusque-là. Amritsar prit son essor sous le cinquième *gurū* qui devint en quelque sorte son « roi ». On appelait d'ailleurs souvent son entourage « la cour » (*darbār*), un mot qui évoquait les splendeurs des palais moghols. Gurū Arjan fut appelé le « vrai roi » (*sacchā pātiśāh*), un titre normalement réservé à l'empereur.

Ces circonstances ont sans doute attiré l'attention des Moghols sur les sikhs et leur *gurū*. La tradition rapporte qu'après avoir reçu des plaintes au sujet de l'*Ādi Granth*, l'empereur Akbar rendit visite à Gurū Arjan pour en inspecter le contenu. À la déception des détracteurs d'Arjan, Akbar fut ravi de ce qu'il vit et offrit une robe d'honneur (*siropā*) au *gurū* pour lui signifier son contentement. L'empereur suivant, Jahangir, ne fut pas aussi cordial avec Arjan. Pour une raison ou pour une autre, ce dernier avait eu maille à partir avec les autorités mogholes, comme en témoignent les mémoires de l'empereur lui-même. D'après ce texte, Jahangir saisit l'occasion d'arrêter Arjan après que ce dernier eut apposé une marque safran sur le front du fils rebelle de l'empereur, Khusrau. Estimant que ce geste encourageait Khusrau dans ses prétentions au trône impérial, Jahangir condamna le *gurū* à mort. Mais il n'est pas certain qu'Arjan ait été tué par les Moghols. Une lettre écrite par Aḥmad Sirindī[10], le Shaikh soufi de Naqshbandiyya, stipule néanmoins qu'Arjan est mort dans des circonstances mystérieuses en 1606, alors qu'il était détenu par les Moghols.

D'après la tradition, c'est cet événement qui conduisit le sixième *gurū* à adopter une attitude militante et à militariser les fidèles sikhs. On raconte que lors de son accession au rang de suprême *gurū*, Hargobind consacra deux sabres, l'un symbolisant sa souveraineté spirituelle, l'autre son pouvoir temporel. On pourrait facilement imaginer la scène ainsi : encouragés par un *gurū* au tempérament martial, un groupe de persécutés court aux armes pour se protéger contre un régime despotique. Mais considérant la composition de la communauté sikhe de l'époque, des chercheurs ont mis cette hypothèse en question. À l'époque du sixième *gurū*, les *Jaṭ* constituaient le plus important groupe au sein de la communauté sikhe. C'était par tradition une caste agraire et elle était bien connue, avant même le XVIe siècle, pour sa propension à la violence, un facteur qui a bien pu éveiller les soupçons des Moghols vers la fin des années 1500. Dans son fameux livre intitulé *The Evolution of the Khālsā* (1937), Indubhushan Banerjee avança que, vers le début du XVIIe siècle, la communauté sikhe commençait à témoigner des comportements caractéristiques de sa principale composante. Dans *The Evolution of the Sikh Community*, W.H. McLeod a fait de cette hypothèse une théorie claire et bien étayée sur l'évolution de

10. Voir Yohan Friedman (1973). *Saik Aḥmad Sirindī : An Outline of his Thought for Posterity*, Montréal, McGill-Queen's University Press, p. 80.

l'identité sikhe[11]. Il affirme qu'à partir de la période du troisième *gurū* et peut-être même avant, un certain nombre de *Jaṭ*, attirés par le message égalitaire des *gurū*, commencèrent à s'intégrer aux sikhs. S'appuyant sur la création de villes sikhes à l'intérieur du territoire *jaṭ* au XVe et sur le témoignage du *Dabistāṇ-i Mazāhib* (XVIIe siècle), McLeod démontre que la communauté reflète de plus en plus les valeurs *jaṭ*. Durant la période du sixième *gurū*, la culture *jaṭ* était probablement très influente. Il est possible que le futur *gurū* lui-même ait considéré ces tendances culturelles comme la norme. McLeod conclut que lorsque Hargobind en appela aux armes, les *Jaṭ* continuèrent simplement de faire ce qu'ils faisaient depuis des générations.

Dans la tradition, on raconte que pour insuffler un tempérament guerrier à ses fidèles, Hargobind invita des troubadours à jouer des chansons martiales dans l'enceinte du Temple d'or. De nombreux sikhs furent profondément inquiétés par cette entorse aux pratiques antérieures. C'est cette anxiété que décrivent les odes de Bhā'ī Gurdās Bhalla. Dans la vingt-sixième ode, Bhai Gurdas déclare que Hargobind était beaucoup plus à l'aise à chasser, qu'à composer des hymnes sacrés ou à consoler sa communauté. Ce goût pour la chasse entraîna aussi Hargobind dans un conflit avec le régime moghol. On raconte que le *gurū* refusa de redonner un faucon qui appartenait à l'équipe de chasse impériale et que les sikhs avaient capturé par inadvertance. Cet événement aurait conduit à trois affrontements entre l'armée de l'empereur et celle du *gurū*. En réalité, ce ne fut sans doute que des escarmouches. Comme son armée était beaucoup plus petite, Hargobind se retira dans les montagnes Shivalik, endroit où il passera les dix dernières années de sa vie, soit jusqu'en 1644.

Hargobind arrêta le choix de son successeur sur Har Rai, le fils de son frère Bābā Gurditta. On connaît très peu de choses sur Gurū Har Rai et sur son fils et successeur Gurū Harikrishan, même si le Gurdvārā Bangala Sahib, un des plus fameux temples sikhs de New Delhi, a été construit à l'endroit même où Harikrishan habitait dans la capitale moghole. Heureusement, il est possible de reconstruire plusieurs pans de la vie de Tegh Bahādur, l'oncle de Gurū Harikrishan et neuvième *gurū*.

D'après des sources fiables, Tegh Bahādur fut le deuxième *gurū* martyr des sikhs. Les textes soulignent le caractère extraordinaire de son martyre puisque, dit-on, le *gurū* se sacrifia pour assurer la liberté religieuse de tout le sous-continent. Durant le règne de l'empereur Aurangzeb, Gurū

11. W.H. McLeod (1976). *The Evolution of the Sikh Community*, Oxford, Clarendon Press, p. 1-19.

Tegh Bahādur acquit la réputation de défenseur des opprimés dans la majeure partie du Nord de l'Inde. En mai 1675, une délégation de brahmanes du Kashmire vint le rencontrer à Makhowal pour lui faire part de la tyrannie religieuse exercée sur les hindous par le gouverneur moghol du Kashmire. Après les avoir écoutés, Tegh Bahādur jugea qu'il était temps de faire quelque chose contre les injustices religieuses et demanda aux brahmanes de se rendre auprès d'Aurangzeb pour lui transmettre le message suivant : s'il réussissait à convertir le *gurū* sikh à l'islam, toute l'Inde suivrait, mais, en cas d'échec, lui et ses gouverneurs seraient dans l'obligation de cesser la persécution de tous les non-musulmans. Le *gurū* se rendit lui-même à Delhi pour obtenir une audience d'Aurangzeb. Mais il fut arrêté en cours de route et jeté en prison avec trois de ses compagnons. Pour persuader Tegh Bahādur de se convertir à l'islam, l'empereur le fit assister au lent supplice et à la mort de ses trois compagnons. À la surprise des serviteurs d'Aurangzeb, le *gurū* demeura impassible devant toute cette horreur. Refusant de faire un miracle pour démontrer son intimité avec Dieu, il dut choisir entre l'islam et la mort. Il choisit la mort et témoigna de sa foi en sacrifiant sa vie, le 11 novembre 1675, sur les lieux du fameux marché Chandni Chowk dans la vieille ville de Delhi.

Quelques décennies plus tôt, le martyre d'Arjan avait donné un élan militaire aux sikhs. La tradition elle-même affirme que celui de Tegh Bahādur les incita à se militariser encore plus. On raconte qu'un groupe de sikhs bannis apporta la tête de Tegh Bahādur à son fils Gobind, alors au Bihar. Ce dernier fut irrité du fait qu'aucun sikh n'ait porté secours à son père pendant qu'il était emprisonné. Pour s'assurer que les membres de la communauté ne puissent ni ne veuillent perdre leur identité dans la société, le nouveau *gurū* fit le vœu de créer un ordre religieux distinct de tout ce qu'on avait connu jusque-là. Les sikhs ne seraient plus jamais des moineaux parmi les faucons, mais des moineaux capables de vaincre tous les oiseaux de proie. Ils ne seraient plus soumis à la cérémonie où l'on boit l'eau dans laquelle a trempé le gros orteil du *gurū* (*caraṇ-amrit*) et où l'on est appelé « esclave » (*dās*), car ce rituel encourageait la servilité. Désormais, cette ambroisie serait brassée avec le sabre, et tous les sikhs porteraient le nom de « Lion » (*siṅgh*). On ne peut savoir avec certitude ce qui se passa avant et durant le jour de l'adoption de ce nouvel ordre martial. La tradition a toutefois transmis le récit que nous venons de rapporter avec une grande force persuasive, si bien que plusieurs livres sur l'histoire sikhe acceptent cette version des faits sans aucune hésitation.

Le récit raconte aussi les événements du rassemblement annuel printanier (*Vaiśākhī*) du 14 avril 1699. Confronté à des menaces externes et à des dissensions internes, Gurū Gobind Singh profita de cette fête pour réunir tous les sikhs à Anandpur, une petite ville du Punjab située au pied de l'Himalaya. Devant une foule immense, il demanda qu'un volontaire vienne lui offrir sa tête en signe de loyauté. Personne ne bougea. Après le deuxième appel, quelqu'un se présenta. Le *gurū* conduisit son fidèle dans une tente et, après avoir entendu un grand bruit sourd, la foule le vit revenir avec un sabre sanguinolent à la main. Il redemanda des volontaires et répéta le même scénario quatre autres fois. Comme la foule commençait à s'apeurer et à s'agiter, le *gurū* souleva un versant de la tente et fit voir les cinq sikhs debout, sans armes. Appelés par la tradition « les cinq bien-aimés » (*pañj piāre*), ils furent les premiers initiés au nouvel ordre militant de Gobind Singh. Ce dernier déclara ce jour-là que seuls les sikhs de cette trempe formeraient le *khālsā*, vocable utilisé jusque-là pour désigner les sikhs initiés par le *gurū* lui-même plutôt que par ses représentants (*masand*). Plusieurs parmi ceux-ci étaient d'ailleurs corrompus et l'instauration de cette nouvelle initiation les fit disparaître.

Après avoir offert aux cinq initiés de l'ambroisie brassée avec le sabre, le *gurū* leur demanda de l'initier lui-même au *khālsā*. Ce geste de la part du *gurū* instaura la croyance dans le primat de l'institution du *gurū* sur le *gurū* particulier. D'après une des traditions, c'est ce jour-là que le *gurū* énonça le code de conduite que tous les sikhs *khālsā* doivent observer ; c'est aussi depuis ce jour que les sikhs doivent voir le *gurū* lui-même dans les textes sacrés et la communauté sikhe. Ainsi était établie la double doctrine du texte sacré comme *gurū* et de la communauté comme *gurū*, c'est-à-dire la croyance dans la présence mystique du *Gurū* éternel dans les Écritures et dans tout rassemblement d'au moins cinq sikhs.

D'après la tradition, la nouvelle cérémonie introduite par le *gurū* obligeait l'initié à laisser pousser ses cheveux, à porter des armes et à se donner le nom de Singh, ou de Kaur (« princesse ») pour une femme. Les deux premières de ces exigences font partie d'un ensemble qui sera appelé plus tard « les cinq k », chaque item commençant en punjabi par la lettre k :

keś :	la barbe et les cheveux non coupés
kaṅghā :	un peigne porté dans les cheveux
kaṛā :	un bracelet de métal
kirpān :	une dague ou un sabre en acier
kacch :	une sorte de boxer en guise de sous-vêtement.

L'engagement politique de la communauté atteignit son zénith sous la direction de Gobind Singh. Plusieurs batailles eurent lieu entre les forces du *gurū* et celles de l'empereur. Bien que les sikhs aient perdu ces batailles, la tradition les présente comme de glorieuses victoires en soulignant le courage et la volonté des *khālsā* de mourir pour leur *gurū* et pour la bonne cause. Lors d'une campagne dans le Sud de l'Inde contre un des frères de l'empereur Bahadur Shah, Gobind Singh fut poignardé à mort par un assassin Pathan. Ainsi s'acheva la période des *gurū*. Bien que les manuscrits laissent croire que les doctrines de l'Écriture-*gurū* et de la communauté-*gurū* n'avaient pas encore été développées avant la mort de Gobind Singh, les historiens sikhs traditionnels proclament que tous les éléments présents dans le sikhisme moderne sont tels qu'ils étaient à la fin de son règne.

*LA PÉRIODE POST-*GURŪ*, 1708-1849*

Durant les années précédant la mort de Gobind Singh, les sikhs devinrent une force politique et militaire importante. Pour diverses raisons, le pouvoir sikh avait augmenté rapidement. La confusion régnait dans le régime moghol au Punjab, les chefs hindous des montagnes commençaient à défier l'empire, et les envahisseurs afghans Nadir Shah et Ahmad Shah Abdali Dur-i Durrani commençaient à menacer les richesses du Punjab à mesure qu'ils avançaient vers la capitale Delhi. Sans doute motivés par les paroles et les actions de Gobind Singh, les sikhs prirent avantage de cette situation précaire. Certains adoptèrent un mode de vie rappelant celui des guerillas modernes, pillant les villages afghans et les caravanes qui retournaient à Kabul en rapportant sur le dos des chameaux les trésors volés à Delhi. Les historiens musulmans du XVIIIe siècle parlent des sikhs comme de criminels sans allégeance pour quoi que ce soit. Mais la tradition sikhe s'étend longuement sur la façon dont les sikhs de cette période soutinrent la doctrine de leurs *gurū* en protégeant ceux qui étaient opprimés par la tyrannie moghole et les armées afghanes. Selon les historiens sikhs, à cette époque, les sikhs pouvaient être recherchés et exécutés simplement à cause de leur appartenance religieuse. Comme les sikhs *Udasī* ne portaient pas de signes externes comme les *khālsā*, ils purent administrer les temples et les hôtelleries sans être dérangés par les autorités mogholes.

On raconte que, obligés de choisir entre la profession de foi musulmane et l'exécution, les *khālsā* choisissaient toujours la mort, affirmant ainsi leur fidélité aux *gurū* et à la droiture. Ils auraient pu facilement éviter la capture en abandonnant leurs symboles et surtout en coupant leurs cheveux.

Mais ils choisissaient de les garder pour ne pas offenser leur *gurū*. Ce fut donc l'âge des grands martyrs sikhs tels Bhai Taru Singh, Bhai Mani Singh et Shahib Mahitab Singh, tous connus pour leur mort glorieuse. Les récits de martyres sont fermement implantés dans la mentalité sikhe, car encore aujourd'hui on demande aux fidèles de se rappeler dans leur prière quotidienne les sacrifices de ces hommes.

L'exemple de ces héros a certainement nourri de nombreux sikhs durant les dix dernières années du conflit actuel au Punjab. Aussi, plusieurs jeunes hommes morts depuis 1984 sont-ils également appelés « martyrs » (*śāhīd*) de la communauté sikhe. Aujourd'hui, les relations entre sikhs et musulmans sont bien sûr beaucoup plus cordiales, particulièrement depuis qu'ils partagent le statut de communauté minoritaire dans la République de l'Inde. Il faut interpréter le biais anti-musulman dans son contexte historique et veiller à ne pas le transférer au sikhisme contemporain. Mais nous verrons qu'il se trouve encore des traces de ce biais passé dans la littérature sikhe moderne.

Au milieu du XVIIIe siècle, les sikhs étaient organisés en douze confédérations (*misl*). On croit aujourd'hui que ces confédérations ont mis en œuvre l'institutionnalisation de la doctrine de la communauté-*gurū*. À l'origine, elles étaient démocratiques. Mais à mesure que le pouvoir moghol s'affaiblissait et que celui des sikhs augmentait, les confédérations devinrent héréditaires. Réunies par le fait qu'elles avaient un ennemi commun, elles combattirent souvent comme une seule unité. Alors, on rassemblait le *khālsā* entier et l'on formulait un décret censé proclamer la volonté de l'éternel *Gurū*. Mais lorsque leur territoire ne subissait aucune menace extérieure, les chefs retournaient souvent leur zèle vers d'autres confédérations pour annexer leur territoire. Après quelques guerres intestines, vers la fin du XVIIIe siècle, le pouvoir était divisé entre quatre confédérations. Ce régime continua jusqu'à ce que l'illustre Ranjit Singh devienne chef de la confédération Shukerchākiā.

Grâce à des manœuvres rusées et à des alliances, Ranjit Singh abolit les confédérations, unifia les sikhs et conquit Lahore en 1799. En 1801, il se proclama Mahārāja du Punjab et passa les vingt années suivantes à renforcer son pouvoir. Le royaume de Lahore déclina rapidement après la mort de Ranjit Singh en 1839. Les dirigeants des dix années qui suivirent furent peu efficaces. Puis, en 1849, les Anglais annexèrent le Punjab à leur empire indien. Malgré la méfiance initiale des Anglais à l'égard des sikhs, ils les inclurent parmi leurs plus loyaux serviteurs après la révolte des Cipayes (soldats indigènes) de 1857. C'est en grande partie à cause du support incroyable des sikhs que les Anglais ont pu mater cette révolte en 1858 et déclarer la reine Victoria « Impératrice de l'Inde ».

Bien que Ranjit Singh incarne l'apogée du succès politique des sikhs, les classes plus éduquées le perçoivent souvent aujourd'hui de façon ambivalente. Certes, il concrétisa la promesse de souveraineté faite aux sikhs par leurs *gurū*, et plus particulièrement par Gobind Singh. Mais la période de Ranjit Singh correspond aussi à ce que certains considèrent comme le début de la décadence du sikhisme. En effet, on assiste durant cette période à un retour à l'hindouisme. Par exemple, Ranjit Singh reconnaissait les jours saints et les fêtes hindous, et consultait régulièrement les brahmanes astrologues pour déterminer les moments favorables et défavorables. Au XXe siècle, le mouvement de réforme *Siṅgh Sabhā* (« l'assemblée des lions ») se donna pour tâche de purger le sikhisme des lois généralement attribuées à la période de Ranjit Singh. Une bonne partie de ce que l'on connaît aujourd'hui comme étant le sikhisme – sa doctrine, ses rituels, ses politiques sociales et surtout l'identité dominante *khālsā* – est le résultat des réformes de ce mouvement.

LE CANON SIKH

Le canon sikh a été standardisé par le mouvement de réforme *Siṅgh Sabhā*. Nous avons déjà mentionné trois des quatre composantes du canon sikh moderne exposées dans la *Sikh Rahit Maryādā*, un document où s'incarne l'esprit des réformes de la *Siṅgh Sabhā*. La principale composante en est évidemment l'*Ādi Granth*. Il contient les hymnes dévotionnels des cinq premiers *gurū*, du neuvième *gurū* et certains versets attribués à des maîtres du Nord de l'Inde comme Nāmdev, Kabīr, Raidas, ainsi qu'à des soufis. Les éditions contemporaines de l'*Ādi Granth* sont basées sur la recension *Damdamā* dictée par Arjan au XVIIe siècle, mais elles excluent les hymnes du neuvième *gurū*. Les sikhs contemporains l'appellent aussi le *Gurū Granth Sāhib* (le Livre dans sa capacité mystique d'éternel *Gurū*).

La deuxième composante du canon est le *Dasam Granth*, « le dixième livre ». Une intense controverse règne depuis cent ans parmi les sikhs quant à savoir si l'on doit accorder à ce texte le statut de livre-*gurū*. Écrit en caractères gurmukhi et surtout dans le dialecte *braj*, il est attribué à Gobind Singh et semble mériter un statut sacré. Mais son contenu pousse certains sikhs à douter de son authenticité. En plus des compositions comparables à celles de l'*Ādi Granth* – tels le *Jāpu Sāhib* (« La récitation ») utilisée par certains sikhs comme prière matinale, le *Japjī Sāhib* de Nānak et l'*Akāl Ustāti* (« Hommage à l'Un éternel ») – on y trouve des œuvres qui rappellent les *Purāṇa* hindous et qui sont parfois inspirées directement de textes comme le *Bhagavata Purāṇa* et le *Mārkaṇḍeya Purāṇa.*

En réponse aux tentatives de dénigrer le contenu du *Dasam Granth*, certains spécialistes sikhs essaient de justifier l'inclusion de ce matériel hindou. Pour les uns, Gobind Singh intégra des éléments non sikhs – comme la bataille de Durgā avec le démon buffle – afin d'enflammer les instincts guerriers des sikhs dans une période de conflits intenses[12]. Pour d'autres spécialistes, l'inclusion d'éléments puraniques dans le *Dasam Granth* montre que les frontières entre les communautés religieuses étaient beaucoup plus fluides aux XVIIe et XVIIIe siècles qu'aux XIXe et XXe siècles. Au XVIIIe siècle, être un sikh, c'était vénérer la lignée des *gurū* sikhs et observer diverses pratiques religieuses que nous considérons aujourd'hui comme hindoues. Les deux cultures formaient probablement ce à quoi Claude Lévi-Strauss pensait lorsqu'il utilisait le mot « bricolage » : un rassemblement d'éléments culturels hétérogènes.

Troisièmes en importance après l'*Ādi Granth* et le *Dasam Granth*, les hymnes de Gurdās Bhalla (mort en 1633) et de Nand Lā'l Goya (1633-1712), ont été approuvés pour la récitation dans le temple ; ces œuvres détiennent pratiquement le même statut que celui des *gurū* et des saints. Mais on ne doit pas exagérer leur importance. La *Sikh Rahit Maryādā* les considère simplement comme des « commentaires » car ces textes n'ajoutent rien d'important à la théologie sikhe[13]. Ils élucident plutôt la théologie sikhe contenue dans l'*Ādi Granth.*

Parent du troisième *gurū* et scribe, Gurdās Bhalla aida Gurū Arjan à compiler l'*Ādi Granth.* Poète et théologien, il est souvent appelé le saint Paul du sikhisme. Aussi utilise-t-on le préfixe honorifique *bhā'ī* (frère) devant son nom. L'œuvre de Bhā'ī Gurdās comprend 556 poèmes brefs appelés *kabitt* de même que trente-neuf odes héroïques (*var*) plus longues, et différentes de celles de l'*Ādi Granth.* Écrites dans un punjabi simple et accessible, ces odes sont très populaires, mais la langue des poèmes brefs

12. On donne à l'appui de cette thèse le fait que Gurū Hargobind demandait que l'on chante des ballades héroïques dans l'enceinte du temple d'Amritsar pour exciter la ferveur martiale de ses fidèles. Cette explication ne tient pas pour ce qui est du *Dasam Granth*, car les sikhs du XVIIe et du XVIIIe siècle ne donnaient pas de valeur historique aux récits de ce livre. Comment des événements considérés comme simplement mythiques auraient-ils eu le pouvoir de soulever les passions et l'instinct de guerre ?

13. *Sikh Rahit Maryādā*, p. 13.

est beaucoup plus complexe. Rédigés en *braj*, ils sont rarement récités dans les temples. Ces poèmes intéressent particulièrement les chercheurs. La tradition raconte que Gurū Arjan fut tellement impressionné par la compréhension qu'avait Bhā'ī Gurdās de la doctrine sikhe, qu'il considéra ces poèmes brefs comme « la clé du *Gurū Granth Sāhib* ». Dans ces textes, Bhā'ī Gurdās insiste sur les préceptes sikhs fondamentaux comme le besoin du *gurū* pour se libérer, la grâce de l'éternel *Gurū* et l'importance du culte communautaire en compagnie de « l'assemblée des pieux ». Bhā'ī Gurdās souligne aussi la futilité des pratiques religieuses prévalant à l'époque, comme le bain sur les lieux de pèlerinage.

Les œuvres de Bhā'ī Nand Lā'l, par ailleurs, sont en persan. Elles sont donc encore moins lues que les poèmes brefs de Bhā'ī Gurdās. Certains textes en punjabi sont attribués à Nand Lā'l mais il est peu probable qu'ils viennent de la plume de ce grand poète, car leur langue est plutôt insipide[14]. Poète des poètes perses à la cour littéraire de Gobind Singh, Bhā'ī Nand Lā'l fut aussi, d'après la tradition, le plus éminent de ses serviteurs inconditionnels et supervisa les activités des hôtelleries sikhes, ces précurseurs des temples. Le fait que Nand Lā'l ne porte pas le nom de Singh suggère qu'il refusa d'appartenir aux *khālsā*. C'est peut-être pour cette raison que ses compositions ne furent pas incluses dans le *Dasam Granth*. Le fait que l'esprit militant soit absent des œuvres perses de Nand Lā'l fut peut-être aussi un facteur de rejet. On note également que sa *Dīvan-i Goyā* présente la théologie sikhe dans un genre et une langue typiquement soufis. Autrement dit, Nand Lā'l s'approprie la terminologie soufie pour véhiculer les concepts sikhs[15].

Reprenant une expression de Nand Lā'l, la tradition sikhe considère souvent les textes sacrés comme une « parole spéciale ». Les Écritures sont hautement prisées, et particulièrement l'*Ādi Granth*. Si le temple sikh est « la maison du *gurū* », c'est qu'il abrite le *Gurū Granth Sāhib* dont les pages sont habitées mystiquement par l'éternel *Gurū*. Le jour, les hymnes de l'*Ādi Granth* y sont récités ou chantés avec accompagnement musical. Comme les Écritures renferment les directives du Divin, chaque matin, dans le temple, on ouvre le livre au hasard et on lit le premier hymne sur la page de gauche, le considérant comme le précepte du jour, celui que le sikh pieux doit observer

14. Voir l'analyse de la *Dīvān-i Goyā* de Nand Lā'l dans L.E. Fenech, « Persian Sikh Scripture : The Ghazals of Bhā'ī Nand Lā'l Goyā », dans *International Journal of Punjab Studies*, 1:1, 1994, p. 49-70.

15. Une technique semblable fut utilisée lors de l'introduction du bouddhisme en Chine. Voir le texte de Boisvert, page 86.

particulièrement ce jour-là. Le rôle central des Écritures pour le culte sikh est également évident dans la cérémonie du mariage. Les futurs mariés se tiennent assis juste devant les Écritures et doivent faire quatre fois le tour de l'*Ādi Granth* avant d'être considérés comme mariés. Pour donner un nom au nouveau-né, le récitant du temple ouvre au hasard l'*Ādi Granth* et les parents doivent choisir un nom à partir de la première lettre du premier hymne de la page de gauche. Enfin, lorsqu'un fidèle est à la veille d'un moment important dans sa vie – la fin de ses études, le lancement d'une nouvelle entreprise, la naissance d'un enfant – il commandite une lecture ininterrompue de l'*Ādi Granth* qui dure habituellement quarante-huit heures.

Le respect que les sikhs accordent aux Écritures dans les temples et dans les maisons assez fortunées pour qu'on puisse leur réserver une pièce, est semblable à celui que les hindous témoignent à leurs *guru*. On traite l'*Ādi Granth* comme si c'était un être vivant. Le livre est placé sur une estrade couverte d'un dais aux couleurs vives. Pendant que le récitant proclame les hymnes, il agite le chasse-mouches devant lui. Non pas pour éviter que des mouches ne s'arrêtent sur le livre, mais pour souligner le statut royal de l'*Ādi Granth* : de même que les courtisans éventent les rois, ainsi font les pieux pour le *Gurū Granth Sāhib*, le roi éternel des sikhs. Dans tous les temples, l'*Ādi Granth* est cérémonieusement « réveillé » vers trois heures du matin et « couché » vers dix heures du soir. Au Temple d'or, la façon de faire est toute empreinte de l'étiquette royale : le matin, les Écritures sont déposées sur un palanquin d'or. Il est remarquable de voir les dévots faire la queue pour aider à transporter le très lourd palanquin sur le pont qui les mène à la circumambulation autour du réservoir sacré. Enfin, notamment dans le milieu beaucoup plus humble des villages du Punjab, on place du lait, des fruits et d'autres offrandes auprès des Écritures tout comme les hindous auprès de leurs idoles.

LA NOTION DE GURŪ

Pour les sikhs comme pour les hindous, le mot « *gurū* » désigne le précepteur spirituel et suggère le respect. Mais, dans le sikhisme, « *gurū* » se dit aussi de Dieu, de l'Akāl Purakh. Il signifie donc beaucoup plus que l'enseignant spirituel. Il est plutôt le divin dans ses manifestations particulières. Le mot *gurū* a donc pour premier sens l'Akāl Purakh, le *Gurū* éternel et la voix de Dieu prononcée au plus profond du cœur humain. L'Akāl Purakh est l'enseignant divin qui met à la disposition de l'humanité la voie de la véritable compréhension religieuse. Le deuxième sens correspond au *gurū* humain, de Nānak à Gobind Singh. Les troisième et quatrième sens renvoient à la double doctrine du livre comme *gurū* et de la communauté sikhe comme *gurū*, c'est-à-dire à la présence mystique de l'éternel *Gurū* dans les Écritures et dans les assemblées de sikhs.

Dans la mesure où Nānak et ses successeurs ont compris et enseigné le message de libération de l'Akāl Purakh, ils sont pour les sikhs des incarnations du *gurū* divin. On dit que la lumière divine de l'Akāl Purakh fut transmise à Nānak puis à chacun de ses successeurs. La lumière divine reste toujours la même ; seul le corps change. Et lorsque, par exemple, le premier *gurū* a transmis le statut de *gurū* à Aṅgad, il a cessé d'être *gurū*. Dans les mots de Bhai Gurdas, le disciple est devenu *gurū* et le *gurū*, disciple.

La croyance dans la similarité métaphysique entre tous les *gurū* humains se manifeste dans les hymnes et la structure de l'*Ādi Granth*. Par exemple, tous les *gurū* incluent dans leur signature le nom de Nānak. De nombreux théologiens sikhs appellent couramment Aṅgad, Nānak II, Amar Dās, Nānak III, et Gobind Singh, Nānak (Nānak X). Cette croyance permet à plusieurs historiens et hommes de lettres sikhs de justifier les nouveautés introduites par les successeurs de Nānak : dans une situation similaire, estime-t-on, Gurū Nānak aurait agi de même.

La double doctrine du livre comme *gurū* et de la communauté sikhe comme *gurū* suppose une idée semblable. La tradition raconte que, les héritiers de Gobind Singh étant tous morts avant lui, celui-ci déclara juste avant de mourir que l'institution humaine du *gurū* prendrait fin avec lui. Toutefois, l'éternel *Gurū* resterait parmi les sikhs, mystiquement présent dans les Écritures et dans les assemblées de sikhs. Gobind Singh a donc transféré la lumière de l'Akāl Purakh dans ces deux formes.

Les histoires traditionnelles sikhes décrivent la révérence avec laquelle les *gurū* traitaient l'*Ādi Granth*. D'après une anecdote bien connue, Arjan dormait à un niveau plus bas que sa nouvelle compilation des Écritures. On raconte aussi qu'il marchait derrière les *Pothī* de Goindwal (le centre de l'*Ādi Granth*) quand on les transporta en procession jusqu'à Amritsar. On peut penser que, dès la période des *gurū* humains, l'*Ādi Granth* permit aux communautés qui étaient éloignées du lieu de résidence du *gurū*, de ressentir symboliquement sa présence.

La tradition sikhe tient également la doctrine de la communauté comme *gurū* pour une innovation de Gobind Singh. Selon le *Gur-Sobhā* de Sainapati, il aurait déclaré :

> Ma succession sera le *khālsā*. Le *khālsā* est ma forme physique. Je ne fais qu'un avec le *khālsā*. Je me manifesterai de toute éternité dans le *khālsā*. Ceux dont le cœur est purifié de la fausseté seront considérés comme les vrais *khālsā* et, libre de l'erreur et de l'illusion, le *khālsā* sera mon véritable *gurū*[16].

Mais la doctrine de la communauté comme *gurū* est aujourd'hui tombée en désuétude. L'idée que chaque sikh est empreint de divinité contribua profondément à leur unification contre l'ennemi commun (les Afghans et les Moghols) et permit aux représentants du *gurū* de revendiquer leur indépendance. Mais, avec la formation du royaume de Lahore en 1799, Ranjit Singh prit sans doute conscience du fait que la doctrine de la communauté comme *gurū* pouvait mettre son statut de monarque du Punjab en danger. Cette période vit l'accent se déplacer sur l'Écriture comme *gurū*, prédominance qui se perpétue encore aujourd'hui.

Mais la doctrine de l'Écriture soulève une question à laquelle les sikhs essaient de répondre depuis plus d'un siècle. C'est la question de l'identité sikhe et de la diversité à l'intérieur de la communauté. La doctrine de la communauté-*gurū* s'applique-t-elle seulement à ceux qui font partie du *khālsā* ? Comment doit-on définir le *khālsā* ? Cette doctrine de la communauté comme *gurū* veut-elle dire le *khālsā* comme *gurū* ? Ou comprend-elle tous les regroupements sikhs, particulièrement la communauté de Nānak et les autres groupes qui n'appartiennent à aucun ordre martial, comme les *Udasī* ? Dans ses commentaires sur la communauté-*gurū*, Sainapati soutient que le vrai *khālsā* relève de caractéristiques internes plutôt qu'externes. Mais ces questions restent toujours sans réponse finale.

Pourtant, la *Sikh Rahit Maryādā* reconnaît tacitement l'existence des autres identités sikhes. Remarquons par exemple les termes qu'elle emploie pour définir le « sikh ». C'est « un homme ou une femme [...] qui croit dans l'initiation instituée par le dixième *gurū*[17] ». Si l'on interprète cet énoncé littéralement, le sikh est simplement celui qui croit dans la nécessité de prendre l'eau brassée par le sabre du *gurū*. Bien que les auteurs de la *Rahit Maryādā* permettent aux non-khālsā de se considérer comme sikhs, la doctrine de la communauté-*gurū* s'applique seulement aux *khālsā*. En effet,

16. Sainapati, *Sri Gur Sobhā*, 18, p. 40-43. La traduction anglaise est de W.H. McLeod, *Who is a Sikh ?*, p. 52.

17. *Sikh Rahit Maryādā*, seizième édition, 1983, p. 8.

d'après le *Rahit Maryādā*, cette doctrine mystique ne vaut que pour le rassemblement d'au moins cinq « Singh à part entière ». Évidemment, pour le *Sikh Rahit Maryādā*, le sikh *khālsā* idéal est non seulement initié au *khālsā*, mais il est également non-fumeur.

Le KHĀLSĀ

Il est maintenant clair que les sikhs ne sont pas tous membres du *khālsā* et n'adoptent pas tous les cinq signes externes. Aujourd'hui, pour devenir membres du *khālsā*, les sikhs n'ont évidemment pas besoin d'offrir leur tête au *gurū*. Mais l'idée de sacrifice et d'engagement est présente dans la cérémonie moderne d'initiation. Celle-ci tente de reproduire les événements du premier jour de la *Vaiśākhī* de 1699. Vêtus du costume *khālsā* complet, cinq sikhs rappelant ceux qui offrirent leur tête au *gurū* se rassemblent devant les futurs initiés. Devant eux, un bol en métal rempli d'eau rappelle le contenant utilisé en 1699 par Gobind Singh. Un sixième sikh se joint à eux dans le rôle de récitant. Un membre du groupe des cinq prépare d'abord l'ambroisie. Il récite le *Japjī Sāhib* de Nānak pendant qu'il verse des cristaux de sucre dans l'eau et brasse le tout avec un sabre. Une fois le *Japjī* terminé, il remet le sabre au second des « cinq bien-aimés » qui, tout en continuant de brasser, récite de mémoire le *Jāp Sāhib* de Gobind Singh. Il donne ensuite le sabre au troisième qui répète dix versets extraits du même texte. Puis le sabre passe aux mains du quatrième « bien-aimé » qui récite un extrait du *Dasam Granth*. Finalement, le sabre est remis au cinquième *khālsā* qui récite six versets du *Ānand Sāhib* de Amar Dās. Une fois cette récitation terminée, tout en continuant à brasser, il se lève avec le bol et offre la prière *ardas*. Après quoi, on tire du *Gurū Granth Sāhib* un « précepte du jour ». L'ambroisie est alors prête à boire.

Pendant tout ce temps, l'initié regarde simplement la cérémonie en concentrant son attention sur l'ambroisie. Lorsque la boisson est prête, les « cinq bien-aimés » l'invitent à se prosterner devant le *Gurū Granth Sāhib* dans la posture « héroïque », en gardant son poids sur son pied droit, le genou droit sur le sol et le genou gauche au-dessus. Tour à tour, les « cinq bien-aimés » font boire l'ambroisie à l'initié en se servant de leur main droite comme d'une coupe. Après chaque coupe, les « cinq bien-aimés » proclament : « Le *khālsā* appartient au merveilleux *gurū*. La victoire appartient au merveilleux *gurū* », déclaration que répète l'initié.

Ensuite, l'un après l'autre, ils aspergent les yeux, puis les cheveux de l'initié avec de l'ambroisie. Ainsi le novice aura reçu quinze fois de l'ambroisie afin de se purifier : la consommation de l'ambroisie purifie le soi intérieur ; les cinq aspersions sur les yeux purifient des péchés de concupiscence, de jalousie, d'attachement, de colère et d'orgueil ; l'aspersion sur les cheveux purifie la « dixième porte » (*dasam dvār*), soit le centre spirituel du corps décrit par les yogis *kānphaṭ*. S'il reste de l'ambroisie après la cérémonie, les fidèles présents la boivent dans le même bol pour souligner que tous les *khālsā* sont frères et sœurs. Le mantra primordial est ensuite récité et un *prasād* est distribué entre tous les fidèles.

Les sikhs ainsi baptisés sont dits « porteurs d'ambroisie ». Il existe des sikhs non baptisés, mais les noms qui les désignent reflètent souvent les préjugés des baptisés manifestes notamment dans la *Sikh Rahit Maryādā*. Par exemple, les sikhs qui portent les cinq signes mais qui n'ont pas encore été baptisés sont dits « porteurs de cheveux [longs] », tandis que ceux qui coupent leurs cheveux et qui n'observent pas les commandements de Gobind Singh sont appelés des « porteurs légers » (*sahaj-dhārī*). Il est possible qu'à l'origine ce terme ait désigné ceux qui croyaient dans la doctrine de l'équilibre parfait (*sahaj*) proposée par Nānak, et qu'il ait donc voulu dire « en possession de l'équilibre ». Mais au XXe siècle, les baptisés ont donné un nouveau sens à l'expression. Elle désigne maintenant « l'adepte lent », celui qui reconnaît dans le sikh baptisé l'identité sikhe suprême, mais qui n'est pas encore capable de se soumettre à la discipline exigée de la part des baptisés. On appelle également ces fidèles les « rasés de près » (*monā*), terme qui devient de plus en plus péjoratif. Il y a finalement le sikh déchu (*patit*), c'est-à-dire le baptisé qui a renié ses vœux *khālsā*, particulièrement celui de ne pas se couper les cheveux. S'ils décident de rejoindre le *khālsā*, ils devront être initiés de nouveau.

L'Assemblée des Singh et le « TAT KHĀLSĀ » *(1873-1925)*

La cérémonie d'initiation que nous venons de décrire fut standardisée par l'assemblée des Singh (*Siṅgh Sabhā*) à la fin du XIXe et au début du XXe siècle. C'est la *Siṅgh Sabhā* qui officialisa tous les rites de passage. La procédure du mariage, la cérémonie du nom de l'enfant et le rite funéraire, par exemple, ne remontent qu'à la fin du XIXe siècle. La liste des prières quotidiennes du matin et du soir se trouve dans un document inspiré par la

Siṅgh Sabhā, la *Sikh Rahit Maryādā*. On y précise également que le sikh pieux doit se lever « à l'heure de l'ambroisie » (entre 3 heures et 6 heures), se baigner, réciter le *Jāp Sāhib* de Nānak, le *Jāp Sāhib* de Gobind Singh, puis dix versets du même auteur, et finir avec l'*Ardās*, une prière sikhe moderne également standardisée par la *Siṅgh Sabhā*. Le fidèle doit prier de la même façon le soir. Au coucher du soleil, il récite le *Sodar Rahirās*[18], un recueil d'hymnes qui commence avec l'*Āsā Sodar* de Nānak et se termine par un verset d'Arjan. Avant de se retirer pour la nuit, le sikh récite le « chant à Sa gloire » (*Kīrtan Sohilā*). Comme le matin, l'*Ardās* est récité en conclusion. La *Siṅgh Sabhā* s'assure ainsi que sa vision du sikhisme accompagne la vie quotidienne du dévot.

D'abord un mouvement de sikhs hautement scolarisés, la *Siṅgh Sabhā* fut fondée en 1873 pour récupérer les fidèles convertis par les missionnaires chrétiens. La *Sabhā* fit des tournées en province pour prêcher le sikhisme. Elle mit également à profit l'imprimerie. Un de ses objectifs étant de distribuer l'information et de publier des articles et des brochures sur le sikhisme.

La première formation de la *Siṅgh Sabhā* à Amritsar comprenait des hommes de lignée princière et des descendants des *gurū*. On l'appela « l'ancienne » ou encore « l'éternelle » assemblée des Singh. L'interprétation du sikhisme qu'elle mit de l'avant tendait à maintenir les privilèges de ses membres. De plus, elle encourageait les sikhs à se considérer seulement comme une des nombreuses communautés dans la mosaïque hindoue. Mais le caractère élitiste du groupe amoindrit son impact. Aussi, de 1873 à 1879, l'assemblée d'Amritsar fut-elle sans cesse le lieu de luttes intestines pour l'autorité suprême.

Datant de 1879, la première formation de la *Siṅgh Sabhā* à Lahore avait un profil fort différent. Ce mouvement recruta ses membres parmi des classes et des castes sikhes inférieures et se donna une politique en conséquence : le secours social et financier des sikhs pauvres, l'abolition de toutes les castes et du statut de *gurū*, et la promotion de l'identité *khālsā* comme absolument distincte de celle de l'hindou. C'est la *Siṅgh Sabhā* de Lahore qui fut bientôt reconnue comme le « vrai » *khālsā* (*tat khālsa*). Au début, elle travailla de pair avec l'assemblée d'Amritsar. Mais elle coupa rapidement les liens avec cette dernière en raison de son élitisme.

La *Siṅgh Sabhā* de Lahore entreprit de purger la tradition de sa diversité et de marginaliser tout ce qui n'était pas *khālsā*. Ce processus redéfinit

18. *Sodar* est le premier mot du premier hymne du recueil ; mot perse, *rahirās* signifie « la voie correcte ».

profondément la tradition sikhe. Il en ressortit une histoire unique et monolithique du sikhisme, racontée du point du vue *khālsā*. Le « vrai » *khālsā* – celui de Lahore – se donna le mandat d'organiser la tradition sikhe tout entière en standardisant les rites, les pratiques, les espaces sacrés et l'histoire des sikhs. Avant, les traditions étaient transmises par les ménestrels, les lettrés et les *sant* itinérants. La tradition sikhe était la somme de ce que ces gens et d'autres enseignaient, sans que personne ne détermine formellement le total. La tradition du « vrai » *khālsā*, quant à elle, a tiré de l'ancien et du nouveau une redéfinition du sikhisme pensée dans l'esprit de l'âge des Lumières introduit en Inde par les Anglais.

D'abord, l'*Ādi Granth* devint l'étalon de toutes les pratiques sikhes. Toute tradition qui dérogeait à ce modèle devenait une excroissance « hindoue » et se voyait éventuellement éliminée. Influencée par les valeurs humanistes de l'âge des Lumières, la *Siṅgh Sabhā* purgea également les premiers *rahit-nāmā* de leurs nombreuses prescriptions anti-musulmanes. Par exemple, la règle qui interdit toute relation sexuelle avec une musulmane se transforma en prohibition des relations sexuelles extra-maritales. Quelques règles anti-musulmanes ont quand même survécu. Parfois tacitement, comme l'interdiction de fumer qui remonte sans doute à l'habitude, chez les musulmans, de fumer la pipe. Parfois ouvertement, comme l'interdiction de manger la viande d'animaux tués à la façon musulmane – où la bête est lentement saignée à mort. Les sikhs doivent alors manger de la viande *jhaṭkā*, qui provient des animaux décapités avec un seul coup d'épée.

Sous la domination anglaise, presque chaque ville du Punjab avait sa propre *Siṅgh Sabhā*, où l'on débattait l'histoire et la théologie sikhes. La vaste majorité de ces *Sabhā* devinrent des satellites du groupe de Lahore. Ces sociétés se retrouvèrent dans toutes les communautés sikhes de par le monde. Toutes les *Siṅgh Sabhā* alliées à celle de Lahore supportèrent les réformes, particulièrement l'élimination des éléments considérés comme hindous. En 1905, par exemple, le « vrai » *khālsā* fut acclamé lorsqu'il fit retirer toutes les idoles présentes dans le Temple d'or.

Au début du XXe siècle, les politiciens sikhs épousaient les normes et les valeurs du « vrai » *khālsā*. En 1902, on forma le Conseil suprême des *khālsā*, qui devint la voix politique des *Siṅgh Sabhā*. Ce groupe mit sur pied un programme d'éducation sikhe et fit rapidement construire des écoles dont l'enseignement s'inspirait directement de l'esprit et des réformes de la *Siṅgh Sabhā*. En combinant la fondation des écoles, des orphelinats, et des hôpitaux avec ses nombreuses publications, le Conseil suprême des *khālsā* parvint à imposer sa définition de l'identité sikhe comme la seule qui soit authentique.

En 1919, la politique « loyaliste », suivie par le Conseil suprême des *khālsā*, fut remplacée par la politique d'agitation de la Ligue centrale sikhe et, plus tard, par celle des *Akālī* (« les adorateurs de l'Akāl Purakh »). Cette période vit naître le parti politique moderne sikh *Akālī Dal* (« l'armée des adorateurs de l'Akāl Purakh »). En 1920, l'*Akāl Takhat* d'Amritsar et la Ligue centrale sikhe annoncèrent la formation du Comité central de gestion des temples. Ce comité est aujourd'hui considéré comme la plus haute autorité par de nombreux sikhs dans le monde. Comme les propriétaires des temples appartenaient non pas au *khālsā*, mais à la tradition *Udasī*, le comité avait pour but premier de les expulser. Il les accusa donc de corruption et d'appartenance à une tradition autre que sikhe. Comme les autorités anglaises appuyaient ces propriétaires *Udasī*, les *khālsā* en profitèrent pour intégrer leur projet de « libération » des temples dans la lutte nationaliste pour l'indépendance de l'Inde.

En partie grâce à Gandhi, ce mouvement de réforme des temples fut mené de façon non violente, du moins si l'on se fie à la relation historique qu'en fait la *Siṅgh Sabhā*. Les propriétaires furent comparés aux ennemis traditionnels des sikhs comme Chandu Shah, l'opposant de Gurū Arjan, et les nouvelles idées nationalistes de non-coopération et de résistance passive furent associées aux idées que préconisaient les martyrs sikhs des XVIIe et XVIIIe siècles et que transmettait maintenant l'éducation *khālsā*. En 1925, les propriétaires furent finalement expulsés des temples. Cette victoire établit l'hégémonie de l'interprétation du sikhisme fournie par le « vrai » *khālsā* et l'autorité de l'*Akālī Dal*, rebaptisé Śiromaṇi Akālī Dal.

Indépendance et post-indépendance de l'Inde, de 1947 à nos jours

En 1947, la partition de l'Inde vit naître le Pakistan à partir des majorités musulmanes de la vallée de l'Indus et de l'est du Bengale. Les sikhs furent particulièrement touchés, car leur terre natale, le Punjab, fut divisée en deux : le Punjab occidental (appartenant au Pakistan) et le Punjab oriental (appartenant à l'Inde). Comme les leaders de l'*Akālī Dal* se rangèrent du côté de l'Inde, la vaste majorité de sikhs du Punjab occidental se réfugièrent à l'est et s'installèrent à Amritsar ou Delhi. Les sikhs perdirent ainsi la ville de Lahore de même que l'accès à des temples renommés.

Les ennuis des sikhs ne s'arrêtèrent pas là. Jawaharlal Nehru, le nouveau premier ministre de l'Inde, institua une Constitution séculière. Idéalement, le gouvernement ne devait privilégier aucun groupe religieux particulier. Lorsque les *Akālī* demandèrent que les districts parlant le punjabi soient regroupés en un État, le gouvernement fédéral y reconnut un projet d'État sikh et refusa la proposition. Les sikhs se sentirent trahis pour deux raisons principales. Premièrement, ils sentaient que Nehru n'avait pas tenu sa promesse de leur apporter « la lumière de la liberté ». Deuxièmement, plusieurs autres États avaient été formés à l'intérieur de l'Inde simplement en fonction de la langue parlée par la majorité des habitants. Les sikhs avaient l'impression que leur contribution à l'Inde dépassait de loin celle des autres communautés indiennes, car leur dur labeur et la révolution agricole qu'ils avaient entamée avaient fait de leur État le plus prospère de l'union.

C'est seulement après la mort de Nehru que les demandes des *Akālī* furent considérées. En remerciement pour la performance exemplaire des sikhs durant la guerre indo-pakistanaise, Indira Gandhi donna aux sikhs une aire politique qu'ils pouvaient réellement considérer comme leur chez-soi. En 1966, le Punjab oriental fut divisé entre l'État du Punjab – région où la langue parlée est le punjabi et la majorité est sikhe – et l'État de l'Haryana – dont les habitants ont pour langue maternelle le hindi. Le gouvernement fédéral promit aux chefs sikhs que la capitale Chandigarh – alors partagée par le Punjab et l'Haryana – deviendrait celle du Punjab seulement.

Au début des années 1970, Chandigarh n'était pas encore devenue la capitale du Punjab. D'autre part, l'*Akālī Dal* ne faisait pas bonne figure sur la scène politique du Punjab. Son amère défaite aux élections fédérales et provinciales en 1971 et 1972 conduisit à une profonde introspection. En décembre 1972, on forma un groupe pour évaluer les programmes et les politiques du parti. Le groupe rendit son évaluation les 16 et 17 octobre 1973 dans la Résolution d'Anandpur Sāhib, d'après le nom de la ville où elle fut rédigée. Il affirma que les arrangements constitutionnels de l'Inde privaient les sikhs de leur identité politique et de leurs racines populaires. Bien que le document demandât une plus grande autonomie pour tous les États, sa visée tenait essentiellement à ceci : « L'avènement de la prééminence du *khālsā* par des garanties et des pouvoirs constitutionnels spéciaux pour les sikhs ». Comme le gouvernement central refusait de se plier à ces demandes, certains en vinrent au début des années 1980 à réclamer un État complètement indépendant, le Khalistān, « le pays du pur ». Telle était la revendication du charismatique Jarnail Singh Brindranwale (1947-1984) et de son centre missionnaire sikh, le Damdami Taksal.

Bien que la plupart des sikhs aient considéré cette position comme extrémiste, plusieurs étaient également découragés par le fait que le gouvernement central ne reconnaissait pas le caractère politico-religieux distinct des sikhs. Pendant ce temps, les activités de Brindranwale prenaient beaucoup d'ampleur. Au début des années 1980, il mena avec ses proches disciples une campagne que le gouvernement considéra comme du terrorisme. Le groupe fortifia le Temple d'or et en fit son quartier général. En juin 1984, le gouvernement ne semblait plus avoir d'autre choix que d'envahir le temple et d'en déloger les militants. La bataille qui s'ensuivit fut longue et sanglante. Elle fit plusieurs morts des deux côtés et entraîna la destruction de la fameuse bibliothèque de référence sikhe avec tout son contenu. Le temple lui-même fut endommagé et l'*Akal Takhat*, le trône de l'Akal Purakh, le siège de l'autorité temporelle sikhe, complètement rasé.

La réaction du monde sikh devant la profanation de leur lieu sacré par excellence fut immédiate et explosive. Plusieurs sikhs vivant selon le style de vie des « porteurs légers » commencèrent à porter les cinq signes externes du *khālsā*. De nombreux fidèles vivant hors de l'Inde renoncèrent à leur citoyenneté indienne. La conséquence la plus grave de l'attaque du Temple d'or fut l'assassinat du premier ministre Indira Gandhi par ses deux gardes du corps sikhs, le 31 octobre 1984. Cet événement tragique en entraîna un autre pire encore. Un jour ou deux après l'assassinat, des casseurs et des bandits dévalèrent les rues de New Delhi et exécutèrent tous les sikhs qu'ils rencontrèrent sur leur chemin. Plus de 3500 sikhs innocents furent tués.

Ces meurtres organisés exacerbèrent une situation déjà tendue. Il en résulta une période de conflits au cours de laquelle, à l'instar de leurs ancêtres du XVIIIe siècle, les sikhs se trouvaient plongés dans une situation où ils devaient craindre pour leur vie simplement parce qu'ils étaient sikhs. Les dix années suivantes, des militants aspirant à une nation sikhe séparée perpétrèrent de nombreux assassinats politiques. Le gouvernement indien répondit par plusieurs mesures draconiennes. La tension diminua en 1993 avec l'arrivée de Beant Singh comme nouveau premier ministre du Punjab. B. Singh encourageait les efforts encore plus radicaux de K.P.S. Gill, chef de la police du Punjab, en vue de rétablir l'ordre. L'assassinat de Beant Singh, le 31 août 1995, et le renvoi de Gill, le 31 décembre 1995, pourraient bientôt laisser place à d'autres flambées de violence. La tension qui règne au Punjab a d'ailleurs poussé plusieurs sikhs à quitter l'État ou le pays.

LA DIASPORA SIKHE

Constatant la valeur et la loyauté des sikhs, les Anglais avaient déjà commencé à les envoyer dans d'autres colonies anglaises comme policiers, gardes de sécurité ou soldats. À la fin du XIXe siècle, on trouvait des sikhs à Hong Kong et à Singapour. De là, plusieurs traversèrent le Pacifique pour se rendre à Fidji, ou encore continuer jusqu'en Australie et en Nouvelle-Zélande. Plusieurs autres se rendirent en Afrique pour travailler sur les chemins de fer. De 1903 à 1907, de nombreux sikhs débarquèrent en Colombie-Britannique et en Californie.

La politique d'immigration sévère adoptée par le Canada et les États-Unis diminua rapidement l'attrait de ces pays. Plusieurs jeunes sikhs se trouvèrent notamment dans l'impossibilité de faire venir leur famille dans leur pays d'adoption. Mais après la Seconde Guerre mondiale, les règlements s'assouplirent et les sikhs recommencèrent à émigrer au Canada et aux États-Unis. La nouvelle vague eut lieu au début des années 1970 et 1980.

Aujourd'hui, les sikhs contribuent au développement de la diversité religieuse tout en bénéficiant de son acceptation croissante au Canada et aux États-Unis. On a bien sûr connu des controverses sur le droit des sikhs de porter la dague (*kirpān*), puisqu'elle est perçue en Amérique comme une arme. Mais le sikh la porte comme un symbole, de même que le chrétien se dote du crucifix. Les controverses récentes sur le port du turban par les sikhs de la Gendarmerie Royale du Canada nous rappellent la distance qui nous sépare de l'acceptation complète de leurs symboles religieux. Le Canada paraît néanmoins avoir été plus tolérant que son voisin du Sud puisque les sikhs y bénéficient d'exceptions légales. Cette politique semble suivre celle de l'Angleterre où seuls les sikhs sont dispensés de l'obligation du port du casque protecteur en motocyclette.

LES DIMENSIONS FÉMININES DU SIKHISME

La plus grande partie de la tradition sikhe dont nous avons parlé jusqu'ici est l'œuvre des hommes. La littérature religieuse sikhe a été écrite par des hommes et ce sont des hommes qui composent le personnel des nombreuses institutions de la communauté. La seule coutume où l'on trouve une majorité de femmes est celle de la préparation du repas communautaire (*laṅgar*) dans la salle à manger attachée au temple. Les seules femmes qui se sont distinguées dans l'histoire de la communauté – encore que de façon brève et secondaire – sont les épouses et les mères des *gurū* ainsi que d'autres qui adoptèrent des rôles traditionnellement réservés aux hommes.

S'appuyant sur les recherches féministes contemporaines en matière de religion, quelques intellectuels sikhs interprètent aujourd'hui la tradition de façon à en extraire la dimension féminine longtemps passée sous silence. Le point de départ le plus solide pour une telle reconsidération se trouve dans les hymnes des *gurū* et surtout dans ceux de Nānak, car ils affirment que la femme n'est pas inférieure à l'homme. Nānak estime que l'homme et la femme ont des chances égales de parvenir à la libération. La position du premier *gurū* tranchait assurément sur son héritage religieux, car pour les *sant* comme Kabīr, les femmes étaient un obstacle à la libération. L'absence de misogynie dans les hymnes de Nānak est peut-être due au fait qu'il recommandait la vie de maître de maison et donc une responsabilité sociale qui exclut évidemment l'ascétisme et le renoncement.

Nānak n'était pas pour autant « féministe » au sens moderne du terme. Sa position reste bien enracinée dans la vision du monde patriarcale de son époque. Dans un de ses hymnes, par exemple, il mentionne que les veufs cherchent à se remarier, mais il ne dit rien à propos des veuves. De nos jours, la communauté sikhe reconnaît l'accent porté par le premier *gurū* sur l'égalité des sexes, mais elle ne la met pas en pratique. Le visiteur du temple sikh remarquera la nette ségrégation entre les hommes et les femmes en présence du *Gurū Granth Sāhib*, les femmes s'asseyant à gauche et les hommes à droite. De plus, il est défendu aux femmes de réciter certains passages de l'*Ādi Granth* pendant leur cycle menstruel.

Certains interprètes féministes de la tradition sikhe estiment que le genre des termes utilisés par les *gurū* est aussi évocateur que leur sens même. Elles concentrent leurs analyses sur le rôle métaphorique et symbolique de la féminité dans le *Gurū Granth Sāhib* et le *Dasam Granth*. L'*Ādi Granth* est riche en images liées à la fiancée et à la mère. Dieu y est représenté comme mère (*mātā*) et parole (*bāṇī*), deux mots féminins en punjabi. L'univers est l'épouse et l'Un éternel, l'époux divin. Mais ici le féminin n'a pas la même importance que le masculin, car le divin est maître de la relation et représenté par le sexe mâle.

Mais c'est la femme qui est mise en évidence par les images matérielles du divin. En tant que procréateur de l'humanité, le divin est perçu par plusieurs sikhs comme intégralement féminin. C'est de son utérus que nous sortons et c'est son sein que nous tétons. Toutefois, l'*Ādi Granth* souligne que l'Un éternel transcende les genres. Les féministes tombent donc dans le même piège que les hommes lorsqu'elles désignent le divin par le pronom

« Elle », puisque l'*Akāl Purakh* surpasse autant le genre féminin que le genre masculin.

Il reste que lorsque les sikhs prendront conscience de ces vibrantes images féminines, le divin et le rôle des femmes dans le sikhisme recevront un nouvel éclairage. Comme toutes les autres religions, le sikhisme continuera d'évoluer à la lumière de nouvelles idées.

Bibliographie

Puisque très peu de monographies sont publiées en français, la liste ne comprend que des sources écrites en anglais.

DELAHOUTRE (1989). *Les sikhs*, Bruxelles, Éditions Brépols, coll. « Fils d'Abraham ».

FOX, Richard G. (1985). *Lions of the Punjab : Culture in the Making*, Berkeley, University of California Press.

GREWAL, J.S. (1991). *The Sikhs of the Punjab*, Cambridge, Cambridge University Press.

GREWAL, J.S. (1993). *Gurū Nānak and Patriarchy*, Shimla, Indian Institute of Advanced Study.

MACAULIFFE, M.A. (1909). *The Sikh Religion : its Gurūs, Sacred Writings and Authors*, 6 volumes, Oxford, Clarendon Press.

MCLEOD, W.H. (1980). *The B40 Janam-sakhī*, Amritsar : *Gurū Nānak* Dev University Press.

MCLEOD, W.H. (dir.) (1984). *Textual Sources for the Study of Sikhism*, Manchester, Manchester University Press, 1984.

MCLEOD, W.H. (1987). *The Chaupa Singh Rahit Nama*, Dunedin, University of Otago Press.

OBEROI, Harjot (1994-1995). *The Construction of Religious Boundaries : Culture, Identity and Diversity in the Sikh Tradition*, Delhi et Chicago, Oxford University Press et University of Chicago Press.

O'CONNELL, J.T. *et al.* (dir.) (1987). *Sikh History and Religion in the Twentieth Century*, Toronto, University of Toronto Press.

OWEN COLE, W. et P.S. SAMBI (1978). *The Sikhs : Their Religious Beliefs and Practices*, Londres, Routledge Press.

RAMA Krishna, L. (1933). *Les sikhs. Origine et développement de la communauté jusqu'à nos jours (1469-1930)*, avec une préface de S. Lévi, Paris, A. Maisonneuve.

SINGH, Gurbachan Talib (trad.) (1990). *Sri Gurū Granth Sāhib ; in English translation*, 4 volumes, Patiala, Punjabi University Publication Bureau.

SINGH, Girdit (1990). *Itihās Srī Gurū Granth Sāhib* (*Bhagat Bānī Bhag*), Chandigarh.

SINGH, Harbans (ed.) (1993). *The Encyclopædia of Sikhism*, volume 1, Patiala, Punjabi University Publication Bureau.

SINGH, Khushwant (1963-1966). *A History of the Sikhs*, 2 volumes, Princeton, Princeton University Press.

SINGH, Harbans (1984). *Heritage of the Sikhs*, Delhi, Manohar Press.

SINGH, Nikky-Guninder Kaur (1993). *The Feminine Principle in the Sikh Vision of the Transcendent*, Cambridge, Cambridge University Press.

cartographie

Frédérique Castel

INTRODUCTION

On s'imagine généralement que la diffusion des nouveaux cultes est l'œuvre du missionnariat, cependant le scénario est quelque peu différent. Certes, il est vrai que les religions nouvelles sont *introduites* dans les contrées éloignées par le truchement des missionnaires – de même que par celui des commerçants en voyage – mais leur adoption par les masses, hormis le climat social plus ou moins opportun, apparaît davantage conditionnée par le choix des monarques. Ainsi, les progrès et les reculs périodiques des cultes apparaissent bien souvent tributaires des successions dynastiques. L'histoire de l'Inde et de la Chine fournit de nombreux exemples. Les royaumes, et en particulier les grands empires, sont non seulement capables de stimuler la diffusion des religions nouvelles mais leur offrent également un cadre spatial privilégié et cohérent. Le texte qui suit se veut une esquisse géohistorique de la diffusion des grandes religions d'origine indienne, surtout dans la perspective où leur expansion territoriale historique explique leur répartition géographique actuelle.

L'HINDOUISME EN INDE

Succédant à la dynastie des Maurya (voir bouddhisme), les *Śunga* (185-73 av. J.-C.) érigèrent le brahmanisme en religion d'État. Sous les Gupta (320-535), dont l'empire s'étendit à tout le nord du sous-continent indien (recoupant alors le domaine linguistique indo-aryen), le brahmanisme traditionnel fut graduellement remplacé par l'hindouisme en pleine effervescence. Cette période fut l'âge d'or de la civilisation indienne. À partir du VIIe siècle, l'hindouisme commença à éclipser le bouddhisme et le jaïnisme. La vague rejoignit le sud de la péninsule au IXe siècle, au moment de l'ascension des royaumes dravidiens. Le plus prestigieux d'entre eux, l'empire tamoul des *Cola* (Xe s.-1310), au faîte de sa puissance expansionniste au XIe siècle, devint un bastion de l'hindouisme auquel il permit de gagner du terrain au Sri Lanka. Après la conquête de la vallée du Gange (XIIe s.) et surtout du Deccan (XIVe s.), les invasions musulmanes provoquèrent la formation d'États hindous qui devinrent des foyers de résistance à l'envahisseur comme le Népal (depuis 1324), le Vijayanagar (1336-1565), les États Rājpūtes (XVe s.-1818), alors renaissants, et la Confédération marathe (1674-1818) jusqu'à ce que les Britanniques s'emparent de tout le sous-continent (XVIIe s.-XIXe s.).

Les sectes hindoues

Ces très nombreuses sectes peuvent se répartir en trois groupes : les vishnouïtes, répandues dans la plaine gangétique et dans le Deccan, ce qui correspond en partie au domaine linguistique indo-aryen ; les shivaïtes, nombreuses au sud, dans l'aire linguistique dravidienne et le long de la chaîne himalayenne ; les tantriques, dont le culte de Śakti, qui s'étalent dans l'orbite de l'espace shivaïte. On doit aussi ajouter les smarta, adeptes d'un hindouisme plus général qui repose essentiellement sur la *smṛti*. Ils prédominent dans les régions montagneuses du centre-est de l'Inde et autour de l'Assam, là où l'hindouisme est d'implantation plus récente, en grande partie chez des peuples de langues non indo-aryennes.

Le bouddhisme indien

Le second empereur des Maurya (322-185 av. J.-C.), Aśoka (env. 268-232 av. J.-C.), après avoir étendu sa domination sur presque tout le sous-continent indien, favorisa l'expansion du bouddhisme en Inde ainsi que le *missionnariat* en direction des royaumes dravidiens du sud, du Sri Lanka (250 av. J.-C.), et de l'Extrême-Orient. Le bouddhisme parvint à son apogée dans les siècles qui suivirent avant de décliner après la période Gupta bien qu'il restât prédominant dans la population jusqu'au règne du roi mahayaniste Harṣa (606-647). Après lui, le bouddhisme fut graduellement absorbé par l'hindouisme avant de recevoir son coup de grâce par les invasions musulmanes aux XIIIe et XIVe siècles.

LE JAÏNISME

Parti du Bihar, le jaïnisme, moins caractérisé par les conversions de masses que les autres religions indiennes, se répandit surtout par le biais de lettrés et s'implanta durablement à l'ouest de la péninsule indienne. À Mysore, il fut encouragé au Xe siècle par la dynastie Ganga (II-XIe s.). Au Gujarāt et au Rajasthan, il bénéficia de la protection du roi Kumarapala (1143-1172) de la dynastie des Chālukya (973-1200). Peu après, le jaïnisme fut balayé par l'invasion musulmane.

LE SIKHISME

Dès son origine, le sikhisme s'enracina au Punjab, à cheval entre les mondes hindou et musulman. Le mouvement religieux se transforma rapidement en un mouvement aux accents militaires tant les sikhs eurent à lutter âprement contre l'envahisseur musulman. Après avoir affronté les Moghols, ils réussirent sous Ranjit Singh (1799-1839) à instaurer un État sikh que l'expansionnisme britannique fit disparaître à l'issue des Guerres anglo-sikhs (1845-1849).

LA SITUATION ACTUELLE DES RELIGIONS INDIENNES DANS LE SOUS-CONTINENT

En 1947, la colonie britannique accéda à l'indépendance et donna conjointement naissance à l'Inde, à majorité hindoue (mais laïque), et au Pakistan qui regroupait les anciennes provinces à majorité musulmane.

L'actuelle géographie religieuse de l'Inde n'est pas sans rappeler la situation géopolitique qui prévalait au XVIIIe siècle : la domination de l'hindouisme dans les provinces indiennes de l'Himachal Pradesh, du Rajasthan, du Madhya Pradesh et de l'Orissa recoupe l'espace occupé par les anciens États hindous. Le pourcentage d'hindous plus bas dans les provinces qui jalonnent la plaine du Gange et très faible au Bangladesh est le fruit de l'islamisation séculaire menée par les États musulmans qui s'y implantèrent (voir volume II).

En ce qui a trait au bouddhisme, le *theravāda* a prospéré jusqu'à nos jours au Sri Lanka alors que le *mahāyāna* s'est maintenu le long de la chaîne himalayenne. Par ailleurs, en 1956 un mouvement néo-bouddhiste a gagné des millions d'adeptes dans la province indienne du Maharashtra.

Après l'indépendance de l'Inde, la réorganisation des frontières des anciens États princiers amena une modification de celles du Punjab avec la création en 1966 de deux provinces distinctes : l'Haryana, à majorité hindoue, et le Punjab à majorité sikhe. L'exercice ne réussit toutefois qu'à insatisfaire les sikhs dont le nationalisme revendique aujourd'hui l'indépendance du Khalistan.

Les religions de l'Inde se sont répandues bien au-delà du sous-continent par le biais de son importante diaspora, car la colonisation anglaise avait entraîné l'émigration de centaines de milliers d'Indiens vers d'autres colonies de l'Empire britannique. Aujourd'hui, les hindous constituent, selon les pays, entre la moitié et les deux tiers des communautés indo-pakistanaises.

L'hindouisme et le bouddhisme en Asie du Sud-Est

Depuis le début de l'ère chrétienne, la route des Épices amena dans le Sud-Est asiatique commerçants indiens, moines bouddhistes et brahmanes. Ainsi, dans la péninsule indochinoise se formèrent dès le premier siècle des États qui s'inspiraient du modèle indien (les rois étaient le plus souvent brahmanistes mais aussi bouddhistes) comme le Fou-nan (Ier-VIe s.) et le Champa (IIe-VIe s.), relayés plus tard par l'Empire khmer (802-1432). Au XIIIe siècle, les Thaïs du sud de la Chine, bousculés par l'invasion de Kūbīlāy Khān migrèrent vers l'actuelle Thaïlande où ils adoptèrent le bouddhisme des autochtones môn-khmers. Appuyés par des moines qui s'étaient ressourcés au Sri Lanka, ils répandirent aux XIVe et XVe siècles le bouddhisme theravāda qui supplanta les autres cultes.

Des royaumes indianisés apparurent aussi dans l'Insulinde comme le Srīvijaya à Sumatra (VIIe-XIIIe s.) ou l'empire maritime de Majapahit à Java (1293-1520) qui s'écroula devant les succès politiques de l'islam en Indonésie. Le gros de ceux qui restèrent fidèles à l'hindouisme se réfugièrent à Bali où la tradition s'est maintenue jusqu'à nos jours. Aujourd'hui, outre les Balinais, 35 p. cent des Indonésiens appartiennent à une des sectes syncrétiques qui amalgament des éléments hindous, bouddhistes, islamiques et animistes.

Le bouddhisme mahāyāna en Chine

Le bouddhisme mahāyāna, qui s'était répandu de la vallée du Gange jusqu'au Cachemire, pénétra en Chine vers l'an 60, porté par des missionnaires et des commerçants qui empruntaient la route de la Soie. La religion nouvelle essaima d'abord dans la moitié nord de la Chine pour embrasser l'ensemble de l'empire au milieu du IVe siècle. Officiellement toléré en 335, le bouddhisme trouva un ardent propagateur en l'empereur Liang Wou di (502-549). Bien qu'associés au taoïsme, les T'ang (618-907) reconnurent l'importance du bouddhisme comme religion populaire. Le bouddhisme connut ses heures de gloire pendant les deux premiers siècles de cette dynastie, et porta la civilisation chinoise à son point culminant. Cependant, le bouddhisme finit par être perçu comme menaçant pour l'autorité de l'État et fut sévèrement persécuté dans les années 842-845, après quoi il tomba dans un certain état de stagnation avant d'être finalement assimilé par la culture chinoise.

Aujourd'hui, le bouddhisme mahāyāna est présent dans les provinces où prédominent les Chinois de l'ethnie Han. De plus, il s'est étendu aux provinces périphériques (non han) par le truchement de l'immigration intérieure des Han. Il est important de noter que la carte *Le bouddhisme dans le monde* ne fait état que des adeptes du bouddhisme qui s'identifient explicitement à cette religion. Or, le très faible pourcentage de bouddhistes dans la Chine han (nonobstant la question des campagnes de sécularisation évoquée plus loin) montre que la réalité religieuse chinoise est une question complexe. C'est qu'à partir du VIe siècle, les Chinois se sont forgé une religion populaire qui conjugue des éléments empruntés à la fois au taoïsme, au confucianisme et au bouddhisme. Or, ce complexe religieux appelé *San Jiao* (le Triple Enseignement) apparaît dans les statistiques sous le vocable « religion chinoise » (voir volume III). Cela dit, on retrouve aussi le bouddhisme mahāyāna chinois dans les pays qui ont été influencés par la civilisation chinoise. Il fut introduit en Corée en 372 et au Japon en 522 où il fut officiellement adopté par le prince impérial Shōtuku (593-620). Le Viêtnam, en contact avec le bouddhisme dès le IIe siècle, a vu le mahāyāna chinois s'épanouir au XIe siècle. Par ailleurs, cette variété de bouddhisme fut importé dans les villes d'Indochine et de Malaisie par la diaspora chinoise.

LE BOUDDHISME VAJRAYĀNA

Issu du bouddhisme mahāyāna, le bouddhisme vajrayāna, élaboré au nord de l'Inde, fut introduit au Tibet vers 640 sous l'instigation du roi Srong-bcan-sgam-po (620-650). Au contact des traditions religieuses locales, le bouddhisme vajrayāna donna plus tard naissance au bouddhisme tibétain ou lamaïsme. Le nouveau culte se répandit au rythme de l'expansion de l'Empire tibétain (659-842) et devint religion d'État en 791. Après que le Tibet fut tombé en 1261 dans la sphère d'influence de l'empire de Kūbīlāy Khān (1260-1294), le bouddhisme tibétain connut une diffusion inopinée sous la dynastie mongole des Yuan (1277-1368) car tous ses souverains furent bouddhistes depuis la conversion de Kūbīlāy. Sous la dynastie mandchoue des Ts'ing, au pouvoir en Chine (1644-1912), le lamaïsme s'étendit aux peuples mongols et connut une période florissante tant chez eux que chez les Tibétains aux XVIIe et XVIIIe siècles. Les Kalmouks, d'origine mongole, émigrèrent en 1642 sur les bords de la mer Caspienne où ils implantèrent un foyer bouddhiste.

LA SITUATION ACTUELLE DU BOUDDHISME

Depuis plusieurs décennies, les pays communistes asiatiques ont tout mis en œuvre afin d'éradiquer le bouddhisme et les autres religions. En Chine, ces campagnes de répression (1949-1970) ont conduit de nombreux Tibétains, dont le Dalaï Lama, à se réfugier en Inde alors que les sectes bouddhistes et taoïstes proprement chinoises (han) se sont dirigées à Taïwan. Les effectifs bouddhistes de la Chine ont depuis radicalement chuté et plus des trois quarts de la population en sont venus à se dire « non religieux » ou « athées ». Malgré tout, depuis quelques années, le bouddhisme renaît dans les populations mongoles de Russie et de Mongolie.

Le sous-continent indien

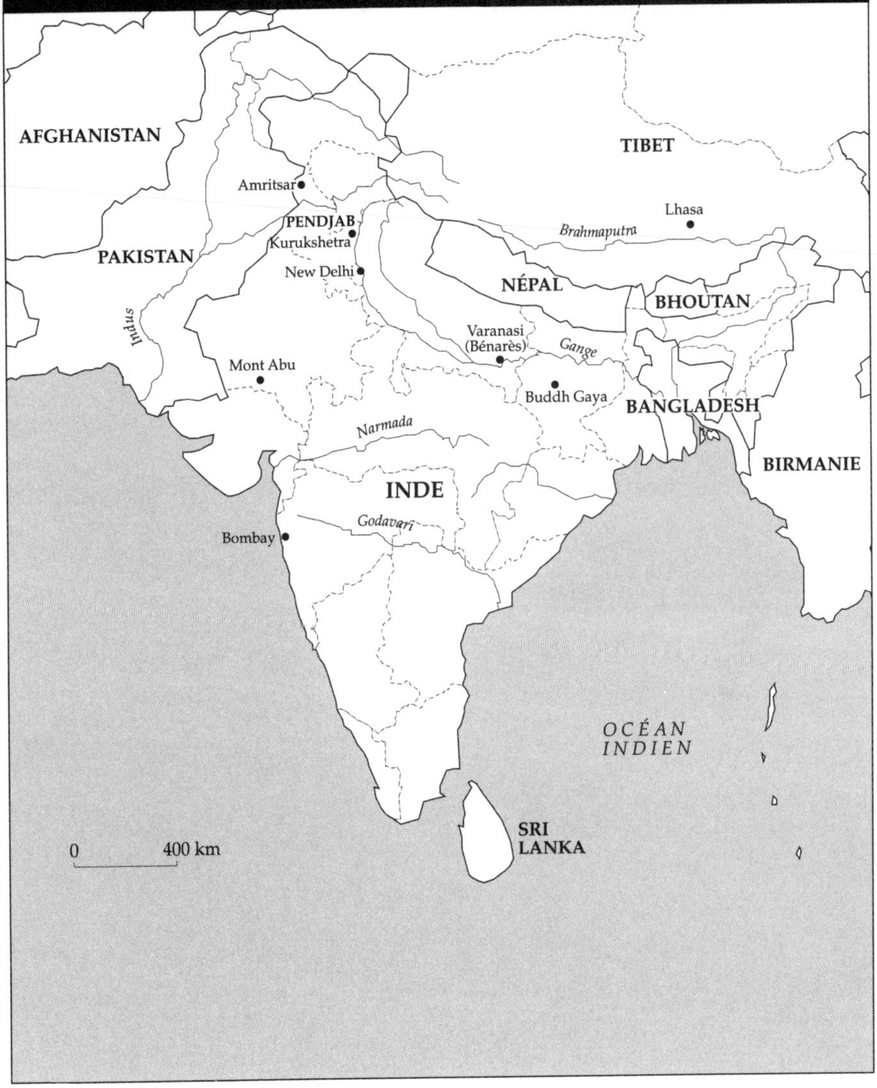

Les hindous, les jaïns et les sikhs dans le monde

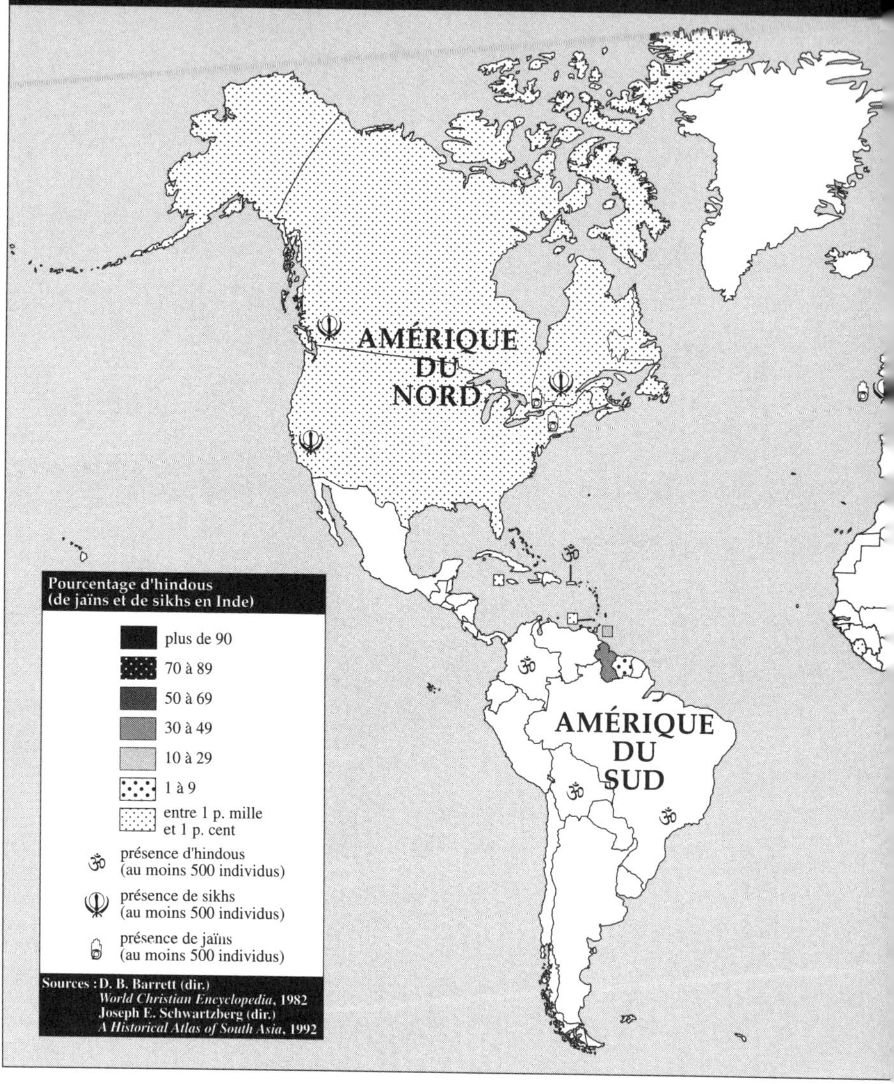

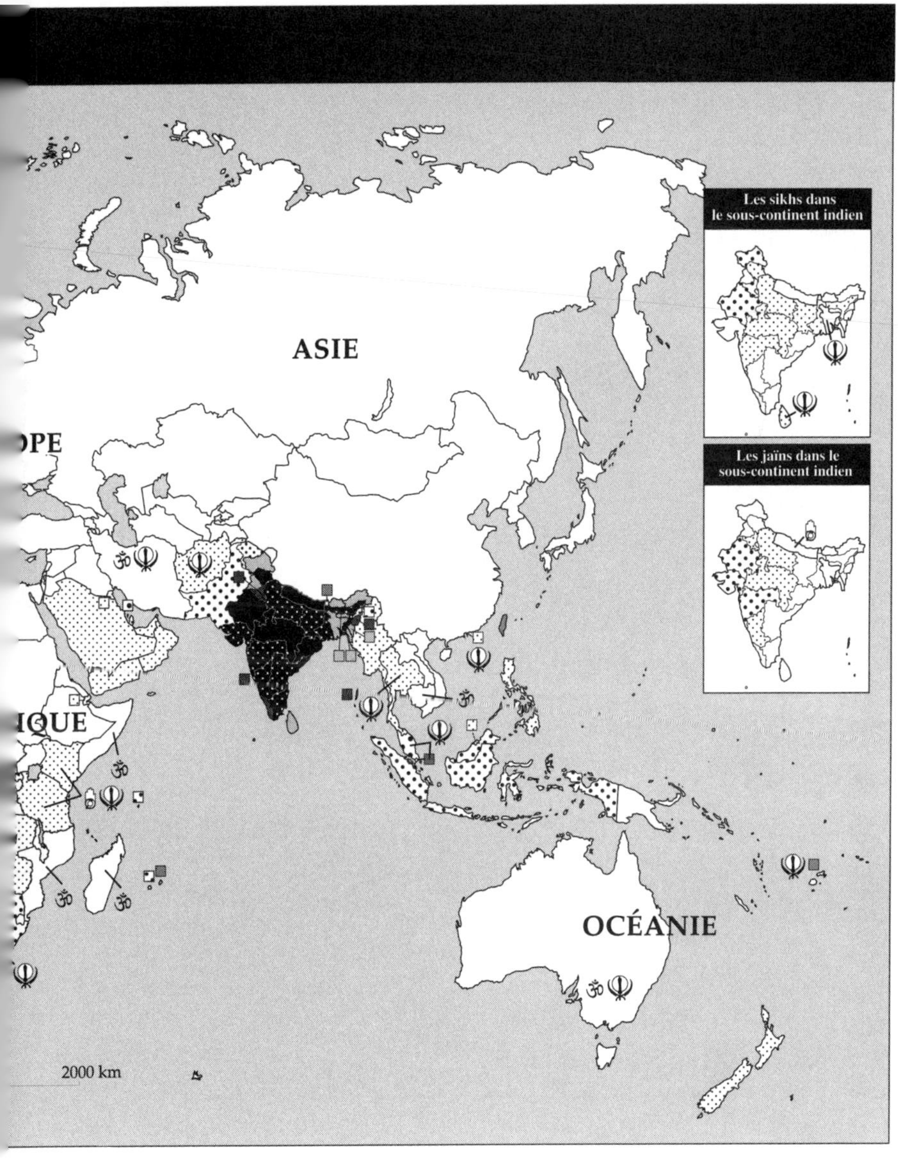
ASIE
OPE
IQUE
OCÉANIE
Les sikhs dans le sous-continent indien
Les jaïns dans le sous-continent indien
2000 km

Prédominance régionale des sectes hindoues

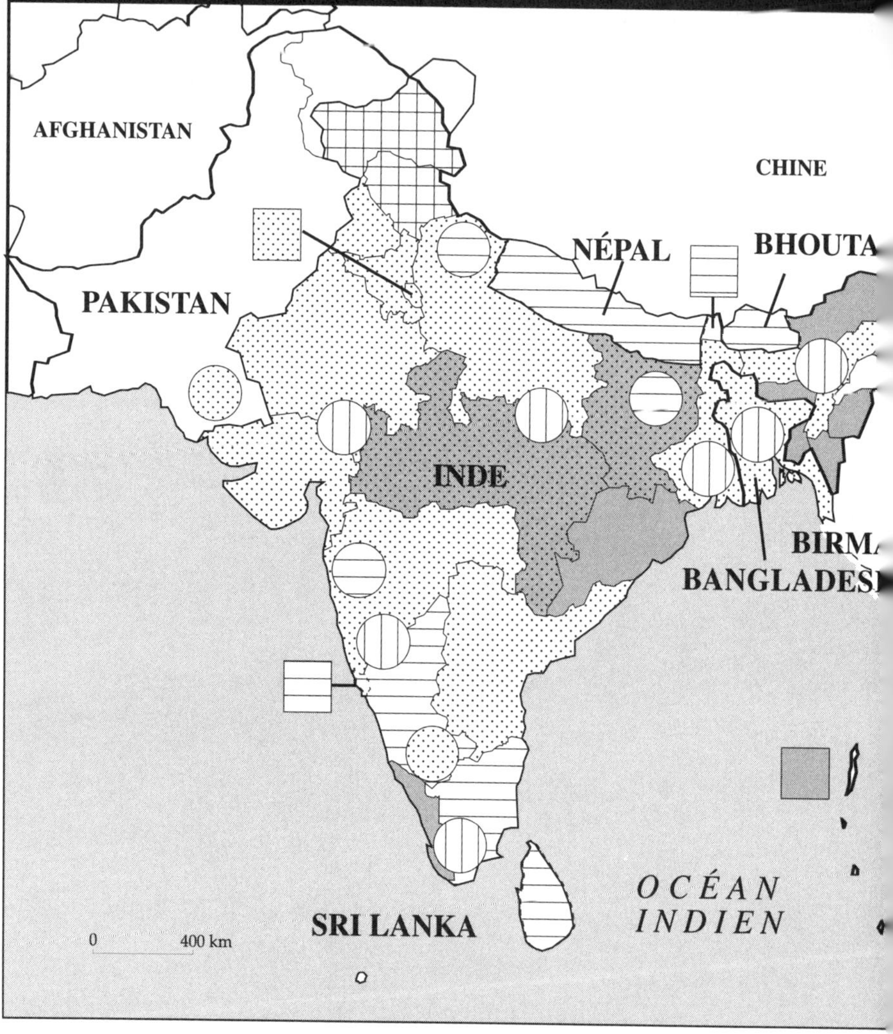

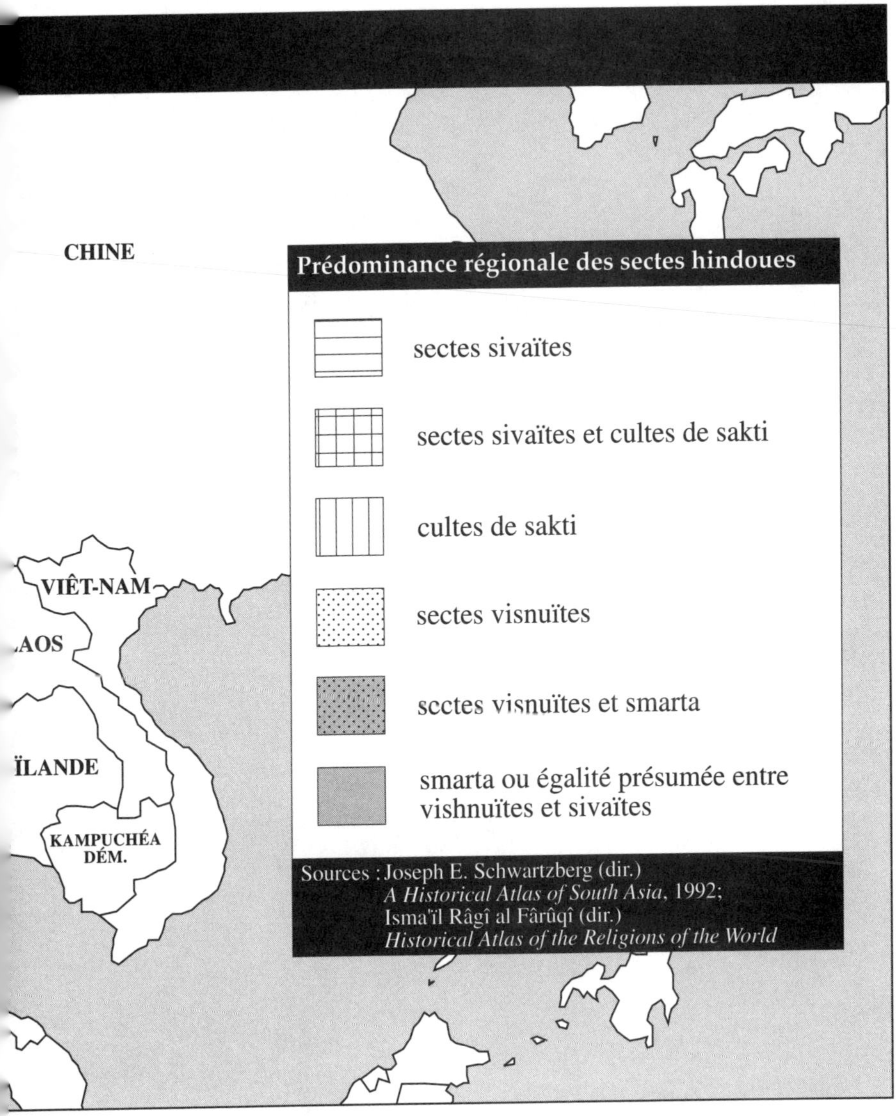
CHINE
VIÊT-NAM
LAOS
ÏLANDE
KAMPUCHÉA DÉM.
Prédominance régionale des sectes hindoues
sectes sivaïtes
sectes sivaïtes et cultes de sakti
cultes de sakti
sectes visnuïtes
sectes visnuïtes et smarta
smarta ou égalité présumée entre vishnuïtes et sivaïtes
Sources : Joseph E. Schwartzberg (dir.) A Historical Atlas of South Asia, 1992; Isma'il Râgî al Fârûqî (dir.) Historical Atlas of the Religions of the World

Les bouddhistes dans le monde

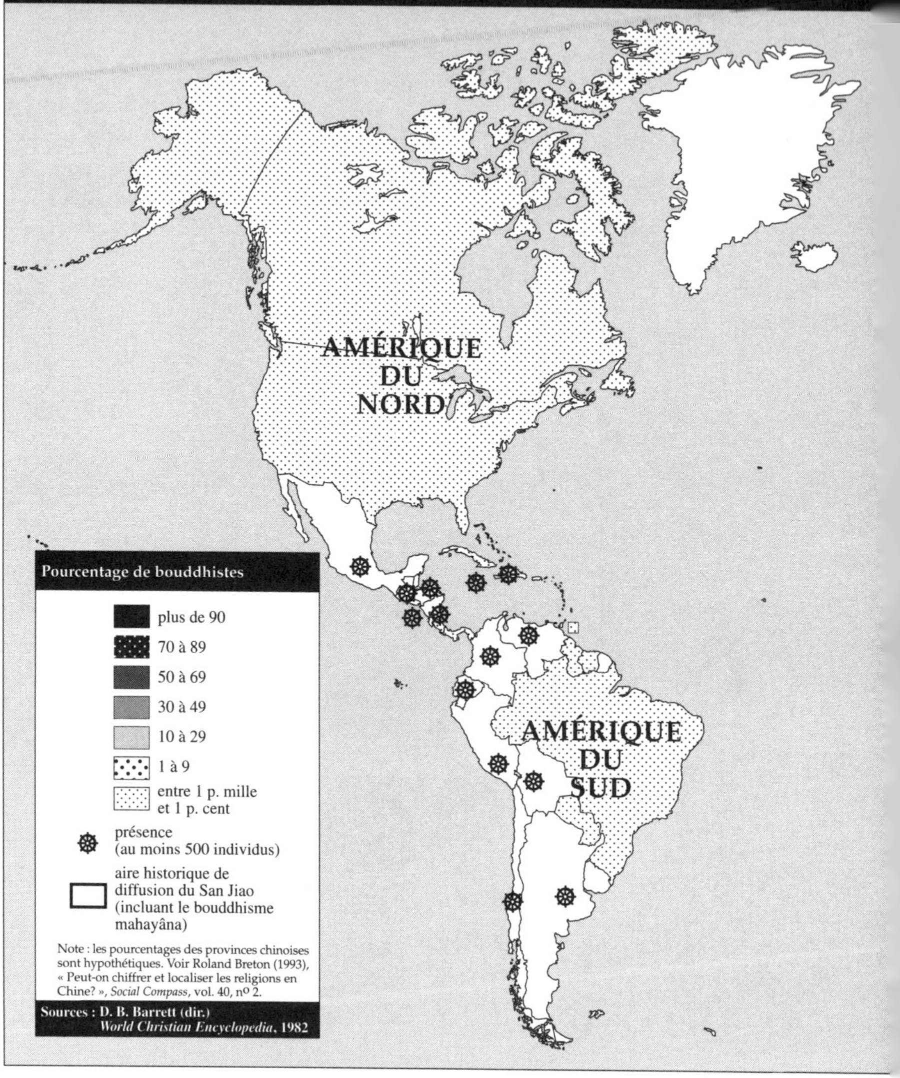

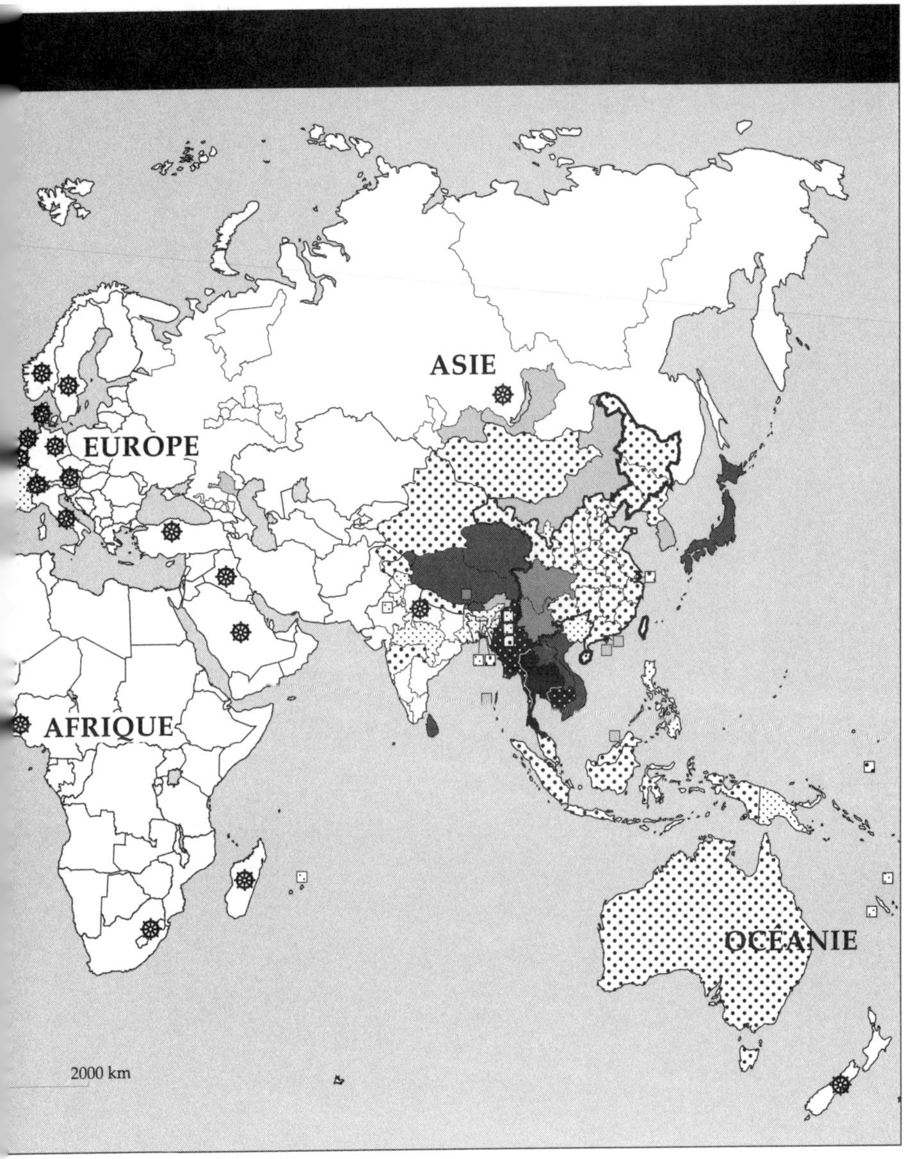
ASIE
EUROPE
AFRIQUE
OCÉANIE
2000 km

Les écoles bouddhiques

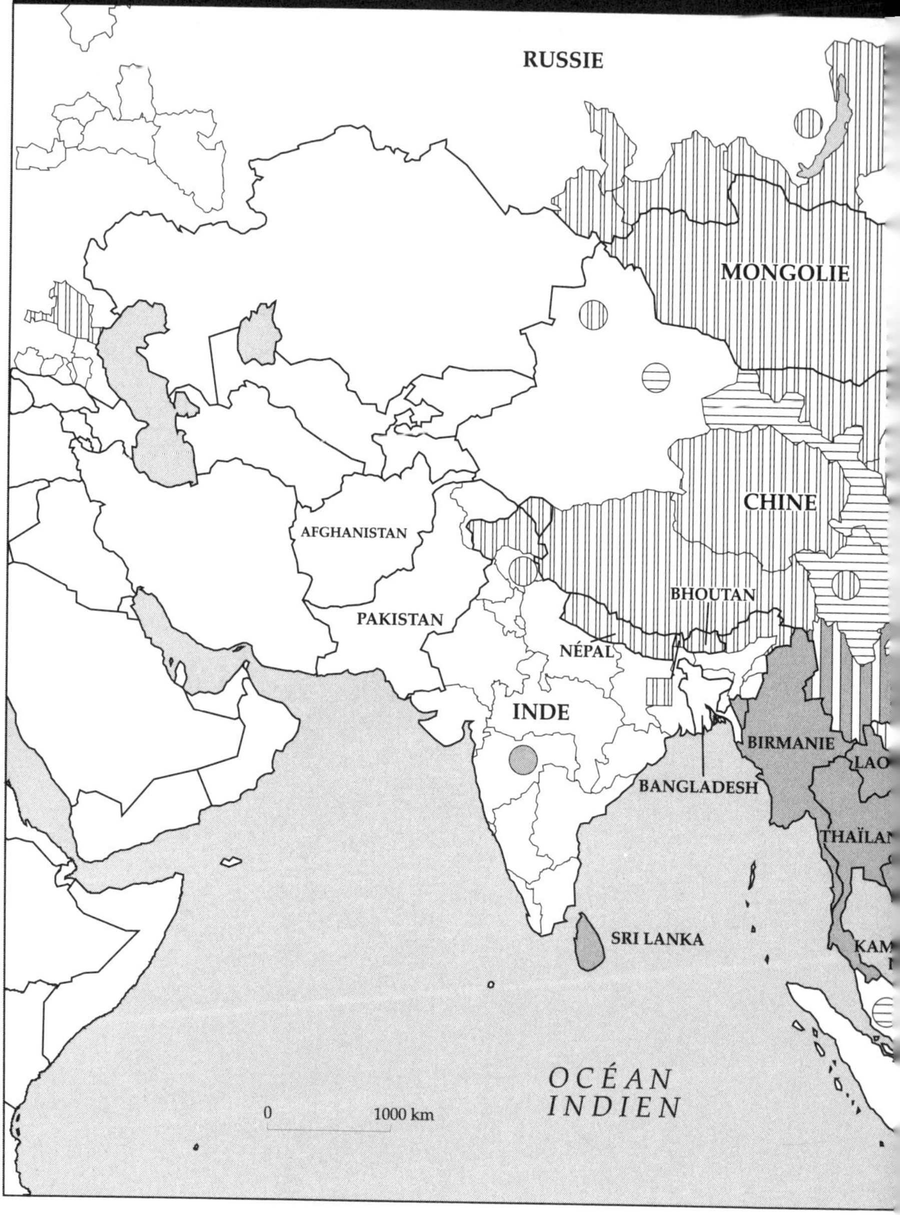

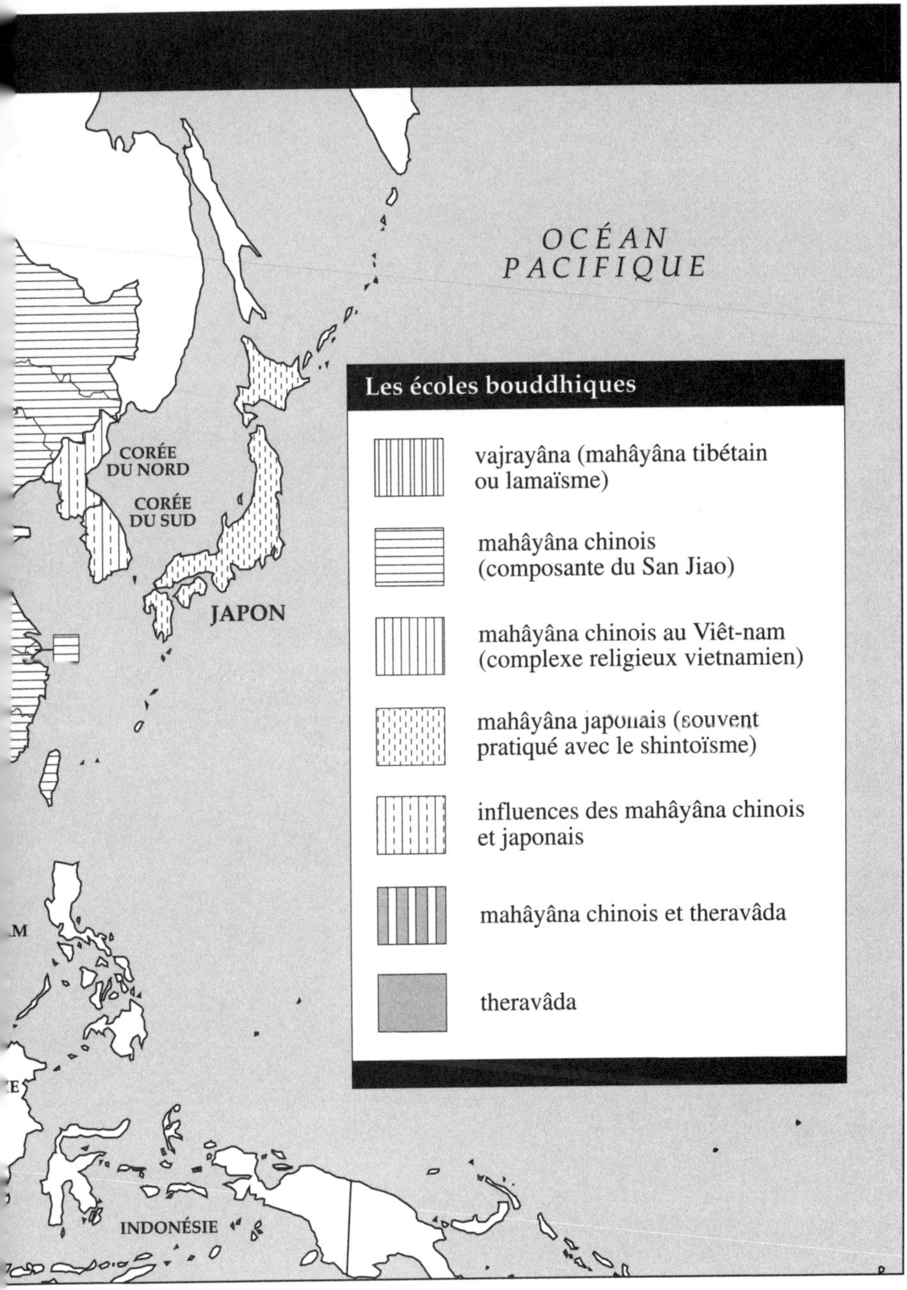
OCÉAN
PACIFIQUE
CORÉE
DU NORD
CORÉE
DU SUD
JAPON
INDONÉSIE
Les écoles bouddhiques
vajrayâna (mahâyâna tibétain ou lamaïsme)
mahâyâna chinois (composante du San Jiao)
mahâyâna chinois au Viêt-nam (complexe religieux vietnamien)
mahâyâna japonais (souvent pratiqué avec le shintoïsme)
influences des mahâyâna chinois et japonais
mahâyâna chinois et theravâda
theravâda

Prédominance régionale des sectes jaïnes

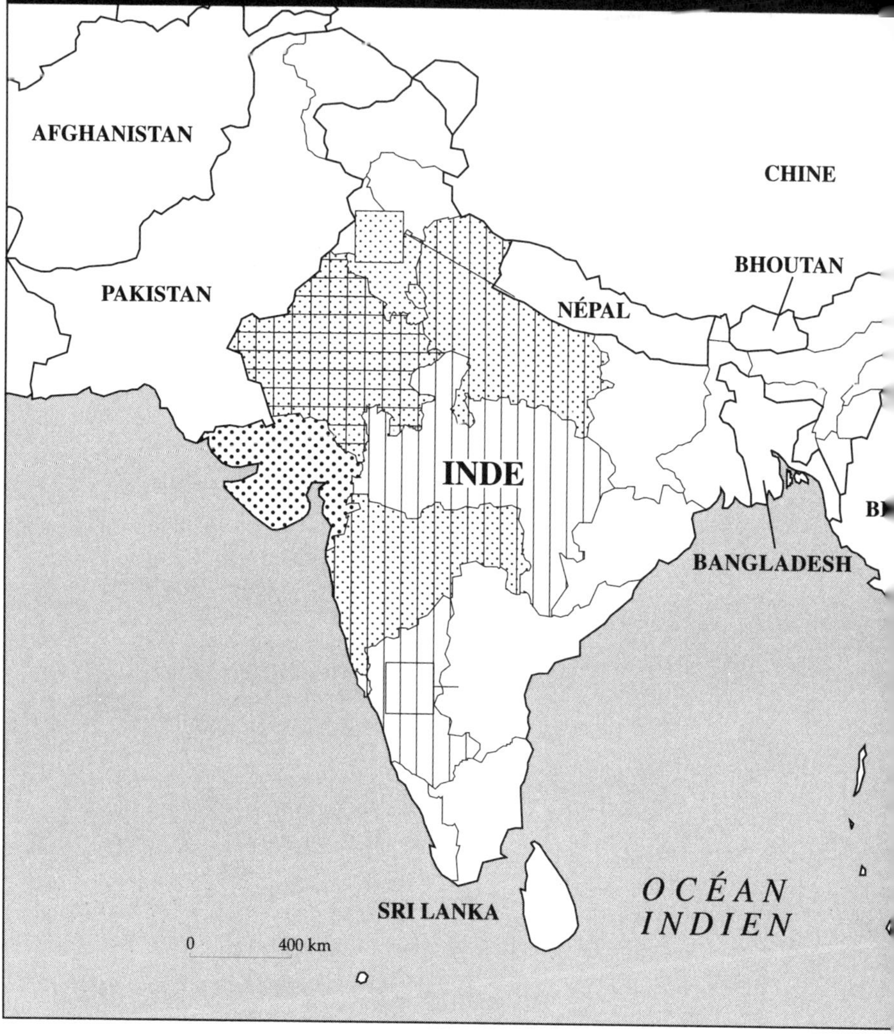

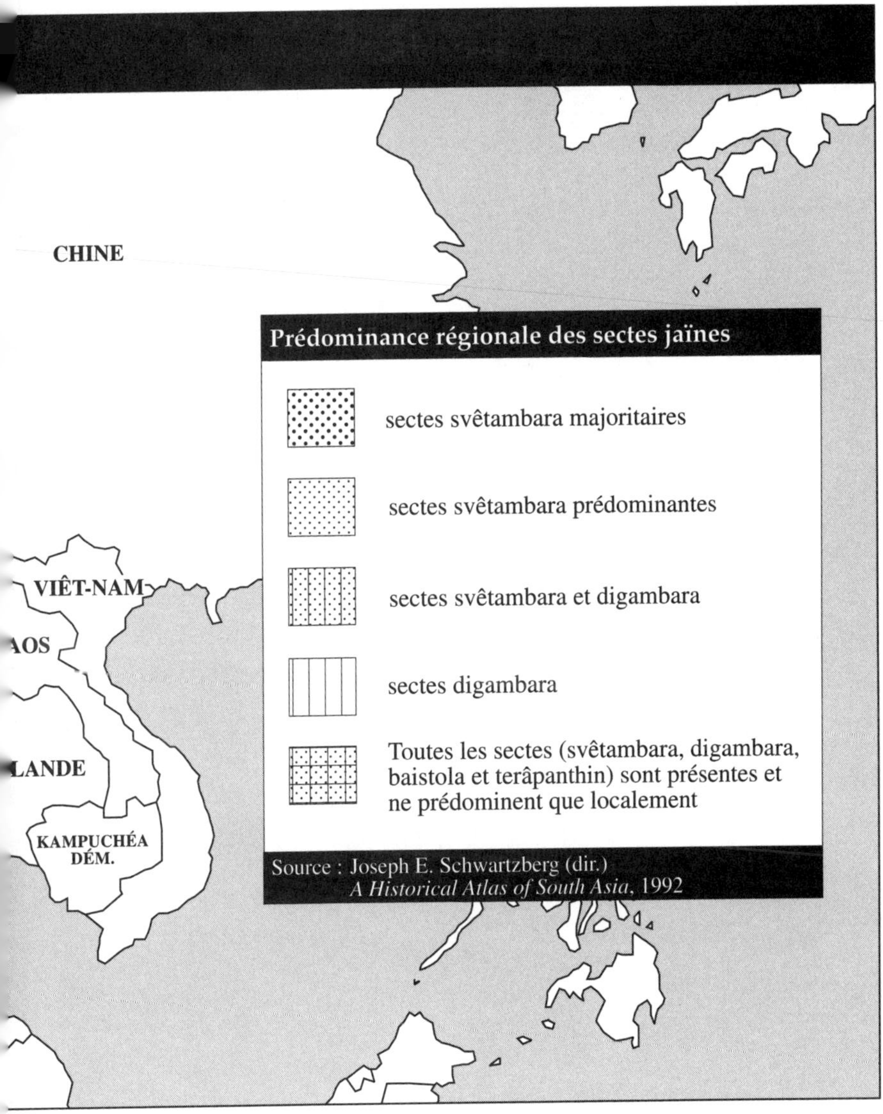
CHINE
VIÊT-NAM
AOS
LANDE
KAMPUCHÉA DÉM.
Prédominance régionale des sectes jaïnes
sectes svêtambara majoritaires
sectes svêtambara prédominantes
sectes svêtambara et digambara
sectes digambara
Toutes les sectes (svêtambara, digambara, baistola et terâpanthin) sont présentes et ne prédominent que localement
Source : Joseph E. Schwartzberg (dir.) A Historical Atlas of South Asia, 1992

notes biographiques sur les auteurs

MATHIEU BOISVERT est spécialiste du bouddhisme. Il possède un diplôme en pali de l'Université de Bombay, une maîtrise en études sud-asiatiques de l'Université de Toronto ainsi qu'un doctorat en études religieuses de l'Université McGill. Il enseigne présentement au département de sciences religieuses de l'Université du Québec à Montréal.

LOU FENECH détient une maîtrise et un doctorat en études sud-asiatiques de l'Université de Toronto ; il est actuellement professeur régulier au département d'histoire de l'Iowa State University.

ROGER MARCAURELLE détient un doctorat en études religieuses de l'Université McGill, avec spécialisation en hindouisme, et un doctorat en études littéraires de l'Université de Montréal. Il est chargé de cours au département des sciences religieuses de l'Université du Québec à Montréal.

JEAN-PIERRE OSIER est professeur de philosophie et auteur de plusieurs ouvrages en ce domaine. Il est titulaire d'une maîtrise et d'un diplôme d'études approfondies en indianisme de l'Université de Paris III. Au cours de ses études, Monsieur Osier a traduit et commenté plusieurs textes jaïns.

Les auteurs tiennent à exprimer leur vive gratitude à Madame Nalini Balbir, professeur à l'Université de Paris III, pour ses précieux commentaires et son constant support lors de la composition de l'ouvrage ainsi qu'à Monsieur Frédérique Castel, cartographe.

AGMV Marquis
MEMBRE DE SCABRINI MEDIA
Québec, Canada
2002